汽车市场调查与预测

主　编　刘学明

副主编　董　杰　温　斌　李　琦

参　编　白其安　郭琼琳　窦建秦　陈　虹

　　　　弓建海　徐　杰　苏　青　刘素雪

主　审　何宝文　王秀贞

重庆大学出版社

内容提要

本书以市场调查与预测的理论研究和方法应用为研究对象,结合当前国内外汽车市场的特点,全面系统地介绍了汽车市场调查的基本理论、完整的操作流程、具体的方法,以及结合通过调查搜集的资料来进行预测的具体方法。全书共 12 章,包括汽车市场调查与预测的基本理论、调查方案的设计、问卷设计、调查方法的类型和选择、调查资料的整理和分析、调查报告的撰写、预测方法的类型和选择等内容。

本书可作为高职高专院校汽车管理与营销类专业的教材,也可供从事汽车营销管理工作的相关人员参考。

图书在版编目(CIP)数据

汽车市场调查与预测 / 刘学明主编.--重庆:重庆大学出版社,2017.7(2024.7 重印)
高职高专汽车技术服务与营销专业系列规划教材
ISBN 978-7-5689-0634-0

Ⅰ.①汽… Ⅱ.①刘… Ⅲ.①汽车—市场调查—高等职业教育—教材②汽车—市场预测—高等职业教育—教材 Ⅳ.①F766

中国版本图书馆 CIP 数据核字(2017)第 159090 号

汽车市场调查与预测
主 编 刘学明
副主编 董 杰 温 斌 李 琦
主 审 何宝文 王秀贞
责任编辑:曾显跃   版式设计:曾显跃
责任校对:张红梅   责任印制:张 策

*

重庆大学出版社出版发行
出版人:陈晓阳
社址:重庆市沙坪坝区大学城西路 21 号
邮编:401331
电话:(023)88617190 88617185(中小学)
传真:(023)88617186 88617166
网址:http://www.cqup.com.cn
邮箱:fxk@ cqup.com.cn(营销中心)
全国新华书店经销
POD:重庆市圣立印刷有限公司

*

开本:787mm×1092mm 1/16 印张:11.5 字数:287 千
2017 年 7 月第 1 版   2024 年 7 月第 3 次印刷
印数:5 001—5 500
ISBN 978-7-5689-0634-0   定价:35.00 元

前言

管理的重点是经营,经营的核心是决策,决策的基础是调查与预测。汽车市场调查与预测是汽车企业取得良好经济效益的保证,只有恰当地掌握并运用好汽车市场调查与预测的方法,才能更好地获得准确的信息资料,使汽车市场调查与预测真正成为汽车企业制订市场营销决策的重要依据。

本书结合当前国内外汽车市场的特点,以市场调查与预测的实际运作过程为主线,全面系统地介绍了汽车市场调查与预测的基本理论、完整的操作流程和具体的方法。本书既注重理论,又重点突出实用性和可操作性,同时还详细介绍了近年发展起来的最新市场调查与预测方法。

全书共12章,包括汽车市场调查与预测的基本理论、调查方案的设计、问卷设计、调查方法的类型和选择、调查资料的整理和分析、调查报告的撰写、预测方法的类型和选择等内容。

本书主要适合高职高专院校汽车管理与营销类专业学生使用,也可供从事汽车营销管理工作的相关人员参考。

本书由邢台职业技术学院刘学明担任主编,中国汽车工程学会董杰、邢台职业技术学院温斌、新疆交通职业技术学院李琦为副主编,邢台职业技术学院白其安、晋中职业技术学院郭琼琳、中国联通邢台分公司窦建秦、浙江交通技师学院陈虹、张家口机械工业学校弓建海、重庆工商职业学院徐杰、日照职业技术学院苏青、华北科技学院文法学院刘素雪为参编。具体分工为:第1章、第2章、第3章和第9章由刘学明编写,第4章、第11章的1.1和1.2由董杰编写,第5章、第11章的11.3和11.4由温斌编写,第6章由李琦编写,第7章由白其安编写,第8章由郭琼琳编写,第10章由窦建秦编写,第11章的11.5由陈虹编写,第12章的12.1由弓建海编写,第12章的12.2由徐杰编写,第12章的12.3由苏青编写,第12章的12.4由刘素雪编写。

本书由北京城市学院何宝文和邢台职业技术学院王秀贞担任主审,两位专家在审核过程中提出了很多宝贵的建议,在此深表感谢。

编　者
2017 年 4 月

目录

第1章 绪 论

1.1 概 述

1.1.1 市场的基本知识

（1）市场的含义

市场经济条件下，企业的生产和经营必须重视市场的需求，企业家都是按照自己对市场的理解来组织经营活动的。随着商品经济的发展，市场这个概念的内涵也不断充实和发展。

目前对市场较为普遍的理解主要包括 4 个方面的内容：

1）市场是商品交换的场所

商品交换活动一般都要在一定的空间范围内进行，市场首先表现为买卖双方聚在一起进行商品交换的地点或场所。这是人们对市场最初的认识，虽不全面但仍有现实意义。

2）市场是商品的需求量

从市场营销者的立场来看，市场是指具有特定需要、欲望和愿意，并能够通过交换来满足这种需要或欲望的全部顾客。顾客是市场的中心，而供给者都是同行的竞争者，只能形成行业，而不能构成市场。

人口、购买能力和购买欲望这 3 个相互制约的因素，结合起来才能构成现实的市场，并决定着市场的规模与容量。人们常说的"某某市场很大"，并不都是指交易场所的面积宽大，而是指某某商品的现实需求和潜在需求的数量很大。

3）市场是商品供求双方相互作用的总和

通常人们使用的"买方市场"或"卖方市场"的说法，就是反映商品供求双方交易力量的不同状况。在买方市场条件下，市场调查的重点应放在买方；反之，则应放在卖方。

4）市场是商品交换关系的总和

在市场上，一切商品都要经历商品—货币—商品的循环过程。一种形态是由商品转化为货币，另一种则是由货币转化为商品。这种互相联系、不可分割的商品买卖过程，就形成了社会整体市场。

（2）市场的功能

市场的功能一般表现为市场在运动过程中存在的客观职能,主要有交换功能、价值实现功能、反馈功能、调节功能和服务功能5类,每类功能的具体表现见表1.1。

表1.1　市场的功能

功　能	表　现
交换功能	商品交换是市场功能的核心。通过市场进行商品的购销,能实现商品所有权与货币持有权的互相转移,使买卖双方都得到满足
价值实现功能	商品的价值是在劳动过程中创造的,但其价值的实现则是在市场上通过交换来完成的
反馈功能	市场是洞察商品供求变化的窗口,以它特有的信息反馈功能把供求正常或供求失调的信息反馈给生产经营者,以利于商品生产和流通的正常进行
调节功能	市场的调节功能是通过价值规律和竞争规律来体现的
服务功能	是指为保证交换能顺利实现,能对商品流通提供种种便利的各种服务机构和服务手段

市场所具有的上述功能,对经济的发展起着极大的作用,具体表现在以下4个方面:

①市场能够成为连接生产与消费的纽带。

②市场能够把分散的经营活动和错综复杂的买卖关系结合成一个有机整体。

③市场有助于生产资料和消费资料在国家或民众之间的分配。

④市场能够在一定程度上自发地调节产销之间、供求之间的经济利益关系。

其中,自发地调节商品供求关系是市场最基本的作用,它包括调节商品供求总量的状况、商品供求构成状况、商品供求的主要品种状况和本行业商品的供求状况。供求关系是市场调查人员研究市场问题最重要的信息。

1.1.2　市场调查与预测的含义和特点

（1）市场调查的含义和特点

市场调查,是以提高营销效益为目的,有计划地搜集、整理和分析市场的信息资料,提出解决问题的建议的一种科学方法。市场调查也是一种以顾客为中心的研究活动。

市场是企业经营的起点,是商品流通的桥梁。市场调查是市场营销活动中的一个重要因素,它把消费者、客户、公众和营销者通过信息联系起来。这些信息的主要职能是识别、定义市场机会和可能出现的问题,制订、优化营销组合并评估其效果。市场调查的主要对象是消费者,即那些购买商品和消费商品的个人或组织。通过调查了解特定时间、特定地域范围内,消费者群体有关购买和消费商品的各种事实、意见以及动机。

市场调查的特点主要体现在以下7个方面:

1)全过程性

市场调查是对市场状况进行研究的整体活动,它不仅仅是纯粹对市场信息资料进行搜集的过程,而是包括信息识别、搜集、分析和传递的全部过程,这一过程的每一阶段都关系重大。首先要界定调查课题,决定需要什么信息;其次是确定有关信息的来源,并且评估数据搜集方法的有效性,力争使用最适宜的方法采集数据,分析和解释这些数据并提出建议;最后,将调查的发现与结果传递给管理层,管理层根据这些信息作出决策,并付诸实施。

2）目的性

市场调查是有目的的，任何调查本身不是目的，而是一种了解市场特征、掌握市场变动趋势的手段。市场调查的最终目的是为有关部门和企业进行预测和决策提供科学的依据，使企业能够更好地满足消费者的需求并在竞争中获胜。所以说市场调查是一项目的非常明确的工作，必须有组织、有计划、有步骤地进行。因此，每次市场调查都要事先明确调查的范围和所要达到的目标。

具体来说市场调查的目的主要有：①为企业的产品销售提供市场信息服务；②为企业不断改进生产技术或提高业务水平和经营管理水平提供咨询服务；③为企业的发展和获得产品营销活动的最佳经济效益提供市场依据。

3）系统性

市场调查的每一个阶段都要制订系统的计划。每个阶段所采用的程序应尽可能在方法上是可靠和完整的。这些程序要预先设定、有案可查并相互关联，数据的搜集与分析是为了检验预定的观念和设想，所以，市场调查要采用科学的方法。

4）实践性

市场调查是一项离不开实践的工作，调查工作人员必须深入实践才能搜集到全面、具体和时效性强的调查资料。调查人员通过对调查资料的分析，从中得出富有行动意义的结论，为企业管理部门进行决策提供依据，并指导企业的实践，更好地组织市场营销工作。企业决策是否得当，还需要通过各种市场信息的反馈，接受实践的检验，而这种反馈信息也得依靠市场实地调查才能得到。

5）客观性

市场调查是为了提供反映真实情况的准确无误的信息，市场调查应不偏不倚、不折不扣、不允许掺杂调查人员或管理层的任何个人偏见。可以说市场调查的相关人员就好比是一个法官，要公正、客观。

6）不确定性

市场调查不能确保企业预测和决策一定能成功，不能认为搞了市场调查就万事大吉了。由于市场是一个受众多因素综合影响和作用的场所，市场调查有可能只掌握部分信息或者有许多资料在调查时被忽视了，即使获得的资料完整，也可能具有某种不确定性，这是市场调查中应该注意的。

7）相关性

市场调查一般均以某种产品的营销活动为中心展开具体的调查工作，因此，与产品的营销业务直接相关，这是市场调查的相关性。它为产品的营销提供各种有关市场和市场环境的信息，并对消费者的需求变化和潜在市场的变化趋势进行预测，直接指导企业的营销活动。

（2）市场预测的含义和特点

市场预测，是运用各种信息资料和数学方法，通过分析研究，测算未来一定时期内市场需求与供应的变化趋势，从而为生产和流通部门（或企业）确定计划目标，进行销售决策提供科学依据。

市场预测的特点主要体现在以下 4 个方面：

1）延续性

由于市场经济发展过程中经济变量遵循的发展规律常常表现出延续性，就是说过去和现在的经济活动中存在的某种发展规律会持续下去,适用于未来。经济发展过程中的这种延续性,规定了经济预测工作的延续性。

2)相似性

在市场经济发展过程中,不同的(一般是指无关的)经济变量所遵循的发展规律有时是相似的,即具有一定的相似性,这就规定了预测工作中的相似性。可以利用这种相似,由已知的经济变量发展规律类推出未知变量的未来发展。

3)相关性

在市场经济发展过程中,一般经济变量之间往往不是孤立的,而是存在着相互依存的因果关系,即经济变量之间存在着一定的相关性。利用经济变量之间的这种相关性,可以通过对一些经济变量的分析研究,找出受这些变量影响的另一个(或一些)经济变量发展的规律性,从而作出预测。因果关系预测就是基于相关性这一特性。

4)统计规律性

在市场经济发展过程中,对于某个经济变量所作的一次观察的结果往往是随机的,但多次观察的结果却具有某种统计规律性,经济变量的这种统计规律性是应用概率论及数据统计的理论和方法进行经济预测的基础。

在市场经济发展过程中,经济变量发展的规律性、经济变量的关系是极其复杂的,经常是多种规律同时起作用,这就决定了市场预测工作的复杂性,常常要同时综合考虑各种情况进行市场预测。

(3)市场调查与预测的关系

市场调查与市场预测之间存在着密切的相互联系、相互制约的关系。两者同属于市场信息工作,是市场信息工作整个过程中两个前后相继、紧密相关的部分。

1)市场调查是市场预测的前提和基础

首先,市场调查为确定市场预测计划提供目标和方向。市场发展变化的特点之一是多因素、多变量交叉影响,变化复杂,不确定性和模糊度较高。通过市场调查,可以基本摸清各因素和各变量之间的内在联系,掌握发展变化的规律性,从而可以较好地界定市场预测的范围,明确市场预测的目标和方向。

其次,市场调查为市场预测提供依据。市场预测依赖于市场调查的结果,即依赖于由市场调查得来的相关市场历史信息和现状信息,以及由此得出的市场发展变化的内在规律性,否则所有市场预测只能是胡乱猜测,不可能有科学性和准确性可言。

2)市场预测是市场调查的必要延续

只有市场调查,没有市场预测的市场信息工作是不完整的过程,其结果也将是不完整的市场信息。只有在市场调查的基础上,进一步进行市场预测,才能获取包括历史、现在和未来发展趋势在内的完整的市场信息,从而为最终的市场策划提供可靠的依据。

3)市场调查能验证、修正市场预测的结果

由于市场预测是对未来市场发展状况的预计和判断,所以在预测之时不能绝对肯定预测的准确性,预测结果出现偏差也是正常现象。随着时间的推移,原先对之预测的事物成为现实,继而成为历史。通过市场调查,对先前的预测进行验证,发现偏差,及时修正,并找出原因,可以为以后市场预测的完善提供条件。

4）市场调查与市场预测之间的区别

①两者的出发点不同。市场调查的出发点是通过对市场的过去和现在状况的调查研究，达到了解历史，认识现状，掌握市场发展变化的轨迹、特点和规律的目标；市场预测的出发点是依据对市场历史和现状的认识，达到预测、认识未来，掌握市场的未来发展趋势的目标。

②两者的结果不同。市场调查的结果是市场的各种历史信息和现状信息；市场预测的结果是市场的未来发展趋势信息。

③两者所采用的技术方法不同。市场调查主要是通过调查设计、资料搜集（包括二手资料的搜集和一手资料搜集的访问法、观察法、实验法、分析法）、资料处理等方法，以及抽样、态度测量、资料分析等技术得到所需的市场信息；市场预测主要运用定性分析方法的经验判断、意见集合等技术，以及定量分析方法的数学模型技术获得所需的市场信息。

5）市场调查与市场预测之间的共同点

①两者本质相同，同属于市场信息工作的范畴。

②两者的功能作用相同，即都是为科学决策和制订计划提供依据。

③两者的对象相同，即都是研究、考察和分析市场的有关方面和有关问题。

1.1.3　市场调查与预测的发展历程

（1）市场调查与预测是商品经济的产物

市场调查与预测作为一种经商之道和经营手段，是伴随着市场经营活动的产生而出现的。商品生产、经营者要销售自己的商品，实现商品的价值，就必须了解市场的状况和发展趋势。

据记载，古希腊时期，有个名叫"塞利斯"的哲学家，就很注意市场调查和预测。有一年，他根据天气情况预测到油橄榄会大丰收，可别人对他的预测都不相信。塞利斯于是把榨油机都买下来，结果这年的油橄榄果真大丰收。第二年，塞利斯以高价出租榨油机，赚了不少钱。他说他这样做主要不是为了赚钱，而是借此惩罚那些不相信市场调查与预测的人。我国古代的一些著名的经商大家对市场调查与预测也有论述。比如春秋时期的陶朱公范蠡提出，"论其有余不足，则知贵贱，贵上极则反贱，贱下极则反贵"。这是从对市场供求的调查分析，判断和预测价格的涨落，并揭示了供求与价格之间的关系及运动规律。他主张谷贱时由政府收购，谷贵时平价售出。他又说："旱则资舟，水则资车""知斗则修备，时用则知物"，即根据外部环境和生产变化决定什么时候供应和供应什么。这些均显示出范蠡已经注意运用市场调查与预测，为调控市场和营销决策提供依据。但是，这种早期的市场调查与预测，在很大程度上是一种实践经验的积累，是局部的、零星的，并带有较大的随意性。

有组织并系统地进行市场调查与预测是在资本主义生产方式占主导地位以后出现的。其例证是发生在18世纪中叶的某些美国农业机械生产商所作的市场调查与预测。他们向全美范围内的农业官员和报纸广泛发信，征询各地区的农作物生产信息，以及相关的天气、土壤和其他有关信息。这些信息被用来估计对农业机械设备的需求。

（2）市场调查与预测学科发展的三个阶段

市场调查与预测作为一门学科，是从20世纪才开始建立和完善起来的。其发展过程大致可以分为3个阶段：

1）开拓和建立阶段

从20世纪初至20世纪30年代是这门学科的开拓和建立时期。证据显示，在美国，从

1907—1912 年,存在着数家类似市场调查的企业。在此同时期,哈佛商务学校创建了商务调查所。西北商业学校则在 1918 年创建了所属的商务调查所。首批论及市场调查问题及其过程的书也在此时发表。随着经济计量学的发展,科学的市场预测也在这一时期得到发展,美国的穆尔在 1917 年发表的《棉花收获量和价格预测》一文即是证明。一些公司开始配备专职商务调查人员,并开始应用市场调查和预测技术。比如美国纽约的柯蒂斯出版公司在 1919 年,应用市场调查技术,系统地搜集、记录、分析各种读者的习惯和爱好,以及和人口统计有关的资料,作为公司出版业务的依据获得很大成功。在 1937 年,由美国市场营销协会资助的出版物《市场调查技术》问世。同年由罗纳德出版公司出版,布朗编著的题为《市场调查与分析》一书,成为第一本被广泛使用的有关市场调查方面的教材。

2)巩固提高阶段

从 20 世纪 30 年代末到 20 世纪 50 年代初是这门学科的巩固提高阶段。直至 20 世纪 30 年代中期,大多数与介绍统计有关的课程中,均局限于平均数、长期趋势等内容。20 世纪 30 年代末和 40 年代初,样本设计技术获得很大进展。这一突破促进了市场调查在业务应用和学校教学中的整体质量的提高。

3)大发展阶段

20 世纪 50 年代以后是这门学科的大发展阶段。第二次世界大战结束以后,科学技术的突飞猛进和管理技术的日趋完善,促进西方主要资本主义国家的劳动生产率大大提高,经济发展迅速。加上一些国家实行高工资、高福利、高消费政策,促使市场空前繁荣,并出现了前所未有的买方市场。在买方市场条件下,卖方竞争日益加剧,顾客逐渐成为市场的主导方。企业的经营观念开始从生产导向转为市场消费需求导向,开始更加重视对市场的调查与预测。对市场调查与预测的普遍重视和广泛应用,又反过来促进了学科的大发展。除了政府设有市场调查与预测机关外,大多数企业也设有相应的机构。很多大专院校把市场调查与预测作为重要课程。有关市场调查与预测的书籍、教材、报纸、杂志得到大量出版发行。市场调查与预测的理论、方法、技术越来越高级化、系统化、实用化。至今,它们还在继续发展之中。

(3)市场调查与预测在中国的发展

市场调查与预测在中国的发展经历了一个曲折的过程。1949 年中华人民共和国成立后,尽管客观上对市场的调查、分析、研究、预测工作从来没有停止过,但在党的十一届三中全会以前,由于受到"左"的思想影响,限制甚至否定商品经济,把计划与市场对立起来,以指令性计划和行政命令为主要手段实行直接管理。企业无须了解市场,从而不存在市场调查与预测机构,不存在应用市场调查与预测技术的问题。高等学校中不存在市场调查与预测的课程,更谈不上市场调查与预测学科的建设。当时对市场的调查、研究、分析、预测工作,范围狭窄,领域有限,更多地表现为在行政指令下进行的带有统计特征的资料搜集、汇总、分析工作,其功能仅局限于为政府提供某种信息资料。

随着经济体制改革的深入,特别是社会主义市场经济体制的确定,企业作为独立的商品生产经营者地位的确立,国家主要以经济手段对企业实行间接管理,以及市场供求格局的根本好转,卖方市场逐步向买方市场转化,卖方竞争日益激烈,企业开始确立以市场为导向的市场营销观念,开始重视市场信息,从而为市场调查与预测的发展提供了必要的环境条件。

1978 年党的十一届三中全会以后,市场调查与预测在中国进入大发展时期。不但越来越多的高等院校开设这门课程,各类出版物相继问世,市场调查与预测的理论、技术不断完善,而且越来越多的企业开始重视并应用这门技术。

2004 年以后,中国的汽车市场开始进入买方市场,汽车市场竞争空前激烈,这为市场调查与预测在我国汽车行业的发展带来了契机。各类市场调查与预测公司纷纷建立,企业也纷纷建立相应机构或配备专职人员。更为令人喜悦的是,作为一门学科,它已从 20 世纪 70 年代末 80 年代初的从西方引进、介绍阶段,开始进入大规模的应用阶段,并逐步朝向结合中国特点,形成具有中国特色的市场调查与预测的理论、方法、技术发展。

(4)市场调查与预测的未来

由于市场调查与预测在制订营销策略中的重要作用,在未来的一段时间内市场调查与预测将会在数量上和质量上都得到极大的提高。与此同时,随着信息产业的飞速发展,一些区别于以往的调查方法也会被广泛地使用,调查的范围也将快速地扩展到一些非营利组织和政府服务部门。大多数的企业都有属于自己的市场调查部门,同时更多、更专业的市场调查与预测公司将纷纷涌现。值得一提的是,市场调查与预测的未来将会由于多了因特网这种工具,而以前所未有的速度发展,这主要是因为因特网会在市场调查与预测的许多领域得到广泛应用,并可以使一些工作的效率更高。

1.2 市场调查与预测的类型和内容

1.2.1 市场调查的类型

由于市场调查的主体、客体、范围、时间、功能等方面所存在的差异,市场调查可以分为不同的类型,表现出不同的特征。

(1)按市场调查的主体分类

1)企业的市场调查

企业是市场调查的主要主体。在经营过程中,企业必然经常需要对各种营销问题作出判断和决策,从而需要进行市场调查。本书内容是以汽车企业为主体展开的,当然,很多理论对其他主体也是适用的。

2)政府部门的市场调查

政府部门在社会经济活动中承担着管理者和调节者的职能,在许多情况下,还从事某些直接经营活动。无论是执行管理和调节职能,还是直接从事经营活动,都需要了解和掌握充分的市场信息。为此,政府部门经常需要开展市场调查活动。一般而言,政府部门的市场调查所涉及的范围比较大。

3)社会组织的市场调查

各种社会组织(如各种协会、学会等学术团体,各种中介组织、事业单位、群众组织、民主党派等)为了学术研究、工作研究、提供咨询等需要,也会组织开展一些市场调查活动。这种市场调查通常具有专业性较强的特点。

4)个人的市场调查

个人也是一类市场调查的主体。某些个人由于种种原因,也需要进行市场调查。例如,某些个体业主,由于个体经营上的原因,需要了解相关的市场信息,进而进行市场调查活动;有些研究人员为开展研究,也需要进行市场调查;即使作为消费者,也需要了解相关的市场信息,从而对市场的某些方面进行调查。一般而言,个体的市场调查范围较小,实施起来不一定规范。

(2)按市场调查的范围分类

1)专题性市场调查

专题性市场调查(简称专题调查),是指市场调查主体为解决某个具体问题而对市场中的某个方面进行的调查。这种市场调查具有组织实施灵活方便、所需人力物力有限、对调查人员的要求相对较低的优点。但是,它提供的信息具有一定的局限性,市场调查主体无法仅凭此对市场作全面的了解。在许多情况下,当企业或其他市场调查主体面临某些涉及面有限的具体问题需要作出决策时,只要所提供的信息能保证满足决策所需,专题调查就是合理地选择。事实上,大多数汽车市场调查是专题调查。

2)综合性市场调查

综合性市场调查(简称综合调查),是指市场调查主体为全面了解市场的状况而对市场的各个方面进行的全面调查。相对于专题调查而言,综合调查涉及市场的各个方面,提供的信息能全面地反映市场的全貌,有助于市场调查主体正确了解和把握市场的基本状况。但是,由于这种市场调查涉及的面广,组织实施比较困难,不但需要投入相当多的人力物力,费时费钱,对调查人员的要求也相对要高。一般而言,这种市场调查只有在必要时才组织实施,在实践中应用较少。

(3)按市场调查的功能分类

1)探测性调查

探测性调查是为了使问题更明确而进行的小规模调查活动。这种调查特别有助于把一个大而模糊的问题表达为小而准确的子问题,并识别出需要进一步调查的信息。例如,某汽车公司的市场份额去年下降了,公司无法一一查知原因,就可用探测性调查来发掘问题:是否是经济衰退的影响,广告支出的减少,销售代理效率低,消费者的习惯改变了,等等。总之,探测性调查具有灵活性的特点,适合于调查那些知之甚少的问题。

2)描述性调查

描述性调查的主要目标是对市场调查问题(如市场的特征或功能等)和调查问题的各种变量等作尽可能准确地描述。描述性调查所要了解的是有关问题的相关因素和相关关系,是寻求对"谁""什么事情""什么时候""什么地点"这样一些问题的回答。它可以描述不同消费者群体在需要、态度、行为等方面的差异。描述的结果,尽管不能对"为什么"给出回答,但也可用作解决营销问题所需的全部信息。

例如,某4S店了解到该店某款车型67%的顾客是年龄在40~50岁的男子,并经常带着家人、朋友一起来选购汽车。这种描述性调查提供了重要的决策信息,使4S店特别重视直接向这一年龄段的中年男子开展促销活动。

3)因果性调查

因果性调查是调查一个因素的改变是否引起另一个因素改变的研究活动,目的是识别变量之间的因果关系。如预期价格、包装及广告费用等对销售额有影响。这项工作要求调查人员对所研究的课题有相当的知识,能够判断一种情况出现了,另一种情况会接着发生,并能说明其原因所在。

此外,对市场调查还可以从其他角度进行分类。例如,按照市场调查的区域范围,可以分为地区性市场调查、全国性市场调查、国际性市场调查等;按市场调查的对象,可以分为消费者市场调查、生产者市场调查、消费者及其购买行为调查、广告调查、形象调查、产品调查、价格调查、销售渠道调查等;按调查的时间,可以分为一次性、突击性的市场调查和连续性、经常性的市场调查等。市场调查的种类不同,其调查的特征、内容、要求、方法等都有区别。

1.2.2 市场预测的类型

(1)按市场预测的时间分类

1)短期预测

短期预测又称近期预测,一般是指年度、季度或月度预测,有时还包括旬度预测。市场预测中大量采用的是短期预测。短期预测目标明确,不确定因素少,资料齐全,预见性较强,预测结果准确。短期预测主要为企业的日常经营决策服务。其中年度预测主要为制订年度计划服务。

2)中期预测

中期预测一般指1年以上5年以内时间限度的市场预测。中期预测由于时间不是很长,不确定因素较少,数据资料较齐全,预测的难度和准确性比短期预测稍差。但仍属较好之列。中期预测常用于市场潜力、价格变化、商品供求变动趋势、国家政策措施等的预测,为企业的中期经营决策提供依据。

3)长期预测

长期预测又称远景预测,一般是指5年或更长时间区段的市场预测。它是市场预测中时间最长的一类,由于不确定因素多,且时间越长,不可控的因素越多,预测中难于全面把握和预计各种可能的变化因素,所以预测的精确度相对中期和短期预测而言要低。长期预测要通过中期预测和短期预测加以具体化并付诸实施。长期预测通常用于对市场商品生产和销售的发展方向、产品的有关技术发展趋势、生产要素供应变化趋势、消费趋势等作出总体预测和战略预测。它为人们描述市场发展的远景,是企业规划发展目标,制订战略对策的依据。

3种预测之间具有相互联系。一般而言,长期预测为中期预测和短期预测提供方向性依据,中期预测是长期预测的具体化和短期预测的依据,短期预测则是在中期预测基础上的进一步具体化。

(2)按市场预测的性质分类

1)定性预测

定性预测,是指通过对预测对象内在发展规律质的分析,判断其未来发展变化趋势的一种预测方法。定性预测方法简便,易于掌握,而且时间快,费用省,因此得到广泛采用。特别是进行多因素综合分析时,采用定性预测,效果更加显著。但是,定性预测缺乏数量分析,主观因素的作用较大,预测的准确度难免受到影响。因此,在采用定性预测时,应尽可能结合定量分析,使预测过程更科学,预测结果更准确。

在市场定性预测方法中,经常采用的方法有专家预测法、领先指标法和主观概率法3种类型。定性预测的具体内容,将在本书第10章作详细介绍。

2)定量预测

定量预测,是指在数据资料充分的基础上,运用数学方法,有时还要结合计算机技术,对事物未来的发展趋势进行数量方面的估计与推测的方法。

定量预测有两个明显的特点:一是依靠实际观察数据,重视数据的作用和定量分析;二是建立数学模型作为定量预测的工具。随着统计方法、数学模型和计算机技术日益为更多的人所掌握,定量预测的运用会越来越大。

定量预测的运用,要求有充分的历史资料,影响预测对象发展变化的因素相对稳定,能在预测对象的某一指标与其他相关指标的联系中找出规律性,并能以此作为依据建立数学模型。实际工作中,由于社会经济现象错综复杂,不可能把所有变动因素都纳入数学模型,有些数据难以取得或取得数据成本过高,使定量预测的运用也存在一定的局限性。

当能够搜集到足够可靠的数据资料时,定量预测是更可取的。常见的定量预测方法有时间序列预测法、因果分析预测法等类型。定量预测的具体内容,将在本书第 11 章和第 12 章作详细介绍。

此外,对市场预测还可以从其他角度进行分类。例如,按照市场预测的区域范围,可以分为地区性市场预测、全国性市场预测、国际性市场预测等;按照市场预测的范围,可以分为专题性市场预测、综合性市场预测;按市场预测的内容,可以分为市场需求预测、市场供应预测、科技发展预测、产品生命周期预测、价格变动预测等。

1.2.3 汽车市场调查与预测的内容

市场调查与市场预测是市场信息工作整个过程中两个前后相继、紧密相关的部分,针对同一个课题,市场调查与市场预测的内容也是一个有机的整体。汽车市场调查与预测的类型、程序等与其他课题的调查与预测基本类似,但调查与预测的内容与其他课题差别很大。

汽车市场调查的内容主要包括汽车市场环境调查、汽车市场需求调查、汽车市场竞争情况调查和汽车市场营销要素调查等 4 部分。

(1)汽车市场环境调查

汽车市场环境是汽车企业生存和发展的外部条件,企业的生产经营活动与市场环境相适应,就能促进企业各项事业的发展。反之,企业就难以在市场上立足,乃至被市场淘汰。因此,必须对汽车市场环境进行调查研究,其主要内容如下。

1)政治环境调查

从事汽车市场活动时,要充分考虑一个国家的政治环境。政治环境调查,主要是了解对汽车市场影响和制约的国内外政治形势以及国家管理汽车市场的有关方针政策。

政治环境调查的内容主要包括:

政治环境调研的内容主要包括对政府有关汽车方面的方针、政策和各种法令、条例等可能影响本汽车企业的诸因素的调研。如汽车产业发展政策、汽车贸易政策、汽车税收政策、汽车金融政策、人口政策和环境保护政策等。

2)法律环境调查

法律环境对企业的影响是非常大的,一个国家可以制定各种法律限制进口,促进出口。从某种意义上讲,市场经济就是法制经济,在市场上,法律规定起着决定性的作用,世界上许多发达国家都十分重视经济立法并严格遵照执行。我国作为发展中国家,也正在加速向法制化方向迈进,先后制定了经济合同法、商标法、专利法、广告法等多种经济法规和条例,这些都对企业经营活动产生了重要的影响。随着外向型经济的发展,我国与世界各国的交往越来越密切。许多国家都制定了相应的进口限制、税收管制及有关外汇的管理制度等,这些都是汽车企业进入国际市场所必须了解的。

3)经济环境调查

在市场经济体制中,经济环境对市场活动的影响最大。一个国家的经济状况直接决定了该国的生产、消费能力。经济环境调查,主要从以下两方面来进行:

①生产方面。生产决定消费,市场供应、居民消费都有赖于生产。生产方面的调查主要包括以下几项内容:能源和资源状况、交通运输条件、经济增长速度及增长趋势、产业结构、国民生产总值、通货膨胀率、失业率等。

②消费方面。消费促进生产,对生产起到正面的推动作用,是经济环境调查不可忽视的重要因素。消费方面的调查主要是了解某一国家的国民收入、消费水平、消费结构、物价水平、物价指数等。

对于不同的地区,所需调查的经济环境内容大有不同,必须结合具体项目情况展开有针对性的调查。

4)科技环境调查

科学技术是第一生产力,现在各大汽车公司,乃至国家综合国力的竞争已经转化为科技实力的竞争。科技影响力既可能给汽车企业创造新的市场机会并在竞争中取得成功,也可能给汽车企业造成环境威胁。因此,应及时了解新技术、新材料、新产品、新能源的状况,国内外科技总的发展水平和发展趋势,本企业所涉及的技术领域的发展情况,专业渗透范围,产品技术质量检验指标和技术标准等,这些都是科技环境调查的主要内容。

5)社会文化环境调查

社会文化环境也是市场调查的重要内容,它主要从两个角度影响企业:①影响消费者的购买动机、购买行为和购买心理;②影响企业的组织文化。

社会文化环境调查主要包括消费者的教育程度和文化水平、民族分布、宗教信仰、风俗习惯、思维方式和审美观等内容。企业经营活动必须适应相关国家的文化和传统习惯,才能为当地消费者所接受。

(2)汽车市场需求调查

汽车市场需求调查,即调查过去几年中的汽车销售总额,现在汽车市场的需求量及其影响因素,其主要内容如下。

1)人口调查

一个国家购买力总量及人均购买水平的高低决定了该国市场需求的大小。在购买力总量一定的情况下,人均购买力的大小和人口总数成反比。为了研究人口状况对市场需求的影响,便于进行市场细分,就应对人口情况进行调查。人口调查的主要内容包括人口的空间分析、性别、年龄和家庭状况分析等。

2)购买力调查

只有人口,还不足以构成市场,他们必须具备购买力。社会购买力是指在一定时期内,全社会在市场上用于购买商品和服务的货币支付能力。购买力调查的主要内容包括消费者的收入状况、消费结构和消费水平等。

（3）**汽车市场竞争情况调查**

优胜劣汰是竞争的必然结果,对企业经营者来说,随时了解竞争对手的情况则是使自己立于不败之地的有效方法。汽车市场竞争情况调查,是对与本企业生产经营存在竞争关系的各类汽车企业,以及现有竞争程度、范围和方式等情况的调查。

（4）**汽车市场营销要素调查**

汽车市场营销要素对汽车企业的生产经营活动起着最直接的影响,其内容包括品牌调查、产品调查、价格调查、渠道调查、广告调查和促销调查等。

市场预测是市场调查的后续过程,其内容不仅包括市场调查的相关内容,还包括:①预测国民经济发展趋势;②预测不同时期汽车市场供求趋势;③预测本企业产品销售前景,包括产量、车型、价格等的变化;④预测竞争对手的营销活动变化;⑤预测与企业有关的科学技术发展趋势及其对汽车更新换代的影响;⑥预测消费者购买力投向、汽车资源状况、国际汽车市场情况等6个方面。

1.3 市场调查与预测的程序

市场调查与预测是一个完整的过程,是由许多不同的阶段、不同的步骤、不同的活动构成的有目的的动态过程。

1.3.1 市场调查的程序

一般认为,市场调查的程序由4个阶段、7个步骤所构成,如图1.1所示。

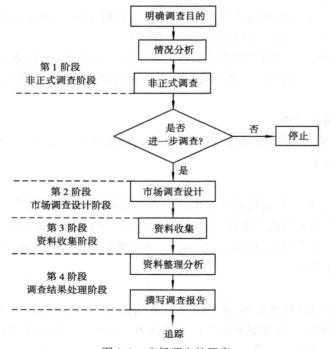

图 1.1 市场调查的程序

（1）**非正式调查阶段**

非正式调查阶段的主要职能是对所要进行的调查课题进行非正式的摸底。它包含以下 3 个步骤：

1）明确调查问题

当市场调查与预测主体接受一项市场调查任务或委托之初，尽管委托者会对调查课题的相关情况作介绍，但这种介绍并不总是详尽和充分的。这时，市场调查与预测人员必须确确实实搞清楚所要调查的问题究竟是什么，也要了解清楚调查的目的究竟是什么。

2）情况分析

情况分析是指在明确调查问题的基础上，由市场调查与预测人员利用自己的知识和经验，根据已经掌握的资料，进行初步分析。分析的涉及面应尽量宽一些，包括对所要调查的问题本身、大致的范围、调查的可能性和难易程度等。通过情况分析，调查人员应对课题的基本框架有个大致的了解。

3）非正式调查

非正式调查是指由市场调查与预测人员找一些与调查问题相关的资料，熟悉这方面情况，并且与消息灵通的人士交谈，进一步了解有关情况，积累资料。实际上这也是一种调查，是一种非正式的调查。它可以弥补调查人员本身经验和掌握资料的不足，为判断是否需要进一步调查提供更充分的条件。

非正式调查阶段在调查的过程中之所以必要，是因为它有利于节约人力、财力和时间。在确定的市场调查项目中，无非是两种情况：

一种情况是所制订的项目不恰当。往往有这样的情况，当初确定的市场调查项目并不合适，或者是在决定时是合适的，但随着时间的推移，主客观条件发生了变化，该项目变得不再合适；或者发现在当时的条件下，无法完成项目的主要任务；等等。在这些情况下，如果一开始就进行正式调查，会造成很大的浪费。通过非正式调查阶段的工作，可以及时地中止这些项目，避免不必要浪费情况的出现。

另一种情况是当初制订的调查项目是合适的。即使在这种情况下，进行非正式调查也有其合理性。这是因为，调查问题通常涉及的方面多、范围广且弹性大，通过非正式调查，可以合理地界定调查的范围和深度，为第二阶段的调查工作奠定良好的基础，节省人力、财力和时间。

（2）**市场调查设计阶段**

市场调查设计，又称市场调查方案设计，是对调查工作各个方面和全部过程的通盘考虑，包括了整个调查工作过程的全部内容。

（3）**资料搜集阶段**

资料搜集阶段是整个市场调查过程中的主体部分。在这一阶段，市场调查人员按计划规定的时间、地点及方法具体地搜集有关资料，不仅要搜集第二手资料（现成资料），而且要搜集第一手资料（原始资料）。搜集资料的质量取决于调查人员的素质、责任心和组织管理的科学性。

（4）**调查结果处理阶段**

这个阶段的工作可以分为以下几个步骤：

①资料整理分析，即对所搜集的资料进行"去粗取精、去伪存真、由此及彼、由表及里"的处理。

②撰写调查报告。市场调查报告一般由引言、目录、概要、正文、结论和建议、附件等 6 部分组成。其基本内容包括开展调查的目的、调查项目的基本情况、调查问题的事实材料、调查分析过程的说明及调查的结论和建议等。

提出了调查的结论和建议，不能认为调查过程就此完结，而应继续追踪调查，了解其结论是否被重视和采纳，采纳的程度和采纳后的实际效果以及调查结论与市场发展是否一致等，以便积累经验，不断改进和提高调查工作的质量。

市场调查程序后 3 个阶段所涉及的 4 个步骤的具体内容，将在本书后续章节详细介绍。

1.3.2　市场预测的程序

市场预测的程序是提高市场预测工作效率和工作质量的重要保证，完整的预测工作一般包含以下 5 个步骤：

（1）确定预测目标

由于市场预测的目标、对象、期限、精度、成本和技术力量等不同，市场预测所采用的方法、资料数据搜集也有所不同。明确市场预测的具体目标，是为了抓住重点，避免盲目性，提高市场预测工作的效率。例如，预测某种品牌汽车的需求量，就是一个具体的预测目标。确定了这个目标之后，才能为搜集市场商情资料，选择预测方案，配备技术力量和预算所需费用指明方向。只有根据企业经营活动的需要，制订预测工作计划，核计预算，调配力量，组织实施，才能以较少费用取得满意的市场预测结果。

（2）搜集资料

资料是市场预测的依据，有了充分的资料，才能为市场预测提供可靠的数据。搜集有关资料是进行市场预测重要的基础工作，如果某些市场预测方法所需的资料无法搜集或搜集的成本过高，即便有理想的市场预测方法也无法应用。广泛搜集影响市场预测对象的一切资料，注意资料的真实性和可靠性，剔除偶然性因素造成的不正常情况，是定量预测模型的基础条件。

（3）选择预测方法与建立预测模型

市场预测方法很多，但并不是每个预测方法都适合所有被预测的问题。预测方法选用是否得当，将直接影响预测的精确性和可靠性。根据预测的目的、费用、时间、设备和人员等条件选择合适的方法，是预测成功的关键。对同一个预测目标，一般应同时采用两种以上的预测方法，以比较和鉴别预测结果的可信度。定量预测模型应该在满足预测要求的前提下，尽量简单、方便和实用。

（4）分析预测误差

预测是估计和推测，很难与实际情况百分之百吻合。预测模型又是简化了的数学模型，不可能包罗影响预测对象的所有因素，出现误差是不可避免的。产生误差的原因，一种可能是搜集的资料有遗漏或篡改，或预测方法有缺陷；另一种可能是工作中的处理方法失当，工作人员的偏好影响等。因此，每次预测实施后，要将利用数学模型计算得到的理论预测值，与过去同期实际观察值相比较，计算出预测误差，估计其可信度。同时，还要分析各种数学模型所产生误差的大小，以便对各种预测模型作出改进或取舍。误差分析往往同选择预测方法结合进行。

以上几个预测步骤是相互密切联系的，在先后顺序上有时也可交叉进行。市场调查人员应当根据预测的目的要求和实际工作进程灵活掌握。

（5）撰写预测报告

预测报告是对预测工作的总结，也是向使用者作出的汇报。预测结果出来之后，要及时撰写预测报告。报告的内容，除了应列出预测结果外，一般还应包括资料的搜集与处理过程、选用的预测模型及对预测模型的检验、对预测结果的评价（包括修正预测结果的理由和修正的方法）以及其他需要说明的问题等。预测报告的表述，应尽可能利用统计图表及数据，做到形象直观、准确可靠。

由于市场预测报告的撰写格式和具体要求与市场调查报告的撰写类似，本书在后续章节只重点介绍市场调查报告的撰写，对于市场预测报告的撰写，不再赘述。

复习思考题

1.1 市场调查与预测的特点和相互关系分别是什么？

1.2 市场调查与预测的类型主要有哪些？

1.3 汽车市场调查与预测的内容主要有哪些？

1.4 市场调查与预测的程序主要有哪些？

1.5 在下列各个调查题目中确定一个课题或自定一个课题作为综合实践题，按照本书内容逐步深入：

①所在城市机动车经营模式现状调查及发展趋势预测；

②所在城市汽车维修行业现状调查及发展趋势预测；

③某汽车品牌市场需求现状调查及发展趋势预测；

④某汽车品牌广告促销现状调查及发展趋势预测；

⑤某汽车品牌主要竞争对手现状调查及发展趋势预测。

第2章
汽车市场调查方案设计

2.1 概 述

2.1.1 市场调查方案设计的含义

市场调查方案设计,就是根据调查研究的目的和调查对象的性质,在进行实际调查之前,对调查工作总任务的各个方面和各个阶段进行的通盘考虑和安排,提出相应的调查实施方案,制订出合理的工作程序。它的主要特点可以归纳为"预期"和"说明"4个字,即预期调查项目所需的主客观条件,大致说明从调查中所要得到的东西及所要做的工作。

市场调查的范围可大可小,但无论是大范围的调查,还是小规模的调查工作,都会涉及相互联系的各个方面和全部过程。

这里所讲的调查工作的各个方面是对调查工作的横向设计,就是要考虑到调查所要涉及的各个组成项目。例如,如果对我国汽车企业竞争能力进行调查,就应将我国所有汽车企业生产汽车的车型、质量、价格、服务、信誉等方面作为一个整体,对各种相互区别又有密切联系的调查项目进行整体考虑,避免调查内容上出现重复和遗漏。

全部过程则是对调查工作纵向方面的设计,它是指调查工作所需经历的各个阶段和环节,即调查资料的搜集、调查资料的整理和分析等。只有对此事先作出统一考虑和安排,才能保证调查工作有秩序、有步骤地顺利进行,减少调查误差,提高调查质量。

2.1.2 市场调查方案设计的意义

市场调查是一项复杂的、严肃的、技术性较强的工作,一项全国性的市场调查往往要组织成千上万的人参加。为了在调查过程中统一认识、统一内容、统一方法、统一步调,圆满完成调查任务,就必须事先制订出一个科学、严密、可行的工作计划和组织措施,以使所有参加调查工作的人员都依此执行。

具体来讲,市场调查方案设计的意义主要有以下3点:

（1）**从认识上讲,市场调查方案设计是从定性认识过渡到定量认识的开始阶段**

虽然市场调查所搜集的许多资料都是定量资料,但应该看到,任何调查工作都是先从对调查对象的定性认识开始的。没有定性认识就不能明确应该调查什么和怎样调查,也就明确不了要解决什么问题和如何解决问题。

例如,要研究某一汽车企业生产经营状况,就必须先对该企业生产经营活动过程的性质、特点等有详细地了解,设计出相应的调查指标以及搜集、整理调查资料的方法,然后再去实施市场调查。

可见,调查设计正是定性认识和定量认识的连接点。

（2）**从工作上讲,市场调查方案设计起着统筹兼顾、统一协调的作用**

现代市场调查可以说是一项复杂的系统工程,对于大规模的市场调查来讲,尤为如此。在调查中会遇到很多复杂的矛盾和问题,其中许多问题是属于调查本身的问题,也有不少问题则并非是调查的技术性问题,而是与调查相关的问题。

例如,采用普查方法能够取得较为全面、准确的资料,但普查工作涉及面广,工作量大,需要动用较多的人力、物力资源,而且普查工作所需时间较长。采用抽样调查时,样本量的确定,按照抽样调查理论,可以根据允许误差和把握程度大小,计算出相应的必要抽样数目。但这个抽样数目是否可行,要受到调查经费、调查时间等多方面条件的限制。因此,只有通过市场调查方案设计,设置调查流程,才能分清主次,根据需要采用相应的调查方法,使调查工作有序高效地进行。

（3）**从实践要求上讲,市场调查方案设计能够适应现代市场调查发展的需要**

现代市场调查已由单纯的搜集资料活动发展到把调查对象作为整体来反映的调查活动。与此相适应,市场调查过程也应被视为是市场调查设计、资料搜集、资料整理和资料分析的一个完整工作过程,调查设计正是这个全过程的第一步。

2.2　市场调查方案的内容及撰写

2.2.1　市场调查方案的内容

市场调查的方案设计是对市场调查工作各个方面和全部过程的通盘考虑,包括了整个市场调查工作过程的全部内容。所设计的市场调查方案是否科学、可行,是整个调查成败的关键。

市场调查方案设计主要包括下述 11 个方面的内容:

（1）**确定调查目的**

明确调查目的是调查设计的首要问题。只有确定了调查目的,才能确定调查的范围、内容和方法,否则就会列入一些无关紧要的调查项目,而漏掉一些重要的调查项目,无法满足调查的要求。

例如,1990 年我国第四次人口普查的目的就规定得十分明确,即"准确地查清第三次人口普查以来我国人口在数量、地区分布、结构和素质方面的变化,为科学的制定国民经济和社会发展战略与规划,统筹安排人民的物质和文化生活,检查人口政策执行情况提供可靠的依据。"

可见,确定调查目的,就是明确在调查中要解决哪些问题,通过调查要取得什么样的资料,取得这些资料有什么用途等问题。衡量一个调查设计是否科学的标准,主要就是看方案的设计是否体现调查目的的要求,是否符合客观实际。

（2）确定调查对象、调查单位和调查地点

明确了调查目的之后,就要确定调查对象和调查单位,这主要是为了解决向谁调查和由谁来具体提供资料的问题。调查对象就是根据调查目的、调查任务确定调查的范围以及所要调查的总体,它是由某些性质上相同的许多调查单位所组成的。调查单位就是所要调查的社会经济现象总体中的个体,即调查对象中的每个具体单位,它是调查中要调查登记的各个调查项目的承担者。

例如,为了研究某市各汽车销售公司的经营情况及存在的问题,需要对全市汽车销售公司进行全面调查,那么该市所有汽车销售公司就是调查对象,每一个汽车销售公司就是调查单位。又如,在某市职工家庭基本情况调查中,该市全部职工家庭就是这一调查的调查对象,每一户职工家庭就是调查单位。

在确定调查对象和调查单位时,应该注意以下 4 个方面的问题:

第一,由于市场现象具有复杂多变的特点,因此在许多情况下,调查对象也是比较复杂的,必须用科学的理论为指导,严格规定调查对象的含义,并指出它与其他有关现象的界限,以免造成调查登记时由于界限不清而发生的差错。例如,以城市职工为调查对象,就应明确职工的含义,划清城市职工与非城市职工、职工与居民等概念的界限。

第二,调查单位的确定取决于调查目的和对象,调查目的和对象发生改变,调查单位也要随之改变。例如,要调查城市职工本人基本情况时,这时的调查单位就不再是每一户城市职工家庭,而是每一个城市职工了。

第三,调查单位与填报单位是有区别的,调查单位是调查项目的承担者,而填报单位是调查中填报调查资料的单位。例如,对某地区工业企业设备进行普查,调查单位为该地区工业企业的每台设备,而填报单位是该地区每个工业企业。在有的情况下,两者又是一致的。例如,在进行职工基本情况调查时,调查单位和填报单位都是每一个职工。在市场调查方案设计中,当两者不一致时,应当明确从何处取得资料并防止调查单位重复和遗漏。

第四,不同的调查方式会产生不同的调查单位。如采取普查方式,调查总体内所包括的全部单位都是调查单位;如采取重点调查方式,只有选定的少数重点单位是调查单位;如果采取典型调查方式,只有选出的有代表性的单位是调查单位;如果采取抽样调查方式,则用各种抽样方法抽出的样本单位是调查单位。

在调查方案中,还要明确规定调查地点。调查地点与调查单位通常是一致的,但也有不一致的情况,当不一致时,很有必要规定调查地点。例如,人口普查,规定调查登记常住人口,即人口的常住地点。若登记时不在常住地点,或不在本地常住的流动人口,均须明确规定处理办法,以免调查资料出现遗漏和重复。

（3）确定和培训调查人员

由于调查对象是社会各阶层成员,思想认识、文化水平差异较大,所以从事调查工作的调查人员应当在思想品质、知识结构和能力结构等方面具备良好的素质,以便于更好地完成调查工作,达到预期效果。

简要地说,调查人员应当具备的条件主要有以下几方面的内容:

首先,要求市场调查人员具备一定的文化基础知识,能够正确理解调查提纲、表格、问卷内容,能够比较准确地记录调查对象反映出来的实际情况和内容,能够作一些简单的数字运算和初步的统计分析。

其次,要求市场调查人员具备一定的市场学、管理学、经济学方面的知识,对调查过程中涉及的专业性概念、术语和指标等应有正确的理解。

再次,要求市场调查人员具备一定的社会经验,要有文明的举止、大方开朗的性格,要善于和不同性格类型的人打交道,取得他们对调查工作的配合。

最后,要求市场调查人员必须具备严肃、认真、踏实的工作态度。参加市场调查,不但工作任务复杂繁忙,很多时候也单调枯燥,如果缺乏良好的工作态度,不能严肃认真地按要求去进行调查,那么取得的调查资料将会产生很大的偏差,可信度降低,严重的甚至导致调查工作的失败。

不同的调查课题,要求调查人员有不同的知识准备。应当根据具体的调查目的和调查任务,确定相应的调查人员。一些市场调查工作,由于工作量较大,有时还需要聘请一些临时性的工作人员,使调查人员具有一定的流动性和不确定性。因此,为了保证市场调查结果的可靠性,必须对调查人员进行必要的培训。

具体的培训内容主要包括以下几方面的内容:

首先,要围绕调查课题的具体内容,对市场调查人员进行思想教育,统一认识,使每个调查人员都能深刻认识该调查的具体目的和现实意义。

其次,介绍本次调查的具体要求,根据调查项目的含义,对有关专业性的概念、术语进行解释,明确统计资料的口径和选择调查对象的原则和条件等。

再次,要对调查人员进行工作技能训练,包括如何面对调查对象,如何提问,如何解释,遇到一些情况如何处理等。

对市场调查人员的培训,可以采用模拟训练法,即由有经验的调查人员扮演调查对象,由初次参加调查的人员进行模拟过程的共同讨论、评价,找出最佳方法。模拟训练法,可以使新手迅速胜任工作,避免由于缺乏经验而给调查工作带来不必要的损失。

确定和培训调查人员是保证调查工作质量的重要环节之一。

(4)确定调查项目

调查项目是指对调查单位所要调查的主要内容,确定调查项目就是要明确向调查对象了解些什么问题,调查项目一般就是调查单位的各个标志的名称。

例如,在消费者查研中,其标志可分为品质标志和数量标志。品质标志是说明事物质的特征,不能用数量表示,只能用文字表示,如性别、民族和文化程度等;数量标志表明事物的数量特征,它可以用数量来表示,如年龄和收入等。标志的具体表现是指在标志名称之后所表明的属性或数值,如消费者的年龄为 30 岁或 50 岁,性别是男性或女性等。

在确定调查项目时,除要考虑调查目的和调查对象的特点外,还要注意以下几个问题:

第一,确定的调查项目应当既是调查任务所需,又是能够取得答案的。凡是调查目的需要又可以取得的调查项目要全部列入,否则不应列入。

第二,调查项目的表达必须明确,要使答案具有确定的表示形式(如数字式、是否式或文字式等),否则会使调查对象产生不同理解而得出不同的答案,造成汇总时的困难。

第三,确定调查项目应尽可能做到项目之间相互关联,使取得的资料相互对照,以便了解现象发生变化的原因、条件和后果,便于检查答案的准确性。

第四,调查项目的含义要明确、肯定,必要时可附以调查项目解释。

(5)制订调查提纲和调查表

当调查项目确定后,可将调查项目科学的分类、排列,构成调查提纲或调查表,方便调查登记和汇总。

调查表一般由表头、表体和表脚等 3 部分组成。

①表头包括调查表的名称、调查单位(或填报单位)的名称、性质和隶属关系等。表头上填写的内容一般不作统计分析之用,但它是核实和复查调查单位的依据。

②表体包括调查项目、栏号和计量单位等,它是调查表的主要部分。

③表脚包括调查人员或填报人的签名和调查日期等,其目的是为了明确责任,一旦发现问题,便于查寻。

调查表可以分成两种:单一表和一览表。

①单一调查表是每张调查表只登记一个调查单位的资料,常在调查项目较多时使用。它的优点是便于分组整理,缺点是每张表都注有调查地点、时间及其他共同事项,造成人力、物力和时间的耗费较大。

②一览调查表是一张调查表可登记多个单位的调查资料,它的优点是当调查项目不多时,应用一览表能使人一目了然,还可将调查表中各有关单位的资料相互核对,其缺点是对每个调查单位不能登记更多的项目。

调查表拟定后,为便于正确填表、统一规格,还要附填表说明。内容包括调查表中各个项目的解释、有关计算方法以及填表时应注意的事项等,填表说明应力求准确、简明扼要、通俗易懂。

(6)确定调查时间和调查工作期限

调查时间是指调查资料所属的时间。如果所要调查的是时期现象,就要明确规定资料所反映的是调查对象从何时起到何时止的资料。如果所要调查的是时点现象,就要明确规定统一的标准调查时点。

调查期限是规定调查工作的开始时间和结束时间,包括从市场调查方案设计到提交调查报告的整个工作时间,也包括各个阶段的起始时间。设置调查期限的目的是使调查工作能及时开展、按时完成。为了提高信息资料的时效性,在可能的情况下,调查期限应适当缩短。

(7)确定调查方式和方法

在调查方案中,还要规定采用什么组织方式和方法取得调查资料。搜集调查资料的方式有普查、重点调查、典型调查、抽样调查等。具体调查方法有文案法、访问法、观察法和实验法等。在调查时,采用何种方式、方法不是固定和统一的,而是取决于调查对象和调查任务。在市场经济条件下,为准确、及时、全面地取得市场信息,尤其应注意多种调查方式的结合运用。

(8)确定调查资料整理和分析方法

采用实地调查方法搜集的原始资料大多是零散的、不系统的,只能反映事物的表象,无法深入研究事物的本质和规律性,这就要求对大量原始资料进行加工汇总,使之系统化、条理化。目前资料处理工作一般已由计算机进行,这在设计中也应予以考虑,包括采用何种操作程序以保证必要的运算速度、计算精度及特殊目的。

随着经济理论的发展和计算机的运用,越来越多的现代统计分析手段可供在分析时选择,如回归分析、相关分析、聚类分析等。每种分析技术都有其自身的特点和适用性,因此,应根据调查的要求,选择最佳的分析方法并在方案中加以规定。

(9)确定提交报告的方式

主要包括报告书的形式和份数、报告书的基本内容、报告书中图表量的大小等。

(10)确定调查费用

每次市场调查活动都需要支付一定的费用,因此,在设计调查方案时,应当编制出调查费用预算,合理估计调查的各项开支。

编制费用预算的基本原则是:在坚持调查费用有限的条件下,力求取得最佳的调查效果;或者在保证实现调查目标的前提下,力求使调查费用支出最少。

调查费用以总额表示,至于费用支出的细目,如专家咨询费、人员劳务费、问卷印刷费、资料费、交通费、问卷处理费、杂费等,应根据每次调查的具体情况而定。

(11)制订调查的组织计划

调查的组织计划,是为确保实施调查的具体工作计划,主要是指调查的组织领导、调查机构的设置、工作步骤及其善后处理等。必要的时候,还必须明确规定调查的组织方式。

2.2.2 市场调查方案的撰写

(1)市场调查方案撰写的基本要求

市场调查方案是市场调查工作的行动指南,直接关系到市场调查工作的成败,其撰写是否科学,对做好市场调查工作十分重要。因此,在市场调查方案的撰写过程中应做到以下几点。

1)切忌闭门造车

市场调查具有很强的针对性和目的性,每一次市场调查都是为了解决一些特定的市场问题。撰写市场调查方案一定要围绕市场调查目的,解决市场问题。不能凭主观臆断或经验办事,不能闭门造车,随意撰写调查方案。

2)内容力求全面完整,为调查工作提供全方位指导

市场调查方案的内容应包括调查目的、调查对象、调查单位、调查地点、调查人员、调查项目、调查提纲和调查表、调查时间和期限、调查方式和方法、调查资料整理和分析方法、调查报告的撰写和提交方式、调查经费预算、调查工作的组织等。

调查方案通过对内容的具体化,为整个市场调查工作提供全方位的指导,使所有调查人员目的明确、对象清楚、有章可循。按统一的内容、统一的方法和统一的步骤开展市场调查,顺利地完成市场调查任务。

3)要做到科学性与经济性相统一

撰写市场调查方案不仅要考虑科学性,还要考虑经济性,做到方案的科学性与经济性相统一。既要达到市场调查目的,完成市场调查任务,取得满意的调查效果,又要尽量节约调查费用,做到花较少的调查费用,取得较好的调查效果。

(2)市场调查方案的基本格式

市场调查方案的书面报告是非常重要的一项工作。一般来说,调查方案的起草与撰写应

由课题负责人来完成。调查方案的格式方面可以灵活,不一定要采用固定格式,一般包括开头、正文和附录等3部分内容。

1)开头

开头部分包括标题和前言。标题是市场调查方案的题目,应高度概括调查方案的内容。前言是概括说明市场调查的基本情况。如市场调查目的、调查主题、调查方法等。开头部分要求文字精练、短小精悍、言简意赅。

2)正文

正文是市场调查方案的主体和核心。这部分内容要根据市场调查内容详细地说明调查对象和调查范围,明确规定调查单位的数目,根据调查项目设计调查表的格式,明确规定调查时间和期限,规定调查方式方法和调查资料的整理分析方法,作出调查经费预算,提出调查组织工作计划和人员培训以及调查报告的撰写和提交方式等。

正文要求详略得当、材料充分、层次分明、条理清晰、逻辑严密。

3)附录

与调查课题相关的其他内容可作为附录在最后列出。

2.3 市场调查方案的评价

2.3.1 市场调查方案的可行性研究

在对复杂社会经济现象所进行的调查中,所设计的市场调查方案通常不是唯一的,需要从多个市场调查方案中选取最优方案。同时,市场调查方案的设计也不是一次完成的,而要经过必要的可行性研究,对方案进行试点调查和修改。可行性研究是科学决策的必经阶段,也是科学设计调查方案的重要步骤。

对市场调查方案进行可行性研究的方法有很多,其中应用最广泛的是试点调查法、逻辑分析法和经验判断法3种。

(1)试点调查法

试点调查是整个市场调查方案可行性研究中的一个十分重要的步骤,对于大规模市场调查来讲尤为重要。试点调查的目的是使调查方案更加科学和完善,而不仅仅是搜集资料。

试点调查也是一种典型调查。从认识的全过程来说,试点调查是从认识到实践,再从实践到再认识,兼备了认识过程的两个阶段。因此,试点调查具有两个明显的特点,一个是它的实践性,另一个是它的创新性,两者互相联系、相辅相成。试点调查正是通过实践把客观现象反馈到认识主体,以便起到修改、补充、丰富、完善主体认识的作用。同时,通过试点调查,还可以为正式调查取得实践经验,并把人们对客观事物的了解推进到一个更高的阶段。

具体来说,试点调查的任务主要包括以下两方面内容。

1)对调查方案进行实地检验

调查方案的设计是否切合实际,还要通过试点调查进行实地检验。检查目标制订得是否恰当,调查指标设计是否正确,哪些需要增加,哪些需要减少,哪些说明和规定要修改和补充。试点调查后,要分门别类地提出具体意见和建议,使调查方案的制订既科学合理,又解决实际问题。

2）实战前的演习

作为实战前的演习,可以了解调查工作安排是否合理,哪些是薄弱环节。例如,第二次全国工业普查,包括调查 300 多个指标,进行 500 多个行业分类,涉及 40 多万个企业填报。因此,必须通过试点调查取得这方面的实践经验,把分散的经验集中起来,形成做好普查工作的各项细则,成为各个阶段、各项工作应当遵循的规则。

试点调查应该注意以下 4 个问题:

第一,应建立一支精干有力的调查队伍。队伍成员应该包括有关领导、市场调查方案设计者和调查骨干,这是搞好试点调查工作的组织保证。

第二,应选择适当的调查对象。要选择规模较小、代表性较强的试点调查单位。必要时可采取少数单位先试点调查,再扩大试点调查范围,然后全面铺开的做法。

第三,应采取灵活的调查方式和方法。调查方式和方法可以多用几种,经过对比后,从中选择适合的方式和方法。

第四,应做好试点调查的总结工作。即要认真分析试点调查的结果,找出影响调查成败的主客观原因。不仅要善于发现问题,还要善于结合实际探求解决问题的方法,充实和完善原调查方案,使之更加科学和易于操作。

（2）**逻辑分析法**

逻辑分析法是检查所设计的调查方案的部分内容是否符合逻辑和情理。例如,要调查某城市居民的收入水平,而设计的调查指标却是居民收入水平或职工收入水平,按此设计所调查出的结果就无法满足调查的要求,因为居民包括城市居民和农民,城市职工也只是城市居民中的一部分。显然,居民、城市居民和职工三者在内涵和外延上都存在着一定的差别。又如,对于学龄前儿童,要调查其文化程度,对于没有通电的山区要进行电视广告调查等,都是有悖于情理的,也是缺乏实际意义的。逻辑分析法可对调查方案中的调查项目设计进行可行性研究,而无法对其他方面的设计进行判断。

（3）**经验判断法**

经验判断法是指组织一些具有丰富调查经验的人士,对设计出的调查方案加以初步研究和判断,以说明方案的可行性。经验判断法能够节省人力和时间,在比较短的时间内作出结论。但这种方法也有一定的局限性,这主要是因为人的认识是有限的,有差异的,事物在不断发生变化,各种主客观因素都会对人们判断的准确性产生影响。

2.3.2　市场调查方案的评价

评价所设计市场调查方案的优劣,一般从以下 4 个方面来进行:

（1）**方案设计是否体现调查目的和要求**

方案设计是否基本上体现了调查的目的和要求,这一条是最基本的。例如,第二次工业普查从摸清我国工业家底的目的出发,根据方案确定的调查范围、调查单位、调查内容以及据此设置的一系列完整的指标体系,反映了我国工业的现状和全貌。方案指标设置的重点基本上能够体现国家调整工业内部结构,发展科学技术,提高职工素质,提高经济效益等方面的要求。

（2）**方案设计是否科学、完整和适用**

例如，上例中第二次工业普查对生产、流通、分配和消费等各个环节，设置了许多相互联系、相互制约的指标，形成了一套比较完整的指标体系，其特点是全面、系统和配套，适用性较强。

（3）**方案设计能否使调查质量有所提高**

影响调查数据质量高低的因素是多方面的，但调查方案是否科学、可行，对最后的调查数据质量有直接的影响。

（4）**调查实效检验**

评价一项调查方案的设计是否科学、准确，最终还要通过调查实施的成效来体现。即必须通过调查工作的实践检验，来观察方案中哪些符合实际，哪些不符合实际，产生的原因是什么。肯定正确的做法，找出不足之处并寻求改进方法，这样才可以使今后的市场调查方案设计更加接近客观实际。

范例　××市某品牌微型汽车市场调查方案

1. 前言

近几年来，微型汽车行业在国家产业政策和市场竞争的作用下，迎来了新的发展机遇，潜在的市场空间不断扩大，行业整体水平在日益激烈的竞争中有了较大幅度的提高。

为配合某品牌微型汽车扩大在××市的市场占有率，评估××市某品牌微型汽车行销环境，制订相应的营销策略，预先进行××市某品牌微型汽车市场调查大有必要。

本次市场调查将围绕市场环境、消费者（各种类型的客户，在这里统称为消费者）、竞争者为中心来进行。

2. 调查目的

要求详细了解××市某品牌微型汽车市场各方面情况，为该产品在××市的扩展制订科学合理的营销方案提供依据，特撰写此市场调查方案。

①全面摸清企业品牌在消费者中的知名度、渗透率、美誉度和忠诚度。

②全面了解本品牌及主要竞争品牌在××市的销售现状。

③全面了解目前××市主要竞争品牌的价格、广告、促销等营销策略。

④了解××市的人口统计学资料，预测某品牌微型汽车市场容量及潜力。

3. 调查内容

市场调查的内容要根据市场调查的目的来确定。市场调查分为内、外调查两个部分，此次市场调查主要运用外部调查，其主要内容有：

（1）**行业市场环境调查**

①××市某品牌微型汽车市场的容量及发展潜力。

②××市汽车销售行业的营销特点及行业竞争状况。

③××市居民生活环境对该行业发展的影响。

④当前××市微型汽车种类、品牌及销售状况。

⑤××市汽车销售行业的经销网络状态。

（2）消费者调查

①消费者对某品牌微型汽车的购买形态（购买过什么品牌、购买地点、选购标准等）与消费心理（必需品、偏爱、经济、便利、时尚等）。

②消费者对某品牌微型汽车的了解程度（包括外形、乘坐舒适性、动力性、燃油经济性和价格等）。

③消费者对品牌的意识、对本品牌及竞争品牌的观念及品牌忠诚度。

④消费者平均月收入及开支情况的统计。

⑤消费者理想的微型汽车描述。

（3）竞争者调查

①主要竞争者的产品与品牌优劣势。

②主要竞争者的营销方式与营销策略。

③主要竞争者市场概况。

④本产品主要竞争者的经销网络状态。

4. 调查对象及抽样

为了准确、快速地得出调查结果，此次调查决定采用分层随机抽样法在全市市民中选取调查对象。由于××市微型车经销商只有 20 家，数量不太大，故将其全部作为调查对象。

具体情况如下：

消费者：3 000 名（其中火车站、20 个知名居民小区楼下、9 个大型商店附近各 100 份）

微型车经销商：20 家

消费者样本要求：

①家庭成员中没有人在某品牌微型汽车生产单位或经销单位工作。

②家庭成员中没有人在市场调查公司或广告公司工作。

③消费者没有在最近半年中接受过类似产品的市场调查测试。

④消费者所学专业或从事的工作不能为市场营销、调查或广告类。

5. 调查人员的规定、培训

（1）调查人员的规定

①仪表端正大方。

②举止谈吐得体，态度亲切热情。

③具有认真负责、积极的工作精神及职业热情。

④访员要具有把握谈话气氛的能力。

⑤访员要经过专门的市场调查培训，专业素质好。

（2）调查人员的培训

培训必须以实效为导向。本次调查，其人员的培训决定采用举办培训班集中讲授的方法，针对本次活动聘请有丰富经验的调查人员面授调查技巧和调查经验。并对他们进行思想道德方面的教育,使之充分认识到市场调查的重要意义,培养他们强烈的事业心和责任感,端正其工作态度、作风,激发他们对调查工作的积极性。

6. 人员安排

根据我们的调查方案,在××市进行本次调查需要的人员有 3 种:调查督导、调查人员、复核员。具体配置如下:

调查督导:1 名

调查人员:40 名(其中 30 名对消费者进行问卷调查,10 名对经销商进行深度访谈)

复核员:1～2 名(可由督导兼职,也可另外招聘)

如有必要还将配备辅助督导(1 名),协助进行访谈、收发和检查问卷与礼品。问卷的复核比例为全部问卷数量的 30%,全部采用电话复核方式,复核时间为问卷回收的 24 h 内。

7. 市场调查方法及具体实施

(1)对消费者以问卷调查为主的具体实施方法

在完成市场调查问卷的设计与制作以及调查人员的培训等相关工作后,就可以把调查问卷平均分发给各调查人员,开展具体的问卷调查了。调查人员在进行调查时,要先说明来意,并特别声明,在调查结束后将赠送调查对象精美礼物一份,吸引调查对象的积极参与,以便于得到正确有效的调查结果。调查过程中,调查人员应耐心等待,切不可督促。

(2)对经销商以深度访谈为主

由于调查形式的不同,对调查人员所提出的要求也有所差异。与经销商进行深度访谈的调查人员(访员)相对于实施问卷调查的调查人员而言,其专业水平要求更高一些。因为时间较长,调查人员对经销商进行深度访谈以前一般要预约好时间并承诺付与一定报酬,访谈前调查人员要做好充分的准备,列出调查所要了解的所有问题。调查人员在访谈过程中应占据主导地位,把握着整个谈话的方向,能够准确筛选谈话内容,并快速做好笔记,以得到真实有效的调查结果。

(3)通过网上查询或资料查询,调查××市人口统计资料

调查人员查找资料时应注意其权威性及时效性,以尽量减少误差。因为其简易性,该工作可直接由复核员完成。

8. 调查程序及时间安排

市场调查大致可分为准备、实施和结果处理 3 个阶段。

(1)准备阶段

一般分为界定调查问题、设计调查方案、设计调查问卷或调查提纲 3 个部分。

(2)实施阶段

根据调查要求,采用多种形式,由调查人员广泛地搜集与调查活动有关的信息。

(3)结果处理阶段

将搜集的信息进行汇总、归纳、整理和分析,并将调查结果以书面的形式——调查报告表述出来。

在客户确认项目后,有计划地安排调查工作的各项日程,用以规范和保证调查工作的顺利实施。按调查的实施程序,可以分成以下 8 个小项来对时间进行具体安排:

①调查方案、问卷的设计 ⋯⋯ ××个工作日

②调查方案、问卷的修改、确认 ⋯⋯ ××个工作日

③项目准备阶段(人员培训、安排) ⋯⋯ ××个工作日

④实地访问阶段 ⋯⋯ ××个工作日

⑤数据预处理阶段 ⋯⋯ ××个工作日

⑥数据统计分析阶段 ⋯⋯ ××个工作日

⑦调查报告撰写阶段 ⋯⋯ ××个工作日

⑧论证阶段 ⋯⋯ ××个工作日

9. 经费预算

①策划费　　　　　　　　××

②交通费　　　　　　　　××

③调查人员培训费　　　　××

④公关费　　　　　　　　××

⑤访谈费　　　　　　　　××

⑥问卷调查费　　　　　　××

⑦统计费　　　　　　　　××

⑧报告费　　　　　　　　××

总计　　　　　　　　　　××

10. 附录

①参与人员:×××

②项目负责人:×××

③调查方案、问卷的设计:×××

④调查方案、问卷的修改:×××

⑤调查人员培训:×××

⑥调查人员:×××

⑦调查数据处理:×××

⑧调查数据统计分析:×××

⑨调查报告撰写:×××

⑩论证人员:×××

⑪调查方案撰写:×××

复习思考题

2.1 设计市场调查方案的意义主要有哪些?

2.2 一份完整的市场调查方案通常包括哪几部分内容?

2.3 撰写市场调查方案有哪些基本要求?

2.4 对市场调查方案进行可行性研究的方法主要有哪些?

2.5 评价所设计市场调查方案的优劣,一般可以从哪几个方面进行?

2.6 结合本章所学内容,独立设计一份完整的市场调查方案。

第**3**章
问卷设计

采用问卷进行市场调查可以为有效地搜集和测定市场特征资料提供良好的技术手段,因此问卷被广泛应用于汽车市场调查的诸多方面。问卷设计是市场调查中必不可少的关键环节,对调查数据的质量乃至分析结果都有重要的影响。科学、严谨和周密的设计问卷,是保证市场调查工作取得成功、调查分析结果具有较高价值的重要基础。遵循问卷设计的必要程序和原则,掌握问卷设计的基本技巧是设计出一份优秀的问卷的必要条件。

3.1 问卷的类型与结构

3.1.1 问卷的类型

在现代市场调查中,应有事先准备好的询问提纲或调查表等文件作为调查的依据,这些文件统称问卷。它系统地记载了所需调查的具体内容,是了解市场信息资料、实现调查目的和任务的一种重要形式。采用问卷进行调查是国际通行的一种调查方式,也是我国近年来推行最快,应用最广的一种调查手段。

按照不同的分类标准,可将调查问卷分成不同的类型。

（1）按照问卷调查的填写人分类

按照市场调查中填写人的不同,可将调查问卷分成自填式问卷和访问式问卷两大类。

自填式问卷,是指由调查人员发给(或邮寄给)调查对象,由调查对象自己填写的问卷;访问式问卷,是由调查人员按照事先设计好的问卷或问卷提纲向调查对象提问,然后根据调查对象的回答进行填写的问卷。

一般而言,访问式问卷要求简便,最好采用两项选择题进行设计;而自填式问卷由于可以借助于视觉功能,在问题的制作上相对可以更加详尽、全面。

（2）按照问卷的发放方式分类

按照问卷发放方式的不同,可将调查问卷分为送发式问卷、邮寄式问卷、报刊式问卷、人员访问式问卷、电话访问式问卷和网上访问式问卷6种,其中前3类大致可以划归自填式问卷范畴,后3类则属于访问式问卷。

①送发式问卷是由调查人员将调查问卷送发给选定的调查对象,待调查对象填答完毕之后再统一收回。

②邮寄式问卷是通过邮局将事先设计好的问卷邮寄给选定的调查对象,并要求调查对象按规定的要求填写后回寄给调查人员。邮寄式问卷的匿名性较好,缺点是问卷回收率低。

③报刊式问卷是随报刊的传递发送问卷,并要求报刊读者对问题如实作答并回寄给报刊编辑部。报刊式问卷有稳定的传递渠道,匿名性好,费用低,因此有很大的适用性,缺点也是回收率不高。

④人员访问式问卷是由调查人员按照事先设计好的调查提纲或调查问卷对调查对象提问,然后再同调查人员根据调查对象的口头回答填写问卷。人员访问式问卷的回收率高,也便于设计一些便于深入讨论的问题,但不便于涉及敏感性问题。

⑤电话访问式问卷就是通过电话中介来对调查对象进行访问调查的问卷类型。此种问卷要求简单明了,在问卷设计上要充分考虑以下几个因素:通话时间限制、听觉功能的局限性、记忆的规律和记录的需要。电话访问式问卷一般应用于问题相对简单明确,但需及时得到调查结果的调查项目。

⑥网上访问式问卷是在因特网上制作,并通过因特网来进行调查的问卷类型。此种问卷不受时间空间限制,便于获得大量信息,特别是对于引起敏感性问题,相对而言更容易获得满意的答案。

(3)按照研究课题性质和目的分类

按照研究课题性质和目的的不同,问卷可分为开放式问卷和封闭式问卷两大类。

1)开放式问卷

开放式问卷,又称为无结构型问卷,它的特点是在问题的设置和安排上,没有严格的结构形式,只是围绕研究目的提出若干问题,调查对象可以依据本人的意愿作自由回答。开放式问卷一般较少作为单独的问卷进行使用,往往是在对某些问题需要作进一步深入的调查时和封闭式问卷结合使用。通过开放式问卷,可以搜集到范围较广泛的资料,可以深入发现某些特殊的问题,探询到某些特殊调查对象的特殊意见,也可以获得某项研究的补充和验证资料。有时候调查人员可以根据调查对象的反应,形成另一个新问题,作进一步的调查,使调查人员与调查对象之间形成交流,使研究更为深入。

对于文化程度不高,文字表达有一定困难的调查对象,不宜采用开放式问卷进行调查,而且问卷所搜集到的资料也难以数量化,难以进行统计分析。调查人员需要具有较高的研究分析能力,才可能从回收的问卷中作出判断和分析。因此,这类问卷多适合于作较小规模的较深层次访谈调查时使用。

2)封闭式问卷

封闭式问卷,又称为结构型问卷,它的特点是,问题的设置和安排具有结构化形式,问卷中提供有限量的答案,调查对象只能选择作答。封闭式问卷中的问题要有一定的数量,而且问卷的设计要有一定的结构,即要求按照一定的方式和顺序进行安排。调查人员必须按照要求提问,不能随意变动问题和字句,更不能删减或添加问题。

封闭式问卷由于已设置了有限的答案供调查对象选择作答,因此它适用于广泛的、不同阶层的调查对象;同时有利于控制和确定研究变量之间的关系,易于量化和进行数据的统计处理。但是,正因为限制性的选答,所以通过回收的问卷也难以发现特殊的问题,难以获得较深入、详尽的资料。因此,通常在封闭式问卷为主的情况下,加入一两个开放式问题,两种类型的问卷结合使用可以获得较好的效果。

3.1.2　问卷的结构

不同类型的调查问卷在具体结构、题型、措辞和版式等方面会有所不同,但总的来说,一份完美的调查问卷应该在形式和内容两个方面同时做到尽善尽美。从形式上看,要求版面整齐、美观,便于阅读和作答。从内容上看,一份好的问卷调查表至少应该满足 4 方面的要求:①问题具体、表述清楚、重点突出、整体结构好;②确保问卷能完成调查任务与目的;③调查问卷应该明确正确的政治方向,把握正确的舆论导向,注意对群众可能造成的影响;④便于统计整理。

一份完整的调查问卷通常包括标题、问卷说明、调查对象基本情况、调查内容、编码号、附录等内容。

（1）问卷的标题

问卷的标题,即问卷的题目,它应当能够概括说明调查主题,使调查对象对所要回答的问题有一个大致的了解。标题应简明扼要,易于引起调查对象的兴趣。例如“北京亚运村汽车交易市场用户调查”“顾客购车因素调查”等。而不要简单采用“问卷调查”这样的标题,它容易引起调查对象因不必要的怀疑而拒绝回答。

（2）问卷说明

问卷说明旨在向调查对象说明调查的目的、意义。有些问卷还有填表须知、交表时间、地点及其他事项说明等。问卷说明一般放在问卷开头,通过它可以使调查对象了解调查目的,消除顾虑,并按一定的要求填写问卷。其内容一般包括以下几个方面:

①称呼、问候。如“女士（先生）:您好!”

②调查人员自我介绍,说明调查的主办单位和个人的身份。

③简要的说明调查的内容、目的、填写方法。

④说明作答的意义或重要性。

⑤说明所需时间。

⑥保证作答对调查对象无负面作用,并替他保守秘密。

⑦表示真诚的感谢,或说明将赠送小礼品。

问卷说明的语气应该语气亲切、诚恳、有礼貌,简明扼要,切忌啰唆。问卷的开头是十分重要的,大量的实践表明,大多数拒绝合作的人都是在开始接触的前几秒钟内就表示不愿参与的。如果潜在的调查对象在听取介绍调查来意的一开始就答应了参与,绝大部分的会合作,而且一旦开始回答,绝大多数会继续并完成,除非在非常特殊的情况下才会中止。

问卷说明既可采取比较简洁、开门见山的方式,也可在问卷说明中进行一定的宣传,以引起调查对象对问卷的重视。下面举两个实例加以说明:

例 3.1

“女士（先生）:

您好!

为了了解您当前对汽车售后服务的满意程度,并作出科学的分析,我们特制订此项调查问卷,希望您予以积极配合,谢谢!”

例 3.2

"女士(先生):

您好!

体验经典美洲座驾,感受纯正美洲风情!畅谈一部经典好车,分享一段异域风情!凯迪拉克——让您身边的风景更美丽!快来参与凯迪拉克真情问卷小调查,精美礼品大放送!"

(3)调查对象基本情况

调查对象基本情况是指调查对象的一些主要特征,如在消费者调查中,消费者的性别、年龄、民族、家庭人口、婚姻状况、文化程度、职业、单位、收入、所在地区等。又如,对企业调查中的企业名称、地址、所有制性质、主管部门、职工人数、商品销售额(或产品销售量)等情况。通过这些项目,便于对调查资料进行统计分组、分析。在实际调查中,列入哪些项目,列入多少项目,应根据调查目的、调查要求而定,并非多多益善。

(4)调查主题内容

调查的主题内容是调查人员所要了解的基本内容,也是调查问卷中最重要的部分。它主要是以提问的形式提供给调查对象,这部分内容设计的好坏直接影响整个调查的价值。

主题内容主要包括以下几方面:①对人们的行为进行调查,包括对调查对象本人行为进行了解或通过调查对象了解他人的行为;②对人们的行为后果进行调查;③对人们的态度、意见、感觉、偏好等进行调查。

(5)编码

在较大规模的统计调查中,调查人员常常采用以封闭式问题为主的问卷,为了将调查对象的回答转换成数字,输入计算机进行处理和定量分析,往往需要对回答结果进行编码。

所谓编码就是赋予每一个问题及其答案一个代码,编码的工作既可在问卷设计时就设计好,也可等调查完成后再进行,前者称为预编码,后者称为后编码。

在实际调查中,调查人员大多采用预编码,因此预编码就成了问卷中的一个部分,编码一般放在问卷每一页的最右边,有时还可用一条纵线将它与问题及答案部分分开,下面就是编码的例子。

①您的年龄:___岁

②您的性别:男　□

　　　　　　女　□

③您的文化程度:小学以下　□

　　　　　　　　初中　□

　　　　　　　　高中或中专　□

　　　　　　　　大专以上　□

④您每月的收入为多少?_____元

对于第一个问题来说,一般人们的年龄在100岁以内,故编码中给出两栏,序号为1~2(注:是位数,对于极个别大于99岁的人往往记为99岁)。第二、第三个问题都只可能选择一个答案,则答案数目小于10,故分别只给一栏。第4个问题的答案往往处于100~10 000,所以给5栏。

(6)附录

附录包括作业证明记录、图表说明和结束语等内容。

1）作业证明记录

作业证明记录用以登记调查访问工作的执行和完成情况,内容包括调查人员的姓名、访问日期和访问地点等,以明确调查人员完成任务的性质。如有必要,还可写上调查对象的姓名、单位或家庭住址、电话等,以便于审核和进一步追踪调查。但对于一些涉及调查对象隐私的问卷,上述内容则不宜列入。

这项内容虽然简单,但对于检查调查计划的执行情况,复查或修正某些调查内容,以及证明整个调查的真实性和可靠性具有重要意义,因此也要认真设计。

2）图表说明

为了让调查对象了解问卷,以便能够准确作答,如有必要,可将图表说明附在最后。

3）结束语

结束语是问卷的最后部分,一般包括两个方面的内容:①提出几个开放式问题,由调查对象深入自由回答,在量化的基础上进行质的分析,加深对问题的认识,或者让调查对象提出对本研究的建设性意见;②对调查对象的合作表示谢意。

结束语根据问卷的需要设置,如果没有必要,也可以不设置。

3.2　问卷设计的原则与程序

3.2.1　问卷调查面临的困难

一个设计成功的问卷应该具备两个功能:一是能将所要调查的问题明确地传达给调查对象;二是设法取得对方合作,并取得真实、准确的答案。但在实际调查中,由于调查对象的个性不同,他们的教育水准、理解能力、道德标准、宗教信仰、生活习惯、职业和家庭背景等都具有较大差异,以及调查人员本身的专业知识与技能高低不同,都会给调查工作带来困难,并影响调查的最终效果。其具体表现为以下几方面:

第一,调查对象不了解或是误解问句的含义,不是无法回答就是答非所问。

第二,调查对象虽然了解问句的含义,愿意回答,但是自己记不清应有的答案。

第三,调查对象了解问句的含义,也具备回答的条件,但不愿意回答,即拒答,具体表现在:

①调查对象对问题毫无兴趣。导致这种情况发生的主要原因是,对问卷主题没有兴趣,问卷设计呆板、枯燥,调查环境和时间不适宜。

②对问卷有畏难情绪。当问卷时间太长、内容过多、较难回答时,常会导致调查对象在开始或中途放弃回答,影响问卷的回收率和回答率。

③对问卷提问内容有所顾虑,即担心如实填写会给自己带来麻烦。其结果是不回答或随意作答,甚至作出迎合调查人员意图的回答,这种情况的发生是调查资料失真的最主要原因。例如,在询问调查对象每月收入时,如调查对象每月收入超过 3 500 元时,他就会将纳税联系在一起,从而有意压低收入的数字。

第四,调查对象愿意回答,但无能力回答,包括调查对象不善于表达的意见,不适合回答和不知道自己所拥有的答案等。例如,当询问消费者购买某种商品的动机时,有些消费者对动机的含义不了解,很难作出具体回答。

为了克服上述困难,完成问卷的两个主要功能,问卷设计时应遵循一定的原则和程序。

3.2.2 问卷设计的原则

（1）目的性原则

问卷调查是通过向调查对象询问问题来进行调查的,因而询问的问题也必须是与调查主题有密切关联的问题。这就要求在问卷设计时重点突出,避免可有可无的问题,并把主题分解为更详细的细目,即把它分别做成具体的询问形式供调查对象回答。

例如,调查潜在购车者时,与调查主题密切相关的是调查对象的购买力、购买欲望、品牌喜好以及他的社会状况、收入水平、受教育程度和职业等。

（2）可接受性原则

设计的调查问卷要比较容易让调查对象接受。由于调查对象对是否参加调查有着绝对的自由,调查对他们来说是一种额外负担,他们既可以采取合作的态度接受调查,也可以采取对抗行为,拒答。因此,请求合作就成为问卷设计中一个十分重要的问题。应在问卷说明词中,将调查目的明确告诉调查对象,让对方知道该项调查的意义和自身回答对整个调查结果的重要性。问卷说明要亲切、温和,提问部分要自然,有礼貌和有趣味,必要时可采用一些物质鼓励,并代调查对象保密,以消除其某种心理压力,使调查对象自愿参与,认真填好问卷。此外,还应使用适合调查对象身份、水平的用语,尽量避免列入一些会令调查对象难堪或反感的问题。

（3）顺序性原则

在设计问卷时,要讲究问卷的排列顺序,使问卷条理清楚,顺理成章,以提高回答问题的效果。问卷中的问题一般可按以下顺序排列:

①容易回答的问答(如行为性问题)放在前面,较难回答的问题(如态度性问题)放在中间,敏感性问题(如动机性、涉及隐私等问题)放在后面,关于个人情况的事实性问题放在末尾。

②封闭性问题放在前面,开放性问题放在后面。这是由于封闭性问题已由设计者列出备选的全部答案,较易回答,而开放性问题需调查对象花费一些时间考虑,放在前面易使调查对象产生畏难情绪。

③要注意问题的逻辑顺序,如可按时间顺序、类别顺序等合理排列。

（4）简明性原则

简明性原则主要体现在 3 个方面:

1）调查内容简明

没有价值或无关紧要的问题不要列入,同时要避免出现重复,力求以最少的项目设计必要的、完整的信息资料。

2）调查时间简短

调查对象回答问卷时间不宜过长。设计问卷时,不能单纯从调查人员角度出发,而要为调查对象着想。调查内容过多,调查时间过长,都会招致调查对象的反感。通常调查的场合一般都在路上、店内或居民家中,应答者行色匆匆或不愿让调查人员在家中久留等,而有些问卷多达几十页,让调查对象望而生畏,一时勉强作答也只有简单应付。根据经验,一般问卷回答时间应控制在 30 min 左右。

3）问卷形式简明易懂

由于调查对象的文化水平、理解能力等存在差异,在设计问卷时要注意让其回答起来方便。例如,尽可能让调查对象画"×""√"或"○",少写文字;尽量少用专业词汇,措辞简短,通俗易懂。

（5）**匹配性原则**

匹配性原则是指要使调查对象的回答便于进行检查、数据处理和分析。所提问题都应事先考虑到能对问题结果作适当分类和解释,使所得资料便于作交叉分析。为了提高数据整理的方便性和准确性,问题的排列及回答的符号、位置等都应当科学合理地设计,以便于得出调查结果。

（6）**非诱导性原则**

非诱导性原则是指问题要设置在中性位置,不参与提示或主观臆断,让调查对象完全按照自己的思路独立、客观地回答相应的问题。

3.2.3　问卷设计的程序

问卷设计是由一系列相关工作过程所构成的,为使问卷具有科学性和可行性,需要按照一定的程序进行。

（1）**准备阶段**

准备阶段是根据调查问卷需要确定调查主题的范围和具体的调查项目,将所需问卷资料一一列出,分析哪些是主要资料,哪些是次要资料,哪些是调查的必备资料,哪些是可要可不要的资料,并分析哪些资料需要通过问卷来取得,需要向谁调查等,对必要资料加以搜集。同时要分析调查对象的各种特征,即分析了解各调查对象的社会特征（社会阶层、行为规范、社会环境）、文化特征（文化程度、知识水平、理解能力）和心理特征（需求动机、行为）等,以此作为拟定问卷的基础。在此阶段,应充分征求有关各类人员的意见,以了解问卷中可能出现的问题,力求使问卷切合实际,能够充分满足各方面分析研究的需要。可以说,问卷设计的准备阶段是整个问卷设计的基础,是问卷调查能否成功的前提条件。

（2）**初步设计**

在准备工作基础上,设计者就可以根据搜集到的资料,按照设计原则设计问卷初稿。主要是确定问卷结构,拟定并编排问题。在初步设计中,首先要标明每项资料需要采用何种方式提问,并尽量详尽地列出各种问题,然后对问题进行检查、筛选、编排,设计每个项目。对提出的每个问题,都要充分考虑是否有必要,能否得到答案。同时,要考虑问卷是否需要编码或需要向调查对象说明调查目的、要求、基本注意事项等。这些都是设计调查问卷时十分重要的工作,必须精心研究,反复推敲。

（3）**问卷评估、测试和修订**

一般说来,所有设计出来的问卷都存在着一些问题,因此,需要对初步设计出来的问卷进行评估、测试和进一步的修订。

1）问卷评估

在问卷评估过程中,应当从以下几个方面来进行:

①问题是否必要;

②问卷是否太长;

③问卷是否回答了调查目标所需的信息；

④邮寄及自填问卷的外观设计；

⑤开放试题是否留足空间；

⑥问卷说明是否用了明显字体等。

2）问卷测试和修订

当问卷已经获得管理层的最终认可后，还必须进行预先测试。在没有进行预先测试前，不应当将问卷付诸应用。

问卷测试一般是指在小范围内进行的实验性调查，其目的是为了弄清问卷在初稿中存在的问题，了解调查对象是否乐意回答和能够回答所有的问题，哪些语句不清、多余或遗漏，问题的顺序是否符合逻辑，回答的时间是否过长等。如果发现问题，应作必要的修改，使问卷更加完善。测试调查与正式调查的目的是不一样的，它并非要获得完整的问卷答案，而是要求调查对象对问卷各方面提出意见，以便于修改。

（4）付印

付印就是将最后定稿的问卷，按照调查工作的需要打印复制，制成正式问卷。

3.3　问卷设计技术

问题及其答案是一份调查问卷的基本构成要素，是反映问卷调查目的和调查项目的必要手段。因此，问卷设计的核心内容是对问题及其答案的设计。在进行问卷设计时，必须对问题的类别和提问方法仔细考虑，对问题有较清楚的了解，并善于根据调查目的和具体情况选择适当的询问方式，否则会使整个问卷产生很大的偏差，甚至导致市场调查的失败。

3.3.1　问题的主要类型及询问方式

（1）直接性问题、间接性问题和假设性问题

1）直接性问题

直接性问题是指在问卷中能够通过直接提问方式得到答案的问题。直接性问题通常给调查对象一个明确的范围，所问的是个人基本情况或意见。比如，"您的年龄""您的职业""您最喜欢的汽车品牌"等，这些都可获得明确地答案。这种提问对统计分析比较方便，但遇到一些窘迫性问题时，采用这种提问方式，可能无法得到所需要的答案。

2）间接性问题

间接性问题是指那些不宜于直接回答，而采用间接的提问方式得到所需答案的问题。通常是指那些调查对象因对所需回答的问题产生顾虑，不敢或不愿真实的表达意见的问题。调查人员不应为得到直接的结果而强迫调查对象，使他们感到不愉快或难堪。这时，如果采用间接回答方式，使调查对象认为很多意见已被其他调查人员提出来了，他所要做的只不过是对这些意见加以评价罢了。这样，就能排除调查人员和调查对象之间的某些障碍，使调查对象有可能对已得到的结论提出自己不带掩饰的意见。

3）假设性问题

假设性问题是通过假设某一情景或现象存在而向调查对象提出的问题。例如，"有人认为目前的汽车污染问题是由于人们的环保意识差造成的,您的看法如何?""如果在购买汽车和住宅中您只能选择一种,您可能会选择哪一种?"这些语句都属于假设性提问。

（2）**开放性问题和封闭性问题**

1）开放性问题

开放性问题是指所提出问题并不列出所有可能的答案,而是由调查对象自由作答的问题。开放性问题一般提问比较简单,回答比较真实,但结果难以作定量分析,在对其作定量分析时,通常是将回答进行分类。

2）封闭性问题

封闭性问题是指已事先设计了各种可能的答案的问题,调查对象只要或只能从中选定一个或几个现成答案的提问方式。封闭性问题由于答案标准化,不仅回答方便,而且易于进行各种统计处理和分析。但缺点是调查对象只能在规定的范围内被迫回答,无法反映其他各种有目的的、真实的想法。

（3）**事实性问题、行为性问题、动机性问题、态度性问题**

1）事实性问题

事实性问题是要求调查对象回答一些有关事实性的问题。这类问题的主要目的是为了获得有关事实性资料。因此,问题的意见必须清楚,使调查对象容易理解并回答。

通常在一份问卷的开头和结尾都要求调查对象填写其个人资料,如职业、年龄、收入、家庭状况、教育程度、居住条件等,这些问题均为事实性问题,对此类问题进行调查,可为分类统计和分析提供资料。

2）行为性问题

行为性问题是对调查对象的行为特征进行调查。例如,"您是否拥有自己的爱车?""您是否去过4S 店?"等。

3）动机性问题

动机性问题用于了解调查对象行为的原因或动机。例如,"是什么原因让您购买这款轿车?""为什么选择这家4S 店?"等。在提动机性问题时,应注意人们的行为可以是有意识动机,也可以是半意识动机或无意识动机产生的。对于前者,有时会因种种原因不愿真实回答;对于后两者,因调查对象对自己的动机不十分清楚,也会造成回答的困难。

4）态度性问题

态度性问题是关于调查对象的态度、评价、意见等相关信息的问题。例如,"您是否喜欢××牌子的轿车?"

以上是从不同的角度对各种问题所作的分类。应该注意的是,在实际调查中,几种类型的问题往往是结合使用的。在同一个问卷中,既有开放性问题,也有封闭性问题。甚至同一个问题中,也可将开放性问题与封闭性问题结合起来,组成结构式问题。例如,"您家里目前有汽车吗? 有____,无____;若有,是什么品牌的?"。同样,事实性问题可采取直接提问方式,对于调查对象不愿直接回答的问题,也可以采取间接提问方式,问卷设计者可以根据具体情况选择不同的提问方式。

3.3.2　问题的排序

一份调查问卷包含许多问题,如何将这些不同类型的问题进行合理的编排,是问卷设计的另一个重要问题。同样一组问题由于设计的顺序不同,很有可能导致不同的结果。

美国著名学者格罗斯曾经研究了问题的先后次序对购买兴趣的影响。他将调查对象分为5组,并设计了5种不同的问题顺序,每一组调查对象只接受一种问题顺序。这5种问题的顺序如下:

①先将产品的各种特征告诉调查对象后,立即问他对产品的购买兴趣;

②先告知此产品的优点,再问购买兴趣;

③先告知此产品的缺点,再问购买兴趣;

④先告知此产品的优点,再告知其缺点,最后问购买兴趣;

⑤先告知此产品的缺点,再告知其优点,最后问购买兴趣。

其结果见表3.1。

表3.1　问题编排不同时的调查结果统计表　　　　　　　　　　(%)

	只说明特征	只说明优点	只说明缺点	先优点再缺点	先缺点再优点
非常有兴趣	2.8	16.7	0	5.7	8.3
有些兴趣	33.3	19.4	15.6	28.6	16.7
有一点兴趣	8.3	11.1	15.6	14.3	16.7
不太有兴趣	25.0	13.9	12.5	22.9	30.6
没有兴趣	30.6	38.9	56.3	28.5	27.7

从上述结果可以看出:

第一,只说明优点或缺点,都会使一些消费者产生抗拒的心理,没有兴趣的比例较高;

第二,先告知产品的优点,会提高调查对象的购买兴趣;

第三,先告知产品的缺点,会降低调查对象的购买兴趣;

第四,只告知产品特征,情况适中。

这项研究至少告诉我们,问题的设计顺序可能导致不同的结果。至于什么顺序比较合适,还要根据实际的情况来决定。一般说来,问题的编排应当遵循两条基本原则:①便于调查对象方便快捷的回答;②便于调查人员对调查资料的整理和分析。

问题的顺序一般按照以下5方面的规则进行编排:

(1)按照问题的逻辑顺序编排

问题的排序,首先应考虑问题的类别。如果一份问卷的调查内容涉及多个方面,则应当根据具体内容对问题进行分类,并将相同类别的问题排列在一起,也可以用分类标题将同类问题集中起来。问卷设计人员应当根据各方面内容的逻辑关系,决定各类问题的先后顺序。这样有利于调查对象按照一定的思路,按顺序地回答问题,而不至于因为跳跃式的回答而中断思路。

(2)按照问题的深浅程度编排

在问题的排序上,应当先易后难,由浅入深。具体地说,应当:①事实性问题在先,态度性问题和动机性问题在后;②一般性问题在先,感情性问题和敏感性问题在后;③简单问题在先,复杂问题在后;④封闭性问题在先,开放性问题在后。

也就是说,调查人员先向调查对象提出一些一般的问题,然后随着问题被逐渐引向深入,提问也聚焦到非常具体和非常关键的问题上来。需要注意的是,对关键性和敏感性问题,不要提得过多,以免引起调查对象的反感。

（3）**按照问题所反映的时间顺序编排**

如果设计的问题涉及调查项目的时间,则应该按照时间顺序对问题进行编排。具体排列的顺序,可以按照顺时序排列,也可以按照非顺时序排列。例如,"过去—现在—将来",或"现在—过去—将来"。

（4）**易引起调查对象兴趣的问题放在前面**

把调查对象感兴趣的问题放在问卷的前面,可以引起他们填写问卷的兴趣和注意力,从而消除调查对象的反感心理,提高整个调查的质量。

（5）**开放式问题放到最后**

由于回答开放式问题,相对来说比较费时费力,故不应设置过多,并将其放置在最后,否则会影响调查对象填写问卷的积极性,进而影响整个问卷的回答质量。

3.3.3　问卷的答案设计

在市场调查中,无论是何种类型的问题,都需要事先对问句答案进行设计。在设计答案时,可以根据具体情况采用不同的设计形式。

（1）**二项选择法**

二项选择法又称真伪法或二分法,是指提出的问题仅有两种答案可以选择,"是"或"否"、"有"或"无"等。这两种答案是对立的、排斥的,调查对象的回答非此即彼,不能有更多的选择。

例如,"您家里现在有汽车吗?"

答案只能是"有"或"无"。

又如,"您是否打算在近五年内购买汽车?"

回答只有"是"或"否"。

这种方法的优点是易于理解,可迅速得到明确地答案,便于统计处理,分析也比较容易。但调查对象没有进一步阐明理由的机会,难以反映调查对象意见与程度的差别,了解的情况也不够深入。这种方法,适用于互相排斥的两项择一式问题,及询问较为简单的事实性问题。

（2）**多项选择法**

多项选择法是指所提出的问题事先预备好两个以上的答案,调查对象可任选其中的一项或几项。

例如,"您喜欢下列哪一款轿车?"（在您喜欢的□内画"√"）

宝来□　捷达□　红旗□　奇瑞 QQ□　富康□　雅阁□　其他□

由于所设答案不一定能表达出填表人所有的看法,所以在问题的最后通常可设"其他"项目,以便使调查对象表达自己的看法。

这个方法的优点是比二项选择法的强制选择有所缓和,答案有一定的范围,也比较便于统计处理。但采用这种方法时,设计者要考虑以下两种情况:

①要考虑到全部可能出现的结果,及答案可能出现的重复和遗漏。

②要注意选择答案的排列顺序。有些调查对象常常喜欢选择第一个答案,从而使调查结果发生偏差。此外,如果答案较多,容易使调查对象无从选择,或产生厌烦。一般这种多项选择答案应控制在 8 个以内,当样本量较多时,多项选择易使结果分散,缺乏说服力。

（3）顺位法

顺位法是列出若干项目,由调查对象按重要性决定先后顺序。顺位方法主要有两种:一种是对全部答案排序;另一种是只对其中的某些答案排序。究竟采用何种方法,应由调查人员来决定。具体排列顺序,则由调查对象根据自己所喜欢的事物和认识事物的程度等进行排序。

例如,"您选购汽车时主要考虑的因素是(请将所给答案按重要顺序 1,2,3,…填写在□中)

价格便宜□　　　外形美观□　　　维修方便□　　　品牌知名度高□

动力强劲□　　　噪声低□　　　舒适性好□　　　其他□"

顺位法便于调查对象对其意见、动机、感觉等作衡量和比较性的表达,也便于对调查结果加以统计。但调查项目不宜过多,过多则容易分散,很难顺位,同时所询问的排列顺序也可能对调查对象产生某种暗示影响。这种方法适用于对要求答案有先后顺序的问题。

（4）回忆法

回忆法是指通过回忆,了解调查对象对不同商品质量、品牌等方面印象的强弱。

例如,"请您举出最近在电视广告中出现的汽车品牌:

①_____、②_____、③_____、④_____"

调查时可根据调查对象所回忆品牌的先后和快慢以及各种品牌被回忆出的频率进行分析研究。

（5）比较法

比较法是采用对比提问方式,要求调查对象作出肯定回答的方法。

例如,"请比较下列车型,哪种乘坐舒适性更好?"(在各项您认为舒适性好的方格□中画"√")

本田雅阁□　　　丰田花冠□　　　大众帕萨特□　　　现代索纳塔□

比较法适用于对质量和效用等问题作出评价。应用比较法要考虑调查对象对所要回答问题中的商品品牌等项目是否相当熟悉,否则将会导致空项发生。

（6）自由回答法

自由回答法是指提问时可自由提出问题,调查对象可以自由发表意见,并无已经拟订好的答案。

例如,"您觉得 4S 店有哪些优势和不足?""您认为应该如何设计汽车市场调查问卷?"等。

这种方法的优点是涉及面广,灵活性大,调查对象可充分发表意见,可为调查人员搜集到某种意料之外的资料,缩短问者和答者之间的距离,迅速营造一个调查气氛;缺点是由于调查对象提供答案的想法和角度不同,因此在答案分类时往往会出现困难,资料较难整理,还可能因调查对象表达能力的差异形成调查偏差。同时,由于时间关系或缺乏心理准备,调查对象往往放弃回答或答非所问。因此,此种问题不宜过多。这种方法适用于那些不能预期答案或不能限定答案范围的问题。

（7）过滤法

过滤法又称"漏斗法",是指最初提出的是离调查主题较远的广泛性问题,再根据调查对象回答的情况,逐渐缩小提问范围,最后有目的地引向要调查的某个专题性问题。这种方法询问及回答比较自然、灵活,使调查对象能够在活跃的气氛中回答问题,从而增强双方的合作,获得调查对象较为真实的想法。但要求调查人员善于把握对方心理,善于引导并有较高的询问技巧。此方法的不足是不易控制调查时间。这种方法适合于调查对象在回答问题时有所顾虑,或者一时不便于直接表达对某个问题的具体意见时所采用。例如,对那些涉及调查对象自尊或隐私等问题,如收入、文化程度、妇女年龄等,可采取这种提问方式。

(8)评判法

评判法是指要求调查对象表示对某个问题的态度和认识程度。

例如,"根据我们的销售记录,您购买×××轿车已经 4 年了,请问,经过多年使用,您认为其性能:

很稳定□　　稳定□　　一般□　　不稳定□　　很不稳定□"

这种方法适合专题性深入调查,用以测量顾客对各种问题的见解和意见,在汽车市场调查中应用较为广泛。

(9)赋值法

赋值法又称标尺法,是指事先设置好问题和肯定程度依次递减的几个答案,并将各答案赋予一定的分值,要求调查对象选答其一。

例如,"您对×××轿车的满意程度是:　　非常满意 5 分□　　比较满意 4 分□一般 3 分□　　不太满意 2 分□　　不满意 1 分□"

运用此法统计调查数据,可以求出调查结果的平均值,将其量化。

3.3.4　问卷设计应注意的几个问题

对问卷设计总的要求是:问卷中的问句表达要简明、生动,注意概念的准确性,避免提似是而非的问题,具体应注意以下几点。

(1)避免提一般性的问题

一般性问题对实际调查工作并无指导意义。

例如,"您对奇瑞汽车公司的印象如何?"这样的问题过于笼统,很难达到预期效果。可具体提问:"您认为奇瑞汽车公司生产的车型是否齐全、性价比如何、售后服务怎样?"等。

(2)避免用不确切的词

如"普通""经常""一些"等,以及一些形容词,如"美丽"等不确切的词语,在问卷设计中应避免或减少使用,因为人们对这些词语的理解往往不同。

例如,"您是否经常给您的爱车做保养维护?"调查对象不知经常是指一周、一个月还是一年。可以改问:"您一年为您的爱车保养几次?"

(3)避免使用含糊不清的句子

例如,"您最近是出门旅游,还是休息?"出门旅游也是休息的一种形式,它和休息并不存在选择关系。正确的问法是:"您最近是出门旅游,还是在家休息?"

(4)避免引导性提问

如果提出的问题不是"中性"的,而是暗示出调查人员的观点和见解,力求使调查对象跟着这种倾向回答,这种提问就是"引导性提问"。

例如,"消费者普遍认为××品牌的汽车很受欢迎,您的印象如何?"

引导性提问会导致两个不良后果:一是调查对象不加思考就同意所引导问题中暗示的结论;二是由于引导性提问大多是引用权威或大多数人的态度,调查对象考虑到这个结论既然已经是普遍的结论,就会产生心理上的顺向反应。此外,对于一些敏感性问题,在引导性提问下,不敢表达其他想法等。因此,这种提问是调查的大忌,常常会引出和事实相反的结论。

（5）避免提断定性的问题

例如,"您每次修车需要支付的费用是多少?"这种问题即为断定性问题,调查对象如果根本没修过车,就会造成无法回答。正确的处理办法是在此问题上加一条"过滤"性问题。即："您修过车吗?"如果调查对象回答"是",可继续提问,否则就终止提问。

（6）避免提令调查对象难堪的问题

如果有些问题非问不可,也不能只顾自己的需要,穷追不舍,应考虑调查对象的自尊心。

例如,"您是否离过婚? 离过几次? 谁的责任?"等。又如,直接询问女士年龄也是不太礼貌的,可列出年龄段:20 岁以下,20 ~ 30 岁,30 ~ 40 岁,40 岁以上,由调查对象挑选。

（7）问句要考虑到时间性

时间过久的问题易使人遗忘,如"您去年家庭的生活费支出是多少? 用于食品、衣服分别为多少?"除非调查对象连续记账,否则很难回答出来。一般可问:"您家上月生活费支出是多少?"显然,这样缩小时间范围可使问题回忆起来较容易,答案也比较准确。

（8）拟订问句要有明确的界限

对于年龄、家庭人口、经济收入等调查项目,通常会产生歧义的理解,如年龄有虚岁、实岁;家庭人口有常住人口和生活费开支在一起的人口;收入是仅指工资,还是包括奖金、补贴、其他收入、实物发放折款收入在内。如果调查人员对此没有很明确地界定,调查结果也很难达到预期要求。

（9）问句要具体

一个问句最好只问一个要点。一个问句中如果包含过多询问内容,会使调查对象无从答起,给统计处理也带来困难。

例如,"您为何不买轿车而买越野车?",这个问题包含了"您为何不买轿车?""您为何要买越野车?"和"什么原因使您改买越野车?"等。防止出现此类问题的办法是分离语句中的提问部分,使得一个语句只问一个要点。

（10）要避免问题与答案不一致

所提问题与所设答案应做到一致。

例如,"您经常看哪个栏目的电视? 请回答:①经济生活;②焦点访谈;③电视商场;④经常看;⑤偶尔看;⑥根本不看。"后 3 个备选答案与所提问题无关。

范例　奇瑞汽车项目市场调查问卷

尊敬的顾客朋友:

您好,我们正在进行一项关于奇瑞汽车转型和影响汽车消费因素的市场调查,非常希望能得到您的支持! 此次调查所获得的信息只作为本次调查的研究分析之用,我们承诺保守秘密,并不将所获信息用作其他用途。谢谢您的支持!

为使调查顺利进行,请您关注下面的填表说明:

1. 本问卷已经将所有需要回答的问题编号,您只需按照卷面上表明的要求回答即可,请在您选择的答案对应的符号前画"√",不论单选还是多选。

2. 有些题目如果没有您想选择的项目或题目注明需要您填写,请直接填在_____上。

（1）您拥有汽车的时间_____

  A. 暂时没有   B. 1 年以内   C. 1～3 年

  D. 3～5 年   E. 5 年以上

  （若选择 A,请跳答第 6 题）

（2）您的汽车的品牌_____

（3）您买车的主要用途_____

  A. 家庭使用   B. 公司或单位用车 C. 长途运输用车

  D. 快运等业务用车 E. 其他

（4）您买车时考虑最多的因素是_____（可多选）

  A. 经济省油   B. 价格高低   C. 容量大小

  D. 驾乘舒适度   E. 技术参数   F. 安全性能

  G. 售后服务   H. 品牌   I. 其他

（5）您对目前汽车使用状况的满意程度_____

  A. 非常满意   B. 满意   C. 不满意

  D. 非常不满意   E. 无意见

（6）您考虑换车或者新购置车辆的时间是_____

  A. 暂时不考虑   B. 半年内   C. 0.5～1 年

  D. 1～3 年   E. 其他

（7）您考虑购车能承受的价格是_____

  A. 5 万元以下   B. 5 万～8 万元 C. 8 万～10 万元

  D. 10 万元以上

（8）您怎样看待贷款购车_____

  A. 很好,准备尝试一下 B. 一般,没什么兴趣 C. 无所谓,与我没关系

（9）请注明您可能要选择的品牌_____

（10）您对奇瑞汽车的了解程度_____

  A. 很了解   B. 了解一点   C. 不了解

  （选择 C 者请跳答第 12 题）

（11）您了解奇瑞汽车的渠道是_____

  A. 电视广告   B. 报纸广告   C. 网站介绍

  D. 朋友推荐   E. 其他

（12）您认为汽车使用者是否有必要了解其产品的性能、技术、维护知识_____

  A. 有必要,由厂商提供培训   B. 没必要,出问题找厂商

  C. 无所谓   D. 其他

（13）您认为奇瑞在提高品牌知名度方面可以从以下哪些方面着手_____（可多选）

  A. 加强自身建设,练好内功   B. 加大宣传力度

  C. 改换标志   D. 其他(请注明)_____

（14）如果您准备买车或者再次买车,您准备购买的车型是_____

  A. 轿车   B. 轻客   C. SUV(运动型多功能车)

D. MPV（多功能乘用车） E. 卡车（含皮卡）

（15）如果您准备买车或者再次买车，您更倾向于_____
　　　　A. 柴油车　　　　　　　B. 汽油车

（16）您准备选择的汽车品牌是_____
　　　　A. 进口品牌　　　　　　B. 国产自主品牌　　　　C. 合资品牌

（17）如果您考虑买车或者再次买车，您最信赖的购车地点是_____
　　　　A. 专卖店　　　　　　　B. 大卖场　　　　　　　C. 汽车商城
　　　　D. 其他（请注明）_____

（18）您选择购车地点的标准是_____
　　　　A. 硬件设施　　　　　　B. 服务专业　　　　　　C. 维修实力
　　　　D. 售后服务　　　　　　E. 车价　　　　　　　　F. 其他

（19）您是否奇瑞的老用户_____
　　　　A. 是　　　　　　　　　B. 不是（选 B 请跳答第 21 题）

（20）作为我们的老用户，您觉得我们还需要改进的地方主要是_____

（21）您的个人及家庭情况_____
①性别：A. 男　B. 女
②年龄：A. 20 岁及以下　B. 21～30 岁　C. 31～40 岁　D. 41～50 岁　E. 51～60 岁
　　　　F. 60 岁以上
③婚姻：A. 已婚　B. 未婚　C. 其他
④职业：A. 公务员　B. 个体企业老板　C. 教师　D. 企业工人　E. 其他
⑤学历：A. 高中及以下　B. 大专　C. 本科　D. 研究生及以上
⑥家庭人数：A. 2 人　B. 3 人　C. 4 人　D. 4 人以上
⑦家庭平均月收入：A. 1 000 元以下　B. 1 000～2 000 元　C. 2 000～3 000 元
　　　　　　　　　D. 3 000～4 000 元　E. 4 000～5 000 元　F. 5 000 元以上
⑧为保证调查质量，公司将对问卷进行复查，如果方便的话，请您留下姓名和联系电话
_____。
再次感谢您的支持！

复习思考题

3.1　按照不同的分类标准，调查问卷可以分成哪些类型？每一类分别具有什么特点？
3.2　一份完整的调查问卷通常包括哪几部分内容？
3.3　问卷设计的原则主要有哪些？
3.4　问卷设计的程序主要包括哪些内容？
3.5　结合本章所学内容，独立设计一份完整的市场调查问卷。

第 **4** 章
抽样调查法

4.1 概 述

4.1.1 抽样调查法的基本知识

（1）抽样调查法的含义

抽样调查是一种非全面调查，它是从研究对象的全部单位中抽取一部分单位进行考察分析，并用这部分单位的数量特征去推断总体数量特征的一种调查方法。显然，抽样调查虽然是非全面调查，但它的目的却在于取得反映总体情况的信息资料，因而，也可起到全面调查的作用。抽样调查是现代市场调查中的重要组织形式，是目前国际上公认和普遍采用的科学的调查手段。

该方法的主要优点有 3 点：第一，利用抽样分析，可获得既定精确估计值，以代表总体特征；第二，节省调查人力、物力、时间及经费；第三，经由少数优秀人员施予特殊训练及配合特殊设备，进行调查，可得较深入确切的调查结果。

当然，这种调查方法也有其非常明显的缺点，即存在抽样误差。对于抽样调查和全面调查的比较见表 4.1。

表 4.1　抽样调查与全面调查的比较

	抽样调查	全面调查
预算经费	低	高
时间要求	短	长
总体大小	大	小
总体特征的方差	小	大
抽样误差可能造成的损失	小	大
非抽样误差可能造成的损失	大	小
是否需要特别注意各个案例	是	否

抽样调查的基本目的是搜集信息并得出结论,以供决策参考。有效抽样调查应符合以下3条原则:

1)有效原则

抽样调查应该符合调查目的的需要,并且所获信息价值应超过所支付成本。

2)可测量原则

可测量是针对抽样的正确程度,保证抽样调查有其存在的意义。

3)简单原则

抽样调查必须保持简单性要求。抽样调查的易于操作的特点,可以避免不必要的节外生枝。

（2）**抽样调查中的常用名词**

在抽样调查中,常用的名词主要有以下10个:

1)总体

总体是指所要研究对象的全体,它是根据一定研究目的而规定的调查对象的全体所构成的集合,组成总体的各研究对象,称之为总体单位。

要有效地进行抽样,必须事先了解和掌握总体结构及各方面的情况,并根据研究目的明确界定总体的范围。

2)样本

样本是总体的一部分,它是由从总体中按一定程序抽选出来的那部分总体单位所构成的集合。

3)总体指标

总体指标是说明总体数量特征的指标,常用的总体指标有总体平均数、总体成数、总体方差和均方差等。总体平均数是总体所研究的平均值,根据所掌握资料的情况,可分为简单式和加权式两种。总体成数是指一个现象有两种表现时,其中具有某种标志的单位数,在总体中所占的比重。总体方差和均方差用来说明总体标志变异程度的指标,是理解和应用抽样调查时很重要的基础指标。

4)样本指标

样本指标是从样本的统计计算中得到的指标。常用的指标有样本平均数、样本成数、样本方差和均方差等。

5)抽样推断

抽样推断是指从样本指标推算总体指标的过程。

6)抽样框

抽样框是指用以代表总体,并从中抽选样本的一个框架,其具体表现形式主要有包含总体全部单位的名册、地图等。

抽样框在抽样调查中处于基础地位,是抽样调查必不可少的部分,其对于推断总体具有相当大的影响。准确的抽样框应当具有完整性与不重复性。

①完整性:不遗漏总体中的任何一个个体;

②不重复性:任何一个个体不能重复列入抽样框。

对于抽样调查来说,样本的代表性如何,抽样调查最终推算的估计值真实性如何,首先取决于抽样框的质量。

7）抽样比

抽样比是指在抽选样本时,所抽取的样本单位数与总体单位数之比。

8）置信度

在抽样对总体参数作出估计时,由于样本的随机性,其结论总是不确定的。为此,采用一种概率的陈述方法,也就是数理统计中的区间估计法,判断估计值与总体参数在一定允许的误差范围以内,其相应的概率有多大,这个相应的概率称为置信度,又称为可靠度、置信水平或置信系数。

9）抽样误差

在抽样调查中,通常以样本作出估计值对总体的某个特征进行估计,当二者不一致时,就会产生误差。因为由样本作出的估计值随着抽取样本的不同而变化,即使观察完全正确,它和总体指标之间也往往存在差异,这种差异纯粹是抽样引起的,故称之为抽样误差。

10）偏差

偏差又称为偏误,通常是指在抽样调查中除抽样误差以外,由于各种原因而引起的一些差异。

4.1.2　抽样调查流程分析

（1）抽样调查的基本程序

汽车市场抽样调查活动是市场调查整体活动的一部分,一项科学的抽样调查活动主要包括以下 4 个基本步骤:

1）界定调查总体

界定调查总体需要从内容、单位、时间和空间范围 4 个方面着手。汽车市场调查主体的确定,往往与汽车企业的目标市场选择和产品定位策略密切相关。

2）编制抽样框

编制抽样框是指对构成总体的抽样单位进行编号排列,形成一份包括总体全部单位并从中抽选样本的详细名单。

3）设计和抽取样本

①确定抽样数目。汽车市场调查人员在确定抽样数目时,要考虑到抽样估计的精确性要求、成本的限制,以及市场调查时间的要求等方面的内容。

②选择抽样方法。抽样方法的选择,在很大程度上取决于汽车调查主体对调查过程的技术要求,汽车调查主体的分布特点和调查项目的成本要求。

③抽样计划与实施。以上步骤完成之后,进行抽样计划的制订,接着就可以进行汽车市场调查活动了。

4）推断调查主体特征

汽车市场调查的目的,就是通过样本来推断主体的特征,所以调查的最后还要给出样本的估计结果和推断。

（2）样本代表性评估

评估样本的基本方法,是将可得到的反映总体中某些重要特征及其分布的资料与样本中同类指标的资料进行对比。若二者之间的差别很小,则可以认为样本的质量较高,代表性较大;反之,若二者之间的差别非常明显,那么样本的质量和代表性就一定不会很高。

当作调查报告时,应有抽样评估说明,以表示资料的正确性。

4.1.3 抽样误差

由于存在人与人之间的个体差异,即使从同一总体用同样方法随机抽取例数相同的一些样本,各样本算得的某种指标,如平均数(或平均率),通常也参差不齐,存在一定的差异。样本指标与相应的总体指标之间有或多或少的相差,这一点是不难理解的。例如,某医生从某地抽了120名12岁男孩,测量其身高,计算出均数为143.10 cm,若再从该地抽120名12岁男孩,其平均身高未必仍等于143.10 cm,也不一定恰好等于某市12岁男孩身高的总体均数,这种差异,即由于抽样而带来的样本与总体间的误差,统计上称为抽样波动或抽样误差。

抽样误差是不可避免的,因为客观上既然存在个体差异,那么刚巧这一样本中多抽到几例数值大些的,所求样本均数就会稍大,另一样本多抽到几例数值小些的,该样本均数就会稍小。

在讲到误差时,还会有一些非抽样误差存在,通常是指调查人员的一些人为因素所导致的与主体偏离的结果。非抽样误差由不回答误差和回答误差组成,这些误差是可以控制和避免的,在这里就不作太多的分析。

影响抽样误差的因素主要有以下4点:

1)总体单位的标志值的差异程度

差异程度越大则抽样误差越大;反之,则越小。

2)抽取的调查单位的数目

在其他条件相同的情况下,样本单位数越多,则抽样误差越小。

3)抽样方法

抽样方法不同,抽样误差也不相同。一般说,重复抽样比不重复抽样,误差要大些。

4)抽样调查的组织形式

抽样调查的组织形式不同,其抽样误差也不相同,而且同一组织形式的合理程度也会影响抽样误差。

4.2 抽样调查的组织形式

按照抽选样本的方法,抽样调查的组织形式分为概率抽样和非概率抽样两类。概率抽样是按照概率论和数理统计的原理从调查研究的总体中,根据随机原则来抽选样本,并从数量上对总体的某些特征作出估计推断,对推断出可能出现的误差可以从概率意义上加以控制。非概率抽样又称非随机抽样,它不遵循随机原则,从方便出发或根据主观的选择来抽取样本。在我国,习惯上将概率抽样称为抽样调查,具体的分类如图4.1所示。

4.2.1 概率抽样的组织形式

(1)简单随机抽样

简单随机抽样又称为单纯随机抽样,是指从由 N 个单位组成的总体中任意抽取 n 个单位作为样本,使每个可能的样本被抽中的概率相等的一种抽样方式。简单随机抽样为其他各种随机抽样方法之基础。

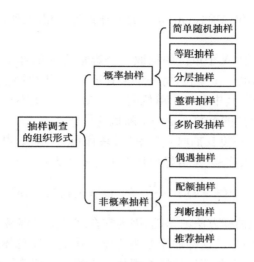

图 4.1　抽样调查的组织形式

简单随机抽样一般可采用掷硬币、掷骰子、抽签、查随机数表等办法抽取样本。在统计调查中,由于总体单位较多,前 3 种方法较少采用,主要运用后 1 种方法。

用随机数表法进行抽取,需要明确以下几点内容:

第一,随机数表是统计工作者用计算机生成的随机数,并保证表中的每个位置上的数字是等可能出现的。

第二,随机数表并不是唯一的,因此可以任选一个数作为开始,读数的方向可以向左,也可以向右、向上、向下等。

第三,用随机数表进行抽样的程序由①将总体中个体编号,②选定开始的数字,③获取样本号码 3 个步骤组成。

第四,由于随机数表是等概率的,因此利用随机数表抽取样本保证了被抽取个体的概率是相等的。

按照样本抽选时每个单位是否允许被重复抽中,简单随机抽样可分为重复抽样和不重复抽样两种。重复抽样,每次抽选都是独立的,即前一次抽选不影响后一次抽选,每个单位中选或不中选的机会在各次抽选中是相同的。而不重复抽样,每次抽选不是独立的,即前一次抽选会影响下一次抽选,每个单位中选或不中选的机会在各次抽选中是不相同的。在抽样调查中,特别是社会经济的抽样调查中,简单随机抽样一般是指不重复抽样。

1)重复抽样

重复抽样是指从总体 N 个单位中抽取一个容量为 n 的样本,每次从总体抽取一个,连续抽取 n 个, 每次抽出的一个单位,将其结果登记后又放回,重新参加下一次抽选。

如果在同等条件下,进行 n 次相互独立的实验,其结果构成一个容量为 n 的样本。在实验中,每次只能出现两种不同的情况,其中 A 出现的概率为 p,$\overline{A}$出现的概率为 $q(p+q=1)$,则样本中包含 A 事件的个数 x 是一个随机变量。

在一次实验中,A 出现的概率为 p,A 不出现的概率为 q,则连续 n 次实验,A 恰好出现 k 次的概率为:

$$P(x=k) = C_n^k p^k q^{n-k} \quad (k=0,1,2,\cdots,n) \tag{4.1}$$

由于这一分布的概率和二项式$(p+q)^n$的展开式各项相同,所以称之为二项分布。

2)不重复抽样

不重复抽样是指从总体N个单位中抽取一个容量为n的样本,每次从总体抽取一个,连续抽取n个,但每次抽出的一个单位,将其结果登记后,不再放回参加下一次的抽选。

如果总体单位数为N,其中有n个单位属于A事件,每次不重复抽取n个单位组成一个样本,则样本中包含A事件的个数k是一个随机变量。

从总体N个单位每次不重复抽取n个单位,共有C_N^n种取法,其中A恰好出现k次的取法有$C_n^k C_{N-n}^{n-k}$种,所以连续n次实验,A恰好出现k次的概率为:

$$P(x=k) = \frac{C_n^k C_{N-n}^{n-k}}{C_N^n} \quad (k=0,1,2,\cdots,n) \tag{4.2}$$

简单随机抽样是其他抽样方法的基础,因为它在理论上最容易处理,而且当总体单位数N不太大时,实施起来并不困难。这种抽样方法的优点就是保证总体的每个成员具有已知的且同等的被选为样本的机会,因此产生的样本都是总体的一个有效代表。这种方法简单易行,成本低。但在实际中,若N相当大时,简单随机抽样就不是很容易办到的。首先它要求有一个包含全部N个单位的抽样框;其次用这种抽样得到的样本单位较为分散,调查不容易实施。这也是简单随机抽样非常明显的缺点,因此,在实际调查中直接采用简单随机抽样的并不多。

(2)等距抽样

等距抽样又称为系统抽样或机械抽样,它是首先将总体中各单位按一定顺序排列,根据样本容量要求确定抽选间隔,然后随机确定起点,每隔一定的间隔抽取一个单位的一种抽样方式。

按照总体单位排列方法,等距抽样的单位排列可分为:①按有关标志排队。②按无关标志排队。③按自然状态排列。其中按自然状态排列介于按有关标志排队和按无关标志排队之间。

按照具体实施等距抽样的做法,等距抽样可分为:①半距起点,等距抽样。②随机起点,对称等距抽样。

例4.1 某地区有30个汽车4S店,请按每个店月均销售收入高低顺序排队,等距抽取5个汽车销售4S店进行月均销售收入的抽样调查。

解 ①搜集该地区各汽车4S店月均销售收入数据。

②按月均销售收入高低排列,见表4.2。

表4.2 4S店月均销售收入排列情况

序　号	4S店编号	月均销售收入/万元	序　号	4S店编号	月均销售收入/万元
1	4	535	7	11	606
2	26	541	8	8	614
3	16	564	9	27	620
4	25	570	10	6	622
5	5	579	11	29	630
6	14	592	12	20	632

序　号	4S 店编号	月均销售收入/万元	序　号	4S 店编号	月均销售收入/万元
13	22	639	22	24	674
14	12	640	23	18	674
15	1	650	24	3	675
16	19	654	25	21	684
17	23	658	26	13	689
18	30	664	27	15	692
19	28	664	28	2	695
20	10	669	29	7	707
21	17	673	30	9	712

③当样本单位数为 5 时,计算抽样距离。

抽样距离 $=30\div5=6$(即每 6 个 4S 店中将有 1 个 4S 店作为样本进行抽样调查)

④半距起点,等距抽样。

第 1 个样本单位:抽样距离的一半,$6\div2=3$,即第 3 个 4S 店(16 号)作为第 1 个样本,参加调查。

第 2 个样本单位:从第 1 个样本单位的序号开始,加上一个抽样距离,即为第 2 个样本单位:$3+6=9$,第 9 个 4S 店(27 号)作为样本单位参加调查。

第 3 个样本单位:从第 2 个样本单位的序号开始,加上一个抽样距离,即为第 3 个样本单位:$9+6=15$,第 15 个 4S 店(1 号)作为样本单位参加调查。

以此类推,第 4 个单位为第 21 个 4S 店(17 号),第 5 个单位为第 27 个 4S 店(15 号)。

随机起点,对称等距抽样与半距起点、等距抽样类似,在此不作赘述。

等距抽样操作简单,可使中选单位比较均匀地分布在全及总体中,尤其当调查对象标志值的变异程度较大,而在实际工作中又不可能抽选更多的样本单位时,这种方法更为有效。运用等距抽样的前提是要有全及总体每个单位的有关资料,特别是按有关标志排队时,往往要有较为详细具体的资料,这是一项非常复杂和细致的工作。当抽选间隔和调查对象本身的节奏性相重合时,就会影响调查的精度。

(3)分层抽样

分层抽样又称类型抽样,它是先将总体所有单位按照一个重要标志进行分类(组),然后在各类中采用简单随机抽样或等距抽样方式抽取样本单位的一种抽样方式。

实际上,分层抽样是科学分组与抽样原理的有机结合,前者是划分出性质比较接近的层,以减少标志值之间的变异程度;后者是按照抽样原理抽选样本。因此,分层抽样一般比简单随机抽样和等距抽样更为精确,能够通过对较少的样本进行调查,得到比较准确的推断结果,特别是当总体数目较大、内部结构复杂时,分层抽样常能取得令人满意的效果。分层抽样的重要问题是对一个总体如何进行分层,这要视具体情况而定。总的原则是,层内样本的差异要小,而层与层之间的差异尽可能的大,否则将失去分层的意义。

1）分层抽样的优点

①可以保证所有重要的子总体在样本中都有代表,使样本更有代表性。

②具有简单随机抽样简单明了的性质,精度又高于简单随机抽样,实施比简单随机抽样要便利得多。

2）分层抽样的缺点

①由于分层抽样要依据某一标志的具体值来划分,这就要求有较为详细、具体的相关资料,这无疑增大了工作难度和强度。

②由于分层抽样中一般每组抽取样本相应减少,若分层过细,可能造成代表性不足,容易产生较大的误差。

3）分层抽样的步骤

①分层。

②根据总体 N 与样本容量 n 确定抽取的比例,即抽样比。

③由分层情况,各层抽样。

④汇合样本。

注意:各层的抽取数之和应等于样本容量,对于不能取整的数,求其近似值。

例 4.2 一个汽车制造企业有职工 500 人,其中不到 35 岁的有 125 人,35～49 岁的有 280 人,50 岁以上的有 95 人。为了了解该单位职工年龄与身体状况的有关指标,从中抽取 100 名职工作为样本,按照分层抽样的方法应该怎样抽取?

解 ①分层。

本例中总体具有某些特征,可以分成不到 35 岁、35～49 岁和 50 岁以上 3 部分,把每一部分称为 1 个层,因此该总体可以分为 3 个层。

②根据总体 $N=500$ 与样本容量 $n=100$ 确定抽取的比例,即抽样比。

抽取人数与职工总数的比是 $100:500=1:5$,则各年龄段(层)的职工人数依次是 $125:280:95=25:56:19$。

③由分层情况,各层抽样。

④汇合样本。

（4）整群抽样

整群随机抽样又称聚类抽样,是将总体按照某种标准划分为一些子群体,每个子群体作为一个抽样单位,将抽取出的子群体中的所有单位全部作为总体的样本。

例如,某高校学生会要调查该校在校生对学校广播站节目的评价,用整群抽样法抽样时,可以把全校每一个班级作为一群,也可以按宿舍来划分,每一个宿舍作为一个群,因为在这个问题上,一般来说各班之间或各宿舍之间差异不会太大。

整群抽样特别适用于缺乏总体单位的抽样框。应用整群抽样时,要求各群有较好的代表性。在大规模的市场调查中,当群体内各单位间的误差较大,而各群之间的差异较小时,最适宜采用分群抽样方式。

划分群时,每个群的单位数可以相等,也可以不等,在每一群中的具体抽选方式,既可以采用随机的方式,也可以采用等距抽样的方式,但不管什么方式,都只能用不重复的抽样方法。

整群抽样的优点是实施方便、节省经费,确定一组就可以抽出许多单位进行观察;缺点是往往由于不同群之间的差异较大,而且以群体为单位进行抽选,抽选单位比较集中,会影响样本分布的均衡性,由此而引起的抽样误差往往大于简单随机抽样。

(5)多阶段抽样

多阶段抽样又称阶段抽样或多级抽样,是在抽取样本时,分成两个或两个以上的阶段从总体中抽取样本的一种抽样方式。

其具体操作过程是:第一阶段,将总体分为若干个一级抽样单位,从中抽选若干个一级抽样单位入样;第二阶段,将入样的每个一级单位分成若干个二级抽样单位,从入样的每个一级单位中各抽选若干个二级抽样单位入样……以此类推,直到获得最终样本。

例如,在 5 000 人的 100 个班中用二级抽样的方法抽取 100 人的样本。先在所有一级单元(100 个班)中,抽取 10 个班,再从每个抽中的班中抽取 10 个人,组成 100 人的样本。

如果第一阶段抽样时,所有一级单元全部被抽中,此时二级抽样就相当于分层抽样;如果第二阶段抽样时,整个班的人全部入样,此时二级抽样就相当于整群抽样。

多级抽样适合于大规模的调查,它的组织实施的便利程度和抽样精度都介于分层抽样和整群抽样之间。如果总体太大,样本只能占总体的很小的比率,那应需要采取两段或多段抽样的方法。

4.2.2　非概率抽样的组织形式

(1)偶遇抽样

偶遇抽样又称方便抽样,是指调查人员将其在一定时间、一定环境内所能遇见或接触到的人选入样本的方法。以下几种都是偶遇抽样的例子:

①没有认定调查对象身份的商场拦截式访问;

②利用客户的名单(名片、往来信件等方式获得)进行调查;

③访问大街上的人们;

④利用学生、社会组织的成员或工厂机关的职工作为调查对象;

⑤报纸、杂志上填好、寄回的调查。

偶遇抽样简便易行,能及时取得所需的信息资料,省时、省力、节约经费;但抽样偏差较大,一般用于非正式的探测性调查。只有在调查总体各单位之间的差异不大时,抽取的样本才具有较高的代表性。

(2)配额抽样

配额抽样又称定额抽样,通常被认为是一种与分层抽样法相对的非随机抽样方法。配额抽样是非随机抽样中最流行的一种,它是按照调查对象的某种属性或特征将总体中所有个体分成若干类或层,然后在各层中抽样的方法。

配额抽样之所以分层分类,其目的在于要抽选出一个总体的"模拟物",其方法则是通过主观的分析来确定和选择组成这种模拟物的成员。也就是说,配额抽样注重的是样本与总体在结构比例上的表面一致。

分层抽样进行分层,一方面是要提高各层之间的异质性与同层中的异质性,另一方面也是为了照顾到某类比例小的层次,使得所抽样的代表性进一步提高,误差进一步减小。而其抽样的方法则是完全依据概率原则,排除主观因素,客观的、等概率的到各层中进行抽样,这与配额抽样中那种"按事先规定的条件,有目的的寻找"的做法是完全不同的。

配额抽样和分层抽样归纳起来有两点重要的区别:首先,配额抽样的调查对象不是按随机抽样的原则抽选出来的,而分层抽样必须遵守随机抽样的原则;其次,在分层抽样种,用于分类的指标,应联系研究目标来选择,而配额抽样无此要求。

配额抽样一般包括以下 3 个步骤:

第一步,选择"控制特征"(调查目的、主题和总体中各单位差异情况是选定控制特征的主要依据),作为将母体细分类的标准。

第二步,将母体细分为几个子母体,按比较分配各子母体样本数大小。

第三步,调查人员有极大自由去选择子母体中的样本个体,只要完成配额调查,即告完成。

配额抽样须规定两项或两项以上的特征。

这些特征可以是相互独立的。例如,规定 200 人的样本,男女比例各占 50%,而文化程度比例则是大学占 20%,高中占 30%,初中占 50%,对两项特征之间的关系不作具体规定。

这些特征也可以是交叉的。例如,规定 100 名男性中,大学程度占 30%,高中程度占 40%,初中占 30%,而 100 名女性中,大学程度占 10%,高中占 20%,初中占 70%。

值得注意的是,样本中各项特征的人数比例,应尽量与总体相对应。

配额抽样的优点是费用较低,对调查人员选择每一份额的调查对象比较方便,同时可以保证总体的各个类别都能包括在所抽样本之中,因此配额抽样的样本具有较高的代表性。如果对调查人员和调查过程进行严格的控制,可以减少选择的偏差和改进配额样本的质量,从而可以使配额抽样获得与某些概率抽样非常接近的结果。

(3)判断抽样

判断抽样又称目的抽样、主观抽样或立意抽样,是一种凭调查人员的主观意愿、经验和知识,从总体中选择具有代表性的样本作为调查对象的抽样方法。在编制物价指数时,有关产品项目选择及样本地区的决定,多采用判断抽样。

判断抽样调查所得的结果,一般不宜推广到大范围,否则很可能造成失误。在研究中,判断抽样一般适用于以下两种情况:①探测性研究,为设计问卷、进行正式抽样调查或全面调查打下基础。②总体范围较小,只能抽取极少数个案作样本,若用简单随机抽样可能遗漏更重要或更具有代表性的个案。这时,如能采用判断抽样,则能把这些重要个案搜集在样本之中。

判断抽样方法在样本规模小及样本不易分门别类挑选时有其较大的优越性。但由于其精确性依赖于调查人员对调查对象的了解程度、判断水平和对结果的解释情况,所以判断抽样方法的结果的客观性受到人们的怀疑。

(4)推荐抽样

推荐抽样又称"滚雪球抽样",是指依靠已知调查对象介绍新的调查对象,样本由小到大的抽样方式。因此,营销调查人员为符合研究的要求,起初得汇编一个比总样本要小得多的样本目录。

在推荐抽样中,先选择一组调查对象,通常是随机选取的。访问这些调查对象之后,再请他们提供另外一些属于所研究的目标总体的调查对象,根据所提供的线索,选择此后的调查对象。这一过程会继续下去,形成滚雪球的效果。尽管最初选择调查对象时采用的是随机抽样,但是最后的样本都是非概率样本,被推荐或安排的调查对象比随机抽取的调查对象将在人口和心理特征方面更类似于推荐他们的那些人。

推荐抽样主要是用于估计十分稀有的人物特征,特别适合用来对成员难以找到的总体进行抽样。也可对具有一定网络联系的总体进行抽样。例如名字不能公开的,可利用政府或社会服务的人员;特别的群体,如私家车的车主等。

推荐抽样的主要优点是可以大大地增加接触总体中所需群体的可能性。当调查人员掌握较少样本资料的时候,而回答者又能提供对调查人员可能有用的别的回答者名单时,推荐抽样是最合适的,但推荐抽样的代表性受到限制。

以上系统介绍了抽样调查的各种组织形式,关于它们的联系和区别见表4.3。

表4.3　各种抽样方法的优缺点比较

抽样方法		优　点	缺　点
概率抽样	简单随机抽样	易理解,可推广到总体	抽样框难于构制,费用高,精度低,不一定能保证代表性
	等距抽样	能增加代表性,比简单随机抽样易操作,不需要抽样框	代表性可能不高
	分层抽样	可包括所有重要的子总体,精度高	选择分层变量并对其进行分层都很困难,费用高
	整群抽样	易操作,费用较低	不准确,难于计算和解释结果
	多阶段抽样	易操作,精度高于整群抽样	计算较复杂
非概率抽样	偶遇抽样	最经济,最省时间,最方便	有选择偏差,样本无代表性
	判断抽样	低费用,方便,省时间	不能推广,主观性很强
	配额抽样	在某些特征上可以对样本进行控制	有选择偏差,不能保证代表性
	推荐抽样	可以估计稀有的特征	耗费时间

复习思考题

4.1　抽样调查法的含义是什么? 这种方法具有什么优点?

4.2　有效抽样调查的原则主要有哪些?

4.3　抽样调查的基本步骤主要有哪些?

4.4　什么是抽样误差? 影响抽样误差的因素主要有哪些?

4.5　抽样调查的组织形式主要有哪些? 每一类分别有什么特点?

4.6　某地区有50个汽车4S店,要求按每个店年均销售收入高低顺序排列,等距抽取5个汽车销售4S店进行年均销售收入的抽样调查,模拟给出相关数据,选取合适的方法,并写出完整的抽样过程。

第 **5** 章
实地调查法

市场调查的信息来源主要有二：一是直接资料，又称一手资料、原始资料或实地调查资料，即通过实地调查搜集的资料；二是间接资料，又称二手资料，是从各种文献档案中搜集的资料。习惯上，将搜集直接资料的方法称为实地调查法。该方法获取信息有及时、准确的特点，基本方法有 3 种：访问法、观察法和实验法。

5.1　访问法

访问法是一种通过向调查对象提出问题，以获得所需信息的调查方法，它是市场调查中最常用的、最基本的调查方法，也是一种特殊的现代化公共关系。整个访谈过程是调查人员与调查对象相互影响、相互作用的过程，也是人际沟通的过程。调查人员控制交谈的内容、方式以及信息的类型和容量，一般是调查人员提出问题，调查对象回答。从目的的广度和范围上看，日常交谈的目的更加宽泛，而访谈调查的目的比较单一，即从访谈对象那里了解一定的情况和获得信息为目的。

因此，访问调查要取得成功，不仅要求调查人员做好各种调查准备工作，熟练掌握访谈技巧，还要求调查对象的密切配合。

5.1.1　访问法的类型

按照不同的分类标准，可将访问法分成不同的类型。

（1）按访问方式分类

按照访问方式的不同，访问法可以分成直接访问法和间接访问法两种。

直接访问就是调查人员和调查对象进行面对面的交谈，这种调查方式具体又有"走出去"和"请进来"两种，前者是调查人员到调查对象中去进行访问，后者是请调查对象到调查人员安排的地方进行访问。间接访问是指调查人员通过电讯或书面工具对调查对象进行的访问。

（2）按访问时的控制程度分类

按照访问时的控制程度不同，访问法可以分成封闭型、半封闭型和开放型 3 种。

1）封闭型访问法

封闭型访问法，又称标准型、结构型访问法，可以分为两种形式：一种是调查人员按事先拟好的访问大纲，对所有调查对象进行相同的询问，然后将调查对象的回答填到事先制作好的表格中去；另一种是将问题与可能的答案印在问卷上，由调查对象自由选择答案。

2）半封闭型访问法

半封闭型访问法，又称半标准（半结构）型访问法，这种方法只是将要问的有关问题交给调查对象，但无一定的问题顺序，这种方法访问时比较方便，调查对象易于合作。

3）开放型访问法

开放型访问法，又称非结构型、非标准型访问法，事先不预定表格，也不按固定的问题顺序去问，自由的交谈，适合于探测性研究。该访问法可以分为 3 种形式：①引导式访问；②谈话式访问，即调查人员事先拟好腹稿与调查对象进行自由交谈；③非引导式访问，事先完全没有拟订调查标题，可以进行深度访问，但要求调查人员具备一定的访问技术。

（3）按访问内容传递方式分类

按照访问内容传递方式的不同，访问法可以分成面谈访问、电话访问、邮寄访问、留置问卷访问和日记访问等 5 种类型。

1）面谈访问

面谈访问是调查人员走访调查对象，面向调查对象提出有关问题，以获得所需资料的一种方法，是访问调查法中最重要、也是最直接的一种。

2）电话访问

电话访问是调查人员根据抽样要求，在样本范围内，用电话按调查问卷内容询问意见，搜集市场信息的一种方法。这种访问方式的成本低，能迅速获得资料，且不受地区大小的限制，但它只适用于安装了电话的调查对象，所调查的资料无法代表全部母体，电话访问的通话时间一般不能太长，使调查的内容难以深入，访问的成功率比较低。

3）邮寄访问

邮寄访问是调查人员将所拟订的调查表通过邮局寄给调查对象，要求调查对象填妥后寄回的一种方法。一般来说，当调查的实效性要求不高，调查对象的名单地址都比较清楚，调查经费比较紧缺，而调查的内容又比较多、比较敏感的情况下，采用邮寄调查是比较合适的。其涉及的内容范围可以是有关日常的消费、日常的购物习惯、日常接触媒介习惯等比较具体的方面，也可以是有关消费观念、生活形态、意识、看法、满意度或态度等比较抽象的方面。

4）留置问卷访问

留置问卷访问是当面将调查表交给调查对象，说明调查意图和要求，由调查对象自行填写回答，再由调查人员按约定日期收回的一种调查方法。这种方法是介于面谈访问和邮寄访问之间，其优点主要有以下两点。

①调查问卷回收率高。由于当面送问卷，说明填写要求和方法，澄清疑问，因此，可以减少误差，而且能控制回收时间，提高回收率。

②答案正确率高。调查对象有充分的时间来考虑问题，并不受调查人员的影响，能作出比较准确的回答。

5）日记访问

日记访问是指对固定样本连续调查的单位发放登记簿或账本，由调查对象逐日逐项记录，再由调查人员定期加以整理汇总的一种调查方法。

以上 5 种访问方法的区别见表 5.1。

表 5.1　5 种访问法的特点比较

项　目	面谈访问	电话访问	邮寄访问	留置问卷访问	日记访问
调查范围	较窄	较窄	广	较广	较广
调查对象	可控可选	可控可选	一般	可控可选	可控可选
回收率	高	较高	较低	较高	较高
回答速度	可快可慢	最快	慢	较慢	慢
回答质量	较高	高	较低	较高	较高
平均费用	最高	低	较低	一般	一般

5.1.2　面谈访问

面谈访问的过程是面谈双方互相作用、互相影响的过程,调查人员不仅通过访问作用于调查对象,而且调查对象的回答也作用于调查人员。调查人员的人际交往能力是访问成功的关键,只有调查对象有了对调查人员的基本信任,消除了紧张与疑虑,才能愉快、顺利地回答问题。因此,面谈访问有相当的难度,要求调查人员能熟练掌握访谈技巧。面谈访问的过程,是调查人员逐渐接近调查对象的过程。只有接近了调查对象,取得了访问的基本条件,访问活动才能顺利进行。谈话是通向理解的坦途,人们渴望沟通理解,但实际生活中有很多矛盾,会影响这种沟通。应该正视和克服这些矛盾,积极的交谈,通过谈话通向理解。一次成功的谈话,可以促使访问调查的成功。

根据调查人员和调查对象人数的多少,面谈访问可分为个别面访、小组座谈等形式。

（1）个别面访

个别面访是通过与调查对象面对面的访谈而获得资料的方法,个别面访需要事先设计好问卷或调查提纲,调查人员可以按照问题顺序发问,也可以围绕调查问题自由交谈。

1）个别面访的访谈过程

个别面访的访谈过程大体分为 3 个阶段,即准备阶段、进行阶段和结束阶段,每一阶段都有相应的工作,而前一阶段的工作又为下一阶段奠定了基础。因此,具体调查过程中,要做好每一环节的工作,才能保证良好的调查效果。

①准备阶段。这一阶段应根据访谈的目的,访问对象的特点,做好充分的准备。访谈的开始阶段,主要做下面几件事:a. 打招呼,问好;b. 自我介绍;c. 说明访谈的目的和话题;d. 安排就座与做好设备方面(摄像机、录音机等)的准备工作。

如有必要,应进行模拟访谈,根据调查的目的要求拟订好调查问卷和询问提纲,事先对调查对象的基本情况与特征要有所了解。最好与访问对象预先约定时间,让对方思想上有所准备。同时,调查人员对如何开始询问及调查中可能会遇到的问题和困难,也应做到心中有数,准备好能证明自己身份的证件和必需的物品,如记录本、录音机、宣传资料等。

②进行阶段。提问是访谈中主要的活动,提什么样的问题,如何提问,决定能够获得什么样的信息和访谈的质量。在进行阶段,调查人员需要按照以下方式进行。

　　a. 调查人员应设身处地地为调查对象着想,提高对调查对象回答的注意力和反应力,以便顺利完成任务。

　　b. 访谈过程中,应按访谈提纲进行,防止偏离提纲。

　　c. 对需要引导和追问的问题,应作必要的引导,调查人员就调查对象交谈中出现的某些概念、事实、观点、疑问等进一步进行询问,以达到深入了解的目的。

　　d. 调查过程中始终采取公平、中立的立场,涉及调查对象的隐私,应强调为其保密。

　　e. 调查人员要做到举止文雅,礼貌待人,认真诚恳,谈吐大方,注意遵守对方风俗习惯,避免触犯对方禁忌。

　　f. 要善于引导启发,营造和保持一种友好和谐的谈话气氛和环境,一定不要伤害调查对象。

　　③结束阶段。结束阶段是访问过程的最后阶段,应注意避免遗漏主要项目,同时,应再征求一次调查对象的意见,以便多掌握一些信息。调查结束之后应立即核对记录,如果不是当场记录的,则要尽快回忆追记,发现遗漏或失真的材料需要重新调查,资料搜集齐全,及时整理分析,得出结论。

　　另外,还要注意访谈结束的技巧。

　　a. 注意提问的方式,例如"我想再问您最后一个问题,就是……""您还有什么要说的?"以此表示访谈将要结束。

　　b. 直接说明访谈的结束,例如"今天我们就谈这些。"

　　c. 结束中最重要的是表示感谢,同时就后续的联系作好交代。

　　2)个别面访的注意事项

　　个别面访实际上是调查人员和调查对象之间的一种特殊形式的思想交流,在这一交流过程中,双方必然会有某种形式的心理接触。为了达到预期目的,调查人员必须了解对方的心理特点,以便有的放矢地采取相应的询问对策。这其中主要就是一个听与回应的问题。

　　①听的态度,从认知层面上看,有 3 种。

　　第一种,主观判断式地听,即调查人员把调查对象的回答内容,按照自己的观念、价值观、思维习惯等去理解,用自己的观念体系理解对方的话,迅速作出自己的判断。

　　第二种,客观接受式地听,即调查人员尽量把自己的观念暂时存放起来,客观的接受调查对象的话,尤其重视调查对象自己使用的一些独特的概念,尽可能理解其真实的意义。

　　第三种,意义建构式地听,即调查人员在倾听的同时,积极地与对方对话,与对方共同建构事物、概念等的意义。

　　②回应的方式也有 3 种。

　　第一种,呼应,包括语言上的呼应和非言语的呼应。

　　第二种,重复、重组和总结。重复是把调查对象的话重复一遍,表示确认没有听错;重组是把调查对象的话按照自己的理解重新组织一下,以便检查自己的理解是否正确;总结是把调查对象的话进行归纳概括,一方面突出中心思想,另一方面,检验是否理解正确。

　　第三种,自诉,指调查人员在调查对象的话能够引起自己的共鸣的时候,适当地诉说自己的相关情况和自己的感受、体验。

　　3)个别面访的特点

　　个别面访直接接触调查对象,可以灵活地调节调查对象的心理状态,提高调查对象回答问题的可能性,并且根据回答的效果可以控制回答的范围。同时也有其非常明显的缺点,这种面谈法对调查人员的要求比较高,对于人力、财力的消耗都是比较大的,所以它的适用范围有限,而且想获得比较理想的调查对象也是一件困难的事情。

(2)小组座谈

小组座谈,又称焦点访谈,就是挑选对调查事项了解内情的人员,采用会议的形式,由主持人就某个专题对到会人员进行询问,从而获得对有关情况的深入了解。小组座谈通常被视为是一种最重要的定性研究方法,在国外得到广泛应用。在我国,近年来许多调查机构在调查中也逐步采取了这种调查方法。

小组座谈法的特点在于,它不是单个的访问调查对象,而是同时访问若干个调查对象,即通过与若干个调查对象的集体座谈来了解信息。因此,小组座谈过程是调查人员与多个调查对象相互影响、相互作用的过程。要想取得预期效果,不仅要求调查人员要做好各种调查准备工作,熟练掌握访谈技巧,还要求有驾驭会议的能力。

小组座谈的访谈过程也可以分为 3 个阶段,即准备阶段、进行阶段和结束阶段。

1)准备阶段

准备阶段需要做好以下 5 方面的工作:

①确定调查主题和调查提纲。会议的主题应简明集中,而且应是到会者共同了解的问题,这样才能使会议始终围绕主题进行讨论。调查提纲通常要经过调查人员、委托人与主持人三者的共同研究,同时要注意讨论话题的次序,通常是先提一般问题,后提特定问题。当然,在各组的调查中,对所提的问题也要灵活掌握,如有时发现某一问题难以得到有用信息,甚至起反作用时,应注意去掉,反之则应加以补充。

②确定会议主持人。主持人对于座谈会的成功与否起着关键作用,要求其具备丰富的调查经验,掌握与所讨论的内容有关的知识,并能左右座谈会的进程和方向。

③选择会议参加人员。对会议参加者应作预先筛选,要考虑他们的相似性和对比性。参会人数也要适中,如果参会者过少则难以取得应有效果,如果参会者过多,发言机会就会减少,意见容易分散。

④选好会议的场所和时间。会议场所和时间对大多数与会者来说应该是方便和适当的,会场的环境应安静,场地布置要营造一种轻松和非正式的气氛,以鼓励自由充分的发表意见。会议时间应比较充裕,时间 1~3 h 为宜。

⑤准备好会议所需记录用具,如录音带、录像带等。

2)进行阶段

座谈进行阶段,应组织和控制好座谈会的过程,在这一阶段,需要做好以下 3 方面的工作。

①要善于把握会议的主题。为避免座谈会的讨论离题太远,主持人应善于将与会者的注意吸引向会议主题,或是围绕主题提出新的问题,使会议始终有一个焦点。

②做好与会者之间的协调工作。在座谈会进行过程中,有的与会者会出现分歧与矛盾,甚至发生争吵,或某个成员控制了谈话。出现了这种情况,主持人要妥善做好协调引导工作,如转移话题等,以保证座谈会的顺利进行。

③做好座谈会记录。座谈会可由主持人边提问边记录,也可由助手做记录,还可通过录音、录像等方式进行记录。

3)结束阶段

座谈结束阶段,需要做好以下 4 方面的工作:

①及时整理分析会议记录。检查记录是否准确完整,有无差错和遗漏。

②回顾和研究会议情况。回想会议进程是否正常,会上反映的情况是否真实可靠,观点是否具有代表性,对调查结果作出评价,发现疑点和存在的问题。

③做必要的补充调查。对会上反映的一些关键事实和重要证据要进一步查证核实,对于应当出席而没有出席会议的人,或在会上没有能充分发言的人,也最好进行补充记录。判断所搜集到的资料是否能说明问题,有无所答非所问的现象,对于这一类资料,若不能补救,则应从整理的材料中剔除。剔除后是否会造成取样偏差,对数字资料,其数字的应用是否符合要求等,都需要进行耐心细致的核实审查。

④分析和解释结果。讨论结果可以形成供以后进一步检验的假设,在报告中不要简单重复与会者所说的话而要着重研究其含义和作用。

5.2 观察法

5.2.1 观察法的概念和类型

(1)观察法的概念

观察调查法简称观察法,是调查人员凭借自己的感官和各种记录工具,深入调查现场,在调查对象未察觉的情况下,直接观察和记录调查对象的行为,以搜集市场信息的一种方法。

观察法不直接向调查对象提问,而是从旁观察调查对象的行动、反应和感受,其主要特点有以下 4 点:

①观察法所观察的内容是经过周密考虑的,不同于人们日常生活中的出门看看天气、到公园观赏风景等个人的兴趣行为,而是观察者根据某种需要,有目的、有计划地搜集市场资料、研究市场问题的过程。

②观察法要求对观察对象进行系统、全面的观察。在实地观察前,应根据调查目的对观察项目和观察方式设计出具体的方案,尽可能避免或减少观察误差,防止以偏概全,提高调查资料的可靠性。因此,观察法对观察人员有严格的要求。

③观察法要求观察人员在充分利用自己的感觉器官的同时,还要尽量运用科学的观察工具。人的感觉器官特别是眼睛,在实地观察中能获取大量的信息,而照相机、摄像机、望远镜、显微镜、探测器等观察工具,不仅能提高人的观察能力,还能将观察结果记载下来,增加了资料的翔实性。

④观察法的观察结果是当时正在发生的、处于自然状态下的市场现象。市场现象的自然状态是各种因素综合影响的结果,没有人为制造的假象,在这样的条件下取得的观察结果,可以客观真实地反映实际情况。

(2)观察法的类型

按照不同的分类标准,可将观察法分成不同的类型。

1)直接观察与间接观察

按照观察对象的状况,观察法可分为直接观察和间接观察。

直接观察,就是对当前正在发生的社会现象所进行的观察。间接观察,就是通过对物化了的社会现象所进行的对过去社会情况的观察。一般地说,直接观察简便易行、真实可靠。间接观察比较复杂、曲折,它需要比较丰富的经验和知识,有时还需要科学的鉴定手段和方法,而且在推论时可能发生种种误差。但是,它可弥补直接观察的不足,更是对过去社会现象进行观察的唯一可行的方法。

2)有结构观察和无结构观察

按照观察的内容和要求,观察法可分为有结构观察和无结构观察。

有结构观察又称为有控制观察或系统观察,它要求观察者事先设计好观察项目和要求,统一制订观察表格或卡片。在实地观察过程中,要严格按照设计要求进行观察,并作详细观察记录。无结构观察又称为无控制观察或简单观察,它只要求观察者有一个总的观察目的和要求,一个大致的观察内容和范围,然后到现场按照具体情况有选择地进行观察。

有结构观察能获得大量翔实的材料,并可对观察材料进行定量分析和对比研究,但它缺乏弹性,比较费时;无结构观察比较灵活,简单易行,适应性较强,但观察所得的材料比较零散,很难进行定量分析和对比研究。

3)完全参与观察、不完全参与观察和非参与观察

按照观察者参与观察活动的程度,观察法可分为完全参与观察、不完全参与观察和非参与观察。

完全参与观察是指观察者较长时期的生活在被观察者之中,甚至改变自己原有的身份;不完全参与观察是指观察者不改变身份,只在调查时置身于调查活动中取得资料。两种观察调查法因观察者置身于观察活动之中,便于了解事物发展状况及产生的原因,取得较为深入的资料,特别是与观察对象建立感情之后,易于发现一些深藏内心的秘密。但有时也容易丧失客观立场,使观察结果带有某些偏见,而且由于观察的参与者都要表明自己的身份、观察的目的,从而对观察者会有所影响,而产生某种有意隐瞒或有意夸张的情况,会使观察的客观性受到影响。

非参与观察是指观察者不参与调查活动之中,而是以局外人的身份去观察事项发生的发展情况。这种观察比较客观、公正,但观察往往只停留在表面上,无法了解事物变化的根本原因,尤其是较难观察到可能发生的异常行为。

5.2.2　观察法的应用

(1)观察法的一般原则

1)客观性原则

观察者必须持客观的态度对市场现象进行记录,切不可按其主观倾向或个人好恶,歪曲事实或编造情况。

2)全面性原则

观察者必须从不同层次、不同角度进行全面观察,避免出现对市场片面或错误的认识。

3)持久性原则

市场现象极为复杂,且随着时间、地点、条件的变化而不断地变化。市场现象的规律性必须在较长时间的观察中才能被发现。

另外,还要注意遵守社会公德,不得侵害公民的各种权利,不得强迫调查对象做不愿做的事,不得违背其意愿观察调查对象的某些市场活动,并且还应为其保密。

（2）**观察法的应用范围**

在我国汽车市场调查实践中,观察法应用范围较广,主要有以下几个方面:

1）观察顾客的行为

了解顾客行为,可促使企业有针对性的采取恰当的促销方式。所以,调查人员要经常观察或者摄录顾客在销售大厅或其他重要场合的活动情况。例如,顾客在购买汽车之前,主要观察什么,是汽车价格、质量、品牌,还是外形,以及顾客对服务人员的服务态度有何议论等。

2）观察顾客流量

观察顾客流量对商场改善经营、提高服务质量有很大好处。例如,观察一天内各个时间进出商店的顾客数量,可以合理地安排营业员工作的时间,更好地为顾客服务;又如,为新商店选择地址或研究市区商业网点的布局,也需要对客流量进行观察。

3）观察产品使用现场

调查人员到产品用户使用地观察调查,了解产品质量、性能及用户反映等情况,实地了解使用产品的条件和技术要求,从中发现产品更新换代的前景和趋势。

4）观察商店柜台及橱窗布置

为了提高服务质量,调查人员要观察商店内柜台布局是否合理,顾客选购、付款是否方便,柜台商品是否丰富,顾客到台率与成交率,以及营业员的服务态度如何等。

（3）**观察法的程序和观察技术**

1）观察法的程序

一次完整的观察,一般应包括以下主要步骤:

①确定观察目的,选定观察对象。根据观察对象的具体情况,确定最佳的观察时间和地点,正确和灵活的安排观察顺序。

②做好观察前的准备工作,如准备观察工具,设计、印制观察记录表等。

③进入观察场所,获得观察对象的信赖,尽可能减少观察活动对观察对象的干扰。

④进行观察并作记录。

⑤整理观察结果。

⑥分析资料并撰写观察报告。

2）观察技术

观察技术是指观察人员实施观察时所运用的一些技能手段,主要包括观察卡片、符号、速记、记忆和机械记录等。

①观察卡片。观察卡片是一种标准化的记录工具,其记录结果即形成观察的最终资料。制作观察卡片的程序是:首先根据观察内容,列出所有观察项目;去掉那些非重点的、无关紧要的项目,保留一些重要的能说明问题的项目;列出每个项目中可能出现的各种情况,合理编排;通过小规模的观察来检验卡片的针对性、合理性和有效性,最后制成卡片。

②符号和速记。符号和速记是为了提高记录工作的效率,用一套简便易写的线段、圈点等符号系统来代替文字,迅速的记录观察中遇到的各种情况。这样不仅加快了记录速度,避免因忙乱而出错,而且便于资料的整理。

③记忆。记忆则是一种采取事后追忆方式进行记录的方法,通常用于调查时间紧迫或不宜现场记录的情况。由于人的大脑不可能准确无误地储存很多信息,因此,必须抓住要点进行记忆,提纲挈领,事后及时进行整理。采用记忆的方法虽然可以避免调查对象的顾虑,但常容

易遗忘一些重要的信息。

④机械记录。机械记录是指在观察调查中运用录音、录像、照相、各种专用仪器等手段进行的记录。这种记录方法能详尽地记录所要观察的事实,免去观察者的负担,但容易引起调查对象的顾虑,使调查结果失去真实性。

5.2.3 观察法的优缺点

(1)观察法的优点

①直观性强,可靠性高。观察法可以比较客观地搜集一手资料,直接记录调查的事实和调查对象在现场的行为,调查结果更接近于实际,这是文献调查等间接调查方法所不可比拟的,也是访问调查法所不及的。

②观察调查基本上是调查人员的单方面的活动,它一般不依赖语言交流,不与调查对象进行人际交流。因此,调查人员不会受到调查对象意愿和回答能力等有关问题的困扰,有利于对无法、无需或无意进行语言交流的市场现象进行调查,有利于排除语言交流或人际交流中可能发生的各种误会和干扰。

③观察法简便易行,灵活性强,可随时随地进行调查。

④观察法可以更快、更准确地获取某些类型的数据。

尽管观察法有这些优点,但不意味着它在任何情况下都胜过其他方法。在实际调查中,有经验的调查人员将会用观察法作为其他调查方法的基础并与之配合使用。通过与其他的方法的结合使用,可以相互验证得出的结论是否正确。

(2)观察法的缺点

①观察法观察的通常只是行为和自然的物理特征,这些只能说明事实的发生,而不能说明发生的真正原因和动机,调查人员是无法了解到人们的动机、态度、想法和情感的。

②观察法常需要大量观察人员到现场做长时间的观察,调查时间长,调查费用高。如果被观察的行为不是经常发生,那么观察调查耗时则更长,成本也更高。因此,这种方法在实施时,常会受到时间、空间和经费的限制。它比较适用于较小范围的微观市场调查。

③对调查人员的业务技术水平要求较高,如敏锐的观察能力、良好的记忆能力、必要的心理学、社会学知识以及对现代化设备的操作技能等,否则,将无法胜任这项工作。

④只有公开的行为才能被观察到,一些私下的行为,如在家看电视和公司董事会的决策活动等,都超出了调查人员的观察范围。

⑤在直接观察中,只有一小部分有代表性的观察对象可在特殊情况下被观察到。因而,观察对象是否具有代表性是使用观察法时必须要考虑的一个问题。

5.3 实验法

5.3.1 实验法的基本知识

(1)实验法的概念

实验调查法简称实验法,是从自然科学的实验室实验中借鉴而来的,它是指在控制其他变量所造成的影响的同时,通过改变某一自变量,以观察它对另一个因变量的影响。在营销实验中,因变量经常是衡量销售的一些指标,例如总销售量、市场份额、顾客的满意程度等。自变量是典型的营销组合变量,如价格、渠道、广告支出、广告诉求点的类型、陈列位置或产品类型特点的变化等。

市场调查中实验调查法主要用于市场销售实验,即所谓的市场测试,它是先进行一项商品推销的小规模实验,然后,再分析该商品促销是否值得大范围推广。无论是生产资料、生活资料,还是企业试制新产品,或者是老产品改变质量、包装、价格时,均可以通过实验调查法,来了解市场对商品的评价和商品对市场的适应性。

以实验为基础的市场调查与以询问或观察为基础的市场调查相比有着根本的区别。从本质上讲,在询问和观察的情况下,调查人员是一个被动的数据搜集者,调查人员询问人们一些问题或观察他们在干什么。在实验中,情况就不一样了,调查人员成了研究过程中的积极参与者。

（2）实验法的特征

1）揭示现象之间的因果关系

实验法与其他研究方法的不同之处,在于研究过程中是否采用系统的操纵手段来控制条件,从而达到建立变量之间因果关系的目的。在心理学研究中,甚至经常以因果关系分析的水平来衡量研究的质量高低。

2）有目的的操纵自变量

调查人员人为地去控制自变量的发生和发展,使实验沿着调查人员预定的方向进行从而取得自己所需要的研究结果。

3）实验过程控制严密

为了更好地探索因果关系,以确保因变量的变化是由自变量的变化所引起的,就必须排除其他无关因素的影响。控制无关因素,使实验除了自变量以外的其他条件保持一致,这样才能保证实验研究具有一定的效度,否则,实验就失败了。

4）有严谨的实验设计和程序

在研究问题、研究假设、实验处理、被试的选择、条件的控制、实验设计的方式、实验材料与工具、实验程序等方面都要在实验设计中明确地规定下来,只有这样才能保证实验结果具有科学性和有效性。

5.3.2　实验法的类型

实验法的类型归纳起来主要有以下 3 种:

（1）单一实验组前后对比实验

单一实验组前后对比实验是最简单的实验法,它的观察对象只有一组,就是所选定的实验单位。通过观察实验单位在实验前和实验后经济现象的变化情况,对比分析变化的原因,了解实验变量的效果。

例如,某市 4 个 4S 店采取某种促销手段前后的销售额见表 5.2。

表 5.2　分析销售手段对销售额影响的实验法数据

项　目	4S 店 1	4S 店 2	4S 店 3	4S 店 4
事前销售额	21	28	22	21
事后销售额	31	39	35	32
事前事后变动	10	11	13	11

如果经分析无其他因素影响,便可以得出所选促销手段有利于汽车销售的结论。

在这个实验中,没有考虑顾客流量,销售者努力等因素,仅考虑销售手段的变化来分析其对于网点销售额变化的巨大作用,其实是具有一定的片面性的。所以说单一实验组前后对比实验,只有在实验者能有效排除非实验变量的影响,或者是非实验变量的影响可忽略不计的情况下,实验结果才能充分成立。

(2)控制组与实验组对比实验

选择若干实验对象为实验组,同时选择若干与实验对象相同或相似的调查对象为控制组,并使实验组与控制组处于相同的实验环境之中。实验组与控制组对比实验,必须注意两者具有可比性,即两者的规模、类型、地理位置、管理水平、营销渠道等各种条件应大致相同。只有这样,实验结果才具有较高的准确性。

这种实验法对实验组和对照组都是采取实验后检测,无法反映实验前后非实验变量对实验对象的影响。为弥补这一点,可将上述两种实验进行综合设计,就引出了第 3 种方法。

(3)控制组与实验组的事前事后对比实验

控制组的事前事后对比试验,是对实验组和控制组都进行实验前后对比,再将实验组与控制组进行对比的一种双重对比的实验法。这种方法吸收了前两种方法的优点,也弥补了前两种方法的不足。

5.3.3　实验法的应用范围和优缺点

(1)实验法的应用范围

实验法的应用范围十分广泛,主要包括以下几个方面:

1)新产品上市实验

公司为了提高利润,往往要不断地开发新产品,然而新产品投放市场后失败率却很高,大约为 80%。因此,为了降低新产品的失败率,在大规模推广前,运用实验法对新产品外观设计、广告以及推广的营销组合等进行实验是十分必要的。

2)产品价格实验

将新定价的产品投放市场,对顾客的态度和反应进行测试,了解顾客对这种价格能否接受和接受程度。

3)质量、品种、规格、花色、款式、包装等实验

看看产品在上述方面是否受顾客欢迎,同时对此进行细分化测试,即哪些档次、品种、花色受欢迎,哪些不受欢迎,哪些顾客(不同年龄、性别、职业等)欢迎,哪些顾客不欢迎,通过实验,掌握必要的信息。

4）市场饱和度实验

市场饱和度实验是指当某类产品出现滞销时，为了查明市场需求是否饱和所作的实验。例如，某汽车公司经济型轿车在某地区市场销售不景气，该公司现将一种性能更好，配置更高的轿车投放该地区，价格比原经济型轿车稍高，测试结果发现这种轿车吸引了大批顾客购买，说明该地区该品牌汽车市场仍有一定的潜在购买力，市场并未达到真正的饱和，而是市场需要新的产品。

5）广告效果测试

广告效果测试是将某种产品广告前和广告后的销售量进行对比测试，反映广告对销售量的影响程度。

（2）实验法的优点

①实验法能够揭示事物之间的因果关系，研究自变量对因变量变动的影响程度，是能够证明所感兴趣的变量之间存在因果关系的最有力的研究方式。

②调查方法科学，可以按照调查需要，随机的选取实验单位，进行合适的实验过程设计，有效地控制实验环境和统计过程，提高调查的精确性。

③调查人员可以主动地引起市场因素的变化，并通过控制其变化来研究该因素对市场的影响，而不是被动地、消极地等待某种现象的发生，这是其他几种调查方法无法做到的。

（3）实验法的缺点

①调查时间长，调查费用高，而且在某些情况下，实验成本会超过所获信息的价值。

②市场中的可变因素难以掌握，实验结果不易相互比较。由于市场现象与自然想象相比，随机因素、不可控因素更多，政治、经济、社会、自然等各种因素都会对市场发生作用，因此，必然会对实验结果产生影响，完全相同的条件是不存在的。

③实验法仅限于对现实市场经济变量之间的关系分析，而无法研究过去和未来的情况。

④实验法要求制订出很精确的实验计划和方案，实验时间较长，而在市场调查实际工作中，往往要求在尽可能短的时间内得出调查结论。

⑤实验法要冒一定的风险，同时需要专业人员来操作，难度较大。

⑥现场实验或市场测试容易暴露相关单位在真实市场中将要进行的某个营销计划或营销计划的某些关键部分。毫无疑问，竞争者们将会在大规模市场推广之前考虑出对策，使其营销策略在一定程度上失去出其不意的效果。

复习思考题

5.1　根据不同的分类标准，访问法可以分成哪些类型？

5.2　面谈访问可以分成哪两种类型？每种类型分别有什么特点？

5.3　观察法的类型、原则和应用范围分别是什么？

5.4　根据不同的分类标准，实验法可以分成哪些类型？

5.5　综合比较 3 种实地调查法的优缺点。

5.6　分组设计一次调查活动，按照实地调查法的要求，自己准备相关的材料和工具，选取一种方法，最后分析所获得的材料，得出相关的结论。

第 **6** 章
文案调查法和网络调查法

6.1 文案调查法

文案调查法又称为资料调查法,是搜集二手资料(即现成市场信息资料)的一种方法,其调查对象是各种历史的和现实的资料。文案调查是一项艰辛的工作,要求更多的专业知识、实践经验和技巧,同时要有耐性、创造性和持久性。

6.1.1 文案调查的特点和功能

(1)文案调查的特点

调查人员一般先考虑运用资料调查法搜集二手资料。实地调查法虽有利于企业获得客观性、准确性较高的资料,但其周期往往较长,花费往往较大。文案调查法可以以较快的速度和较低的费用得到二手资料,主要不足就是适时性差,历史资料、过时资料比较多,现实中正在发展变化的新情况、新问题难以得到及时的反映。

调查必须选用科学的方法,调查方法选择恰当与否,对调查结果影响甚大。各种调查方法都有利有弊,只有了解各种方法,才能正确选择和应用。

文案调查法有以下 3 个特点:

①文案调查是搜集已经加工过的二手资料,而不是对原始资料的搜集。

②文案调查以搜集文献性信息为主,它具体表现为搜集各种文献资料。在我国,目前仍主要以搜集印刷型文献资料为主,当代印刷型文献资料又有许多新的特点,即数量急剧增加,分布十分广泛,内容重复交叉,质量良莠不齐等。

③文案调查尤其偏重于从动态角度,搜集各种反映调查对象变化的历史与现实资料。

(2)文案调查的功能

文案调查的功能具体表现在以下 4 个方面:

1)文案调查可以发现问题并为市场研究提供重要参考依据

①市场供求趋势分析。通过搜集各种市场动态资料并加以分析对比,以观察市场发展方向。例如,根据某汽车企业近几年的营业额平均以 15% 的速度增长,可以推测出未来几年营

业额的变动情况。

②相关资料的回归分析。利用一系列相互联系的现有资料进行回归分析,以研究现象之间相互影响的方向和程度,并可在此基础上进行预测。

③市场占有率分析。根据各方面的资料,计算出本企业某种产品的市场销售量占该市场同种商品总销售量的份额,以了解市场需求及本企业所处的市场地位。

④市场覆盖率分析。用本企业某种商品的投放点与全国该种产品市场销售点总数的比较,反映企业商品销售的广度和宽度。

2)文案调查可为实地调查创造条件

①通过文案调查,可以初步了解调查对象的性质、范围、内容和重点等,并能提供实地调查无法或难以取得的市场环境等宏观资料,便于进一步开展和组织实地调查,取得良好的效果。

②文案调查所搜集的资料还可用来证实各种调查假设,即可通过对以往类似调查资料的研究来指导实地调查的设计,用文案调查资料与实地调查资料进行对比,鉴别和证明实地调查结果的准确性和可靠性。

③利用文案调查资料并经适当的实地调查,可以推算出所需掌握的数据资料。

④利用文案调查资料,可以探讨现象发生的各种原因并进行说明。

3)文案调查可用于有关部门和企业进行经常性的市场调查

实地调查与文案调查相比,更费时、费力,组织起来也比较困难,故不能或不宜经常进行,而文案调查如果经调查人员精心策划,尤其是在建立企业及外部文案市场调查体系的情况下,具有较强的机动性和灵活性,随时能根据企业经营管理的需要,搜集、整理和分析各种市场信息,定期为决策者提供有关市场调查报告。

4)文案调查不受时空限制

从时间上看,文案调查不仅可以掌握现实资料,还可获得实地调查所无法取得的历史资料。从空间上看,文案调查既能对企业内部资料进行搜集,还可掌握大量的有关市场环境方面的资料。

同时需要注意的是,文案调查法也具有一定的局限性,这主要表现在以下 3 个方面:

第一,这种方法依据的主要是历史资料,过时资料比较多,现实中正在发展变化的新情况、新问题难以得到及时的反映。

第二,所搜集、整理的资料和调查目的往往不能很好的吻合,对解决问题不能完全使用,搜集资料时易有遗漏。

第三,文案调查要求调查人员有较广的理论知识、较深的专业知识及技能,否则将感到无能为力。此外,由于文案调查所搜集的次级资料的准确程度较难把握,有些资料是由专业水平较高的人员采用科学的方法搜集和加工的,准确度较高,而有的资料只是估算和推测的,准确度较低,因此,应明确资料的来源并加以说明。

6.1.2　文案调查的渠道和方法

（1）文案调查的渠道

文案调查应围绕调查目的,搜集一切可以利用的现有资料。从企业经营的角度讲,现有资料包括企业内部资料和企业外部资料,因此,文案调查的渠道也主要是这两种。

1）企业内部资料的搜集

内部资料的搜集主要是搜集企业经济活动的各种记录，主要包括以下4种：

①业务资料。业务资料，包括与企业经济活动有关的各种资料，如订货单、进货单、发货单、合同文本、发票、销售记录、业务员访问报告等。通过对这些资料的了解和分析，可以掌握本企业所生产和经营商品的供应情况，分地区、分用户的需求变化情况。

②统计资料。统计资料，主要包括各类统计报表，企业生产、销售、库存等各种数据资料，各类统计分析资料等。企业统计资料是研究企业经营活动数量特征及规律的重要定量依据，也是企业进行预测和决策的基础。

③财务资料。财务资料，是由企业财务部门提供的各种财务、会计核算和分析资料，包括生产成本、销售成本、各种商品价格及经营利润等。财务资料反映了企业活劳动和物化劳动占用和消耗情况及所取得的经济效益，通过对这些资料的研究，可以确定企业的发展背景，考核企业经济效益。

④企业积累的其他资料。如平时剪报、各种调查报告、经验总结、顾客意见和建议、同业卷宗及有关照片和录像等，这些资料都对市场研究有着一定的参考作用。例如，根据顾客对企业经营、商品质量和售后服务的意见，就可以对如何改进加以研究。

在文案调查中，对于企业内部资料的搜集相对比较容易，调查费用低，调查的各种障碍少，能够正确把握资料的来源和搜集过程，因此，应尽量利用企业的内部资料。

2）企业外部资料的搜集

对于外部资料，主要从以下8个渠道加以搜集：

①统计部门以及各级、各类政府主管部门公布的有关资料。国家统计局和各地方统计局都定期发布统计公报等信息，并定期出版各类统计年鉴，内容包括人口数量、国民收入、居民购买力水平等，这些均是很有权威和价值的信息。此外，计委、财政、工商、税务、银行等各主管部门和职能部门，也都设有各种调查机构，定期或不定期地公布有关政策、法规、价格和市场供求等信息。这些信息都具有综合性强、辐射面广的特点。

②各种经济信息中心、专业信息咨询机构、各行业协会和联合会提供的市场信息和有关行业情报。这些机构的信息系统资料齐全，信息灵敏度高，为了满足各类用户的需要，它们通常还提供资料的代购、咨询、检索和定向服务，是获取资料的重要来源。

③国内外有关的书籍、报纸、杂志所提供的文献资料，包括各种统计资料、广告资料、市场行情和各种预测资料等。

④有关生产和经营机构提供的商品目录、广告说明书、专利资料及商品价目表等。

⑤各地电台、电视台提供的有关信息。近年来全国各地的电台和电视台为适应形势发展的需要，都相继开设了市场信息、经济博览等以传播市场经济信息为主导的各种专题节目。

⑥各种国际组织、学会团体、外国使馆、商会所提供的国际信息。

⑦国内外各种博览会、展销会、交易会、订货会等促销会议以及专业性、学术性经验交流会议上所发放的文件和材料。

⑧互联网资料的搜集。互联网的发展使信息搜集变得容易，从而大大推动了调查的发展。过去，要搜集所需情报需要耗费大量的时间，奔走很多地方。今天，文案调查人员坐在计算机前便能轻松地获得大量信息，只要在正确的地方查寻就可能找到，许多宝贵的信息都是免费的。主要有两个途径，一个是一般网页的查询，另外一个就是数据库的查询。

对于企业外部资料的搜集,可以依不同情况,采取不同的方式。

首先,具有宣传广告性质的许多资料,如产品目录、使用说明书、图册、会议资料等,是企、事业单位为扩大影响、推销产品、争取客户而免费面向社会提供的,可以无偿取得;而对于需要采取经济手段获得的资料,只能通过有偿方式获得,有偿方式取得的资料构成了调查成本,因此,要对其可能产生的各种效益加以考虑。

其次,对于公开出版、发行的资料,一般可通过订购、邮购、交换、索取等方式直接获得,而对于对使用对象有一定限制或具有保密性质的资料,则需要通过间接的方式获取。随着国内外市场竞争的日益加剧,获取竞争对手的商业秘密已成为市场调查的一个重要内容。

（2）文案调查的方法

对于文献性资料来说,科学地查寻资料具有十分重要的意义。从某种意义上讲,文案调查的方法也就是资料的查寻方法,主要有以下4种:

1）参考文献查找法

参考文献查找法是利用有关著作、论文的末尾所开列的参考文献目录,或者是文中所提到的某些文献资料,以此为线索追踪、查找有关文献资料的方法。采用这种方法,可以提高查找效率。

2）检索工具查找法

检索工具查找法是利用已有的检索工具查找文献资料的方法,根据检查工具不同,可分为手工检索和计算机检索两种。

①手工检索。进行手工检索的前提,是要有检索工具,因收录范围、著录形式、出版形式不同而有多种多样的检索工具。

以著录方式分类的主要检索工具有目录（目录一般根据信息资料的题名进行编制,常见的目录有:产品目录、企业目录、行业目录等）、索引（将信息资料的内容特征和表象特征录出,标明出处,按照一定的排检方法组织排列,如按人名、地名、符号等特征进行排列）和文摘（文摘是对资料主要内容所作的一种简要介绍,能使人们用较少的时间获得较多的信息）3种。

按照表象特征来检索时,主要途径有资料名途径（将有关资料的名称按照一定顺序排列起来的检索系统）、著者途径（将信息资料的个人著者、团体著者、信息提供的单位等,按一定字顺排列起来,在已知著者的情况下,可很快找到所需的信息资料）和资料顺序号途径（每一篇资料都有一个序号,用序号便可组成一个检索系统以方便查找,如果已知要查找的序号,即可找到所需的资料）3种。

按照内容特征来检索时,主要途径有分类途径（利用信息资料分类或编码的目录及索引来进行查找）和主题途径（利用信息资料的主题词所组成的检索体系,根据主题词就能查到所需要的资料）两种。

②计算机检索。与手工检索相比,计算机检索不仅具有速度快、效率高、内容新、范围广、数量大等优点,还可打破获取信息资料的地域障碍和时间约束,能向各类用户提供完善可靠的信息,在市场调查电脑化程度提高后,将主要依靠计算机来检索信息。

3）网络信息搜集的方法

互联网上的很多基本信息可以直接得到,包括采自官方信息源的信息,如:年度报告、政府文件、专利公告等,同时也包括来自非官方信息源的信息,如:经济新闻与快讯,上市公司的财务报告等。创造性信息是通过一些间接的或非常规的方法才能得到的信息。创造性信息和基本信息有互补性,很难说谁比谁具有利用价值,这是由情报工作的难易程度决定的。对于公司重大事件的发生时刻一定要加以重视。这类事件导致大量有关目标公司及受到影响的子公司和从属单位的信息出现。由于大变化时刻经常是关键的,因此会产生大量重要的竞争情报。

4)自动查询软件的使用

自动查询软件能在堆积如山的资料中查询,找到具体问题的答案。它们有学习能力,能代替许多方面的人类劳动。

6.1.3 文案调查体系的建立

重视信息资料的搜集、积累和利用,是现代调查的一个重要特征。通过信息资料的搜集和积累,可以纵观环境和各种影响调查的条件与现状;通过对信息资料的分析,可以发现各种对调查造成影响的因素以及其发展变化的趋势,起到一种预警作用,否则什么事都要自己亲自去做,是既浪费精力又不会有较大收获的事情。目前,各调查机构人员不健全,信息不能共享,调查工作薄弱,已经直接影响到管理水平和经济效益。因此,加强文案调查体系的建设,已成为当务之急。

(1)文案调查资料的储存和管理方式

在文案调查资料中,有许多资料是可供长期使用的,对不同的使用者会起到不同的作用,所以说合理的储存这部分资料是一个非常重要的问题。

资料储存和管理方式主要有以下两种。

1)档案式的储存和管理方式

为反映市场发展变化过程,便于科学地积累资料,企业应针对自身的特点为资料建立经济档案,这是文案调查信息管理的重要内容。档案式储存资料的方式在一定条件和环境下有其存在的必然性和普遍性,但这种方式有工作量较大,提供信息较慢等缺点,当调查发展到一定阶段后,必然要求利用电脑来储存和管理资料。

2)电脑储存和管理方式

由于网络的发展,加速了搜集信息的速度,同时也改善了储存信息的方式。电脑储存和管理方式是把与企业经营有关的各种信息资料输入或用代码储存到电脑中,利用电脑对资料进行储存、查找、排序、累加和计算,这种方式不仅可以大大节省储存时间和空间,而且还可以提高数据资料处理的效率和精度。

(2)文案调查资料储存的要点

1)储存方法

应先根据实际情况编好基本资料目录,按因地制宜、先易后难、逐步完善的原则有计划、有重点地搜集积累资料,使市场资料的搜集和储存做到经常化、制度化。在人员的选用和分工方面要考虑周到,便于高效率地完成储存工作。

2)储存工具

应根据资料性质和企业现有条件选择储存工具,对资料加以妥善保管,一般所用的工具有:资料袋、文件夹、录音机、录像机、电脑等。

3)储存地点

储存地点应根据资料的重要程度加以选择,通常需要有防火、防毁、防盗等措施,以保证资料的安全。对自然灾害等因素要加以重视,在地点的考虑上要权衡利弊。

4)储存时间

注意资料的时效性,定期检查分析,对过时资料要果断销毁,以提高储存资料的质量,同时可以节约人力和物力。

(3)**文案调查资料的使用**

文案调查资料的储存和管理的目的是为了利用。资料的利用有两个含义,一是指要充分发挥资料对调查的辅助作用,二是指要发挥资料的社会价值。这两个作用是社会发展的一个必然的顺序延伸趋势。在信息网络建立的初期,资料的搜集、储存和利用一般为自给自足式,其特点是资料的搜集、储存主体和资料的利用主体是统一的。它有利于使调查系统搜集、积累有关资料,有利于保密性资料的管理,但也容易产生对各种资料的垄断,资料的不外漏,不利于提高资料的利用率和调查机构的效率。因此,随着调查水平的进一步提高,信息网络将向社会化、专业化方向发展。

6.2　网络调查法

作为一种注定改变传统调查方式的新事物,网络调查的商业价值开始真正得以体现。对市场中的所有竞争者而言,最激动人心的是互联网改变了游戏的规则,那些传统意义上的最强大者并不一定能在这场游戏中保持领先,传统的调查方式无论在系统性、主动性、准确性、及时性等任何一个方面都无法与网络调查相比拟。

网络调查是网络市场调查的简称,又称网上市场调查或联机市场调查,它指的是通过网络进行有系统、有计划、有组织地搜集、调查、记录、整理、分析与产品、劳务有关的市场信息,客观地测定及评价现在市场及潜在市场,用以解决市场营销的有关问题,其调查结果可作为各项营销决策的依据。

网络调查是企业整体营销战略的组成部分,是建立在互联网基础上,借助于互联网的特性来实现一定营销目标和调查目的的一种手段。随着网络技术的迅速普及和应用,网络调查作为一种信息搜集和统计调查手段,近年来开始运用得越来越广泛。

6.2.1　网络调查的方法

网络调查的具体方法主要有以下 5 种。

(1)**网上搜索法**

利用网上搜索可以搜集到市场调查所需要的大部分二手资料,如大型调查咨询公司的公开性调查报告,大型企业、商业组织、学术团体、著名报刊等发布的调查资料,政府机构发布的调查统计信息,等等。

网上搜索法又可以分成以下两类:

1)搜索引擎搜索

搜索引擎是能及时发现所需调查对象内容的电子指针,它们能提供有关的市场信息、企业新闻、产品广告、调查报告、各种报刊发表的调查资料等,这些资料和信息可以借助于一系列的关键词和基本参数识别。调查人员可以利用搜索引擎进入有关的主题搜索,把获得的信息保存到硬盘、插入文件或直接打印以便今后利用。为了能快速准确地搜索需要的信息,使用搜索引擎时需要注意:①确定搜索的意图,选择好合适的关键词;②确定采用哪种搜索功能并选定搜索引擎。目前互联网上可选择的搜索引擎很多,例如,"悠游""百度"、google 等。

2)网站跟踪法

网上每天都出现大量的市场信息,即使功能最强大的搜索引擎,也不可能将所有信息都检索出来,而且很多有价值的信息并不是随便可以检索得到的。作为市场调查的日常资料搜集工作,这就需要对一些提供信息的网站进行定期跟踪,对有价值的信息及时搜集记录。

网站跟踪的常用方法主要有以下两种:

①在本企业的站点投放调查问卷。由于站点的浏览者大多是老顾客,所以可以获得比较详细准确的资料,保证调查问卷的有效性。同时,这也是一条维系顾客关系、增强企业与顾客沟通的途径。但是,仅仅在本企业的站点进行调查,样本数量少,获得的资料不够全面,因此一般只用于调查用户对产品或对网站的看法,不适合大面积的调查。

②在门户站点投放调查表,门户站点浏览量大,可以保证网络调查有足够大的样本,有利于完成调查目标。同时还可以间接地起到广告的作用。但是,门户网站的浏览者比较复杂,不一定是企业的调查对象,有时会造成无效问卷,影响调查结果的准确性。

（2）**电子邮件法**

同传统调查中的邮寄调查表的道理一样,将设计好的调查表直接发送到调查对象的邮箱中,或者在电子邮件正文中给出一个网址链接到在线调查表页面。这种方式在一定程度上可以对用户加以选择,并节约调查对象的上网时间,如果调查对象选择适当且调查表设计合理,往往可以获得相对较高的问卷回收率。

由于大多数的大型网站均提供免费的电子邮件服务,所以一般上网者大多具有自己的电子邮件信箱。作为网络市场调查人员可以通过各种渠道,如购买或者积累、索取等方法来获得电子邮件的列表。网络市场调查人员可以通过一个网络平台,把问卷发送到选定的调查对象的电子信箱中,请他们完成问卷,并通过网络再传回到指定的网络平台。通过已经设置的程序即时获得数据汇总结果,并进行进一步的分析。

（3）**网上焦点座谈法**

在同一时间随机选择 2 ~ 6 位被访问者,弹出邀请信,告知其可以进入一个特定的网络聊天室,相互讨论对某个事件、产品或服务等的看法和评价。

（4）**使用 BBS 电子公告板进行**

网络用户通过 TELNET 或 WEB 方式在电子公告栏发布消息,BBS 上的信息量少,但针对性较强,适合行业性强的网络调查。

（5）**委托市场调查机构进行**

企业委托市场调查机构开展网络市场调查,通常包括①网络浏览者对企业的了解情况,②网络浏览者对企业产品的款式、性能、质量、价格等的满意程度,③网络浏览者对企业的售后服务的满意程度,④网络浏览者对企业产品的意见和建议等内容。

6.2.2　网络调查的特点

（1）**网络调查与传统调查方法的比较**

网络调查与传统调查方法相比较,不同之处主要有以下 3 点:

1）调查人员、调查对象的角色发生变化

在传统市场调查中不管采用什么方法，最后总是要通过调查人员对调查对象进行调查访问实施的。在调查人员的主观能动性作用下，原来并不主动参加调查的调查对象也可能会配合调查人员完成市场调查。但在网络市场调查时，情况会发生很大的变化。代替调查人员的只是网络上的一份电子问卷或是互动的网页，上网并能主动参加网络市场调查的网民取代了传统意义上的调查对象。传统意义上的市场调查是调查人员要求调查对象参与调查，而网络时代是上网者主动参加他所感兴趣的调查。

2）调查样本以及选择方式发生变化

传统市场调查的总体一般是明确的，调查实施过程中，可根据不同的调查项目采取简单随机抽样法、等距抽样法、分层抽样法、整群抽样法和多阶段抽样法等方法。而网络市场调查面临的是各种上网者，他们构成了网络市场调查的总体，调查样本是由主动地上网者构成的。上网者本身的分布情况与整个社会的总体情况并不完全相同，可以在网络市场调查中通过网页内容的设置来逐步过滤筛选上网者。在进行网络市场调查时，根据上网者对某些问题的回答或者站点内容的选择，由特定的计算机程序来判断选择上网者，仅让对某一问题真正有兴趣的上网者进入调查主页，回答网页上的相关问题。

3）主要调查实施者将从专业市场调查机构向厂商转变

在传统市场调查中，需要市场信息的公司可以通过本身的力量进行调查，也可以委托专业的市场调查机构和咨询机构进行调查。大部分的市场调查业务是通过专业市场调查机构来完成的，他们的工作涉及调查问卷的设计、样本的选择、实地访问、数据处理分析、市场调查报告的撰写等，所以他们实际上是传统市场调查的主要组织者和实施者。调查媒介的巨大变革，使得原来只能依赖专业市场调查公司的调查项目也能成为一般公司自己可以操作的市场营销日常工作之一，只有一些大的调查项目才会委托给专业市场调查公司来运作。因此厂商将会成为网络市场调查的主体。

（2）网络调查的优点

互联网作为一种信息沟通渠道，它的特点在于开放性、自由性、平等性、广泛性和直接性等。网络市场调查可以充分利用 Internet 的特点，开展调查工作，其优点主要体现在以下 4 个方面。

1）网络调查的及时性和共享性

网上信息传播速度非常快，如用 E-mail，几分钟就可把问卷发送到各地，问卷的回收也相当快。利用统计分析软件，可对调查的结果进行即时统计，整个过程非常迅速，而传统的调查要经过很长一段时间才能得出结论。网络调查采样速度远快于面访等离线调查，这与网络调查问卷的发放、填答、提交皆不受时空限制，即时快捷相关。无论是把问卷直接放在网上，还是发送 E-mail 或网上拦截，都可以迅速把问卷大范围地呈现在调查对象面前。问卷的填答虽可能会费些时间，但填答时间由调查对象自己支配。填答完毕后，问卷的提交也比较简单，只要点击一下提交键即可。同时，调查对象只要点击"结果"键，就可以知道现在为止所有调查对象的观点所占的比例，使用户了解公司此次调查活动的实际效果，加强参与感，提高满意度，实现了信息的全面共享。

2）网络调查的隐匿性

在调查一些涉及个人隐私的敏感问题时，离线调查尽管可以在问卷设计中通过采用委婉法、间接法、消虑法、虚拟法等手段,在问题和调查对象之间增加一些缓冲因素,但无论如何,离线调查各种采样方式都会在不同程度上影响到调查对象的填答心理。而网络调查隐匿性好,可使调查对象在填答问卷时的心理防御机制降至最低程度,从而保证填答内容的真实性。

网络调查的隐匿性主要体现在以下 4 个方面:

①调查人员不与调查对象进行任何的接触,可以较好地避免来自调查人员的主观因素的影响。

②调查对象接受询问、观察,均是处于自然、真实的状态。

③站点的访问者一般都具有一定的文化知识,易于配合调查工作的进行。

④企业网络站点访问者一般都对企业有一定的兴趣,不会像传统方式下单纯为了抽号中奖而被动回答,所以,网络市场调查结果比较客观和真实,能够反映市场的历史和现状。

3)网络调查的互动性和广泛性

网络调查的互动性和广泛性,基于网络自身的技术特性。网络的互动性赋予网络调查互动性的优势,网络调查不受时空的限制,可以 24 h 向天南海北、世界各地进行调查,抽样框相当大,调查范围也相当广泛。

4)网络调查的经济性

在网络上进行市场调查,无论是调查人员还是调查对象,只需拥有一台计算机、一个调制解调器、一部电话(或一台多媒体电视机和一部电话)就可以进行。若是采用问卷调查的方法,调查人员只要在企业站点上发出电子调查问卷,提供相关的信息,然后利用计算机对访问者反馈回来的信息进行整理和分析。这不仅十分便捷,而且会大大地减少企业市场调查的人力和物力耗费,缩减调查成本。

(3)网络调查的缺点

网络市场调查的优点很明显,但同时也不应忽视其存在的问题,网络调查的缺点主要体现在以下 5 个方面。

1)在线调查表本身的问题

由于在线调查占用调查对象的上网时间,因此在设计上更应讲究技巧,应该具备简洁明了的特点,尽可能少占用填写表单的时间和上网费用。

2)样本的数量

如何吸引调查对象参与网络调查,对调查人员来说是一项非常艰巨的任务。如果网站访问量较小,为了达到一定的样本数量,就需要较长的时间。如果为了调查而加大网站推广力度,需要增加不小的推广费用,可能得不偿失。

3)样本的质量

网络调查的局限不仅受样本数量少的影响,样本分布不均衡同样可能造成调查结果误差偏大。由于网络调查的对象仅限于上网的用户,即使在上网用户中,网民结构也有明显的特征,同时用户地理分布和不同网站的特定用户群体也是影响调查结果不可忽视的原因。

4)个人信息保护

由于人们担心个人信息被滥用,通常不愿在问卷调查中暴露准确的个人信息,往往会因为涉及过多的个人信息而退出调查,为了尽量在人们不反感的情况下获取足够的信息,在线调查应尽可能避免调查最敏感的资料。

5）调查对象的因素

除了上述主要问题之外,调查对象提供信息的准确性也直接影响到在线调查结果的准确性。因此,筛选无效问卷是在线调查的必要环节之一。

可见,尽管网络市场调查具有一定优越性,但也应看到,网络调查并不是万能的,调查结果有时会出现较大的误差。网络调查也不可能满足所有市场调查的要求,应根据调查的目的和要求,采取网络调查与传统调查相结合、自行调查与专业市场咨询公司调查相结合的方针,以尽可能小的代价获得尽可能可靠的市场调查结果。

6.2.3　网络调查应注意的事项

网络调查费用低、速度快,可进行纵向调查,获得大量样本,还可以利用多媒体音像技术等特点,使其受到广大公司与调查对象的接受和青睐。有关调查显示,网络调查是调查方法中增长最快的一种方式,当然这种新型的调查在运用中也要注意一些问题。

（1）**调查目的要明确**

首先要确定网民中是否存在着被调查群体,其规模如何,是否有进行调查的可行性,调查对象是否是企业目标市场顾客或是潜在顾客。虽然因特网是一个虚拟世界,企业还是可以通过对网站用户结构的了解使调查工作更有针对性。

（2）**因特网的安全性问题**

因特网的安全性问题一直是讨论的焦点问题,企业在对自己的调查资料进行安全防护的同时,还应该公布保护个人信息声明。人们对个人信息都有不同程度的自我保护意识,让用户了解调查目的并确信个人信息不会被公开或者用于其他任何场合,有利于调查的顺利进行。

目前计算机网络系统安全在技术上包括访问控制、防火墙、防病毒加密和入侵检测系统等。调查网站要防止黑客的恶意攻击、窃取和破坏调查结果,必须采取一定的安全防范措施。

（3）**因特网无限制样本问题**

网络调查活动中可能会出现重复填写等问题,企业要尽量完善自己的在线调查系统,可以用调查对象在回答后锁住其所处站点等技术方法来减少重复填写等现象。由于现阶段网民还不能代表所有的人口,特别是中国现在的网民主要集中在大城市、受教育程度较高的年轻化群体上,这样可能使样本存在着一定的局限性。可以通过加大分发量,尽量使样本具有普遍性。

从以上对网络调查方法的分析中,可以得出这样的结论:尽管传统的调查方法不会被完全取代,但将现代信息技术和互联网方式融入传统的调查活动中是一种必然的趋势,这样会使市场调查方法越来越丰富、灵活和方便。网络调查可以帮助企业以最短的时间、最合理的费用开展高效率的调查活动,实现大量数据的搜集和分析,从而为企业制订重大的决策提供快速和有力的支持。

复习思考题

6.1　文案调查的特点和功用分别有哪些?

6.2　文案调查的渠道和方法分别有哪些?

6.3　文案调查资料的储存和管理方式有哪些?

6.4　简述文案调查资料储存的要点。

6.5　网络调查的方法主要有哪些?

6.6　网络调查的特点主要有哪些?

6.7　设计一次调查活动,内容自己选择,采用文案调查法和网络调查法进行分析,最后得出相关的结论。

第 **7** 章
市场调查资料的整理

7.1 概 述

汽车市场调查资料的整理是汽车市场调查的收获阶段,在这个阶段,要对经过反复检查、核对、补充并验收合格后的调查表进行资料录入和统计分析。从工作程序上看,资料整理具有承前启后的作用。在汽车市场调查之前,对真实性、准确性均无可挑剔的答卷所提供的有效资料进一步加工;在报告撰写之后,为报告结论提供资料依据。汽车市场调查资料的整理在整个市场调查中的地位如图 7.1 所示。

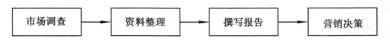

图 7.1 汽车市场调查资料整理在市场调查中的地位

关于资料整理在整个汽车市场调查中的作用,用一个形象的比喻来说就是,现场访问提供原材料,资料整理加工成产品,报告撰写则完成最后的包装。

7.1.1 资料整理的意义

汽车市场调查资料整理是根据汽车市场调查的目的,对调查所得到的原始资料或次级资料先审核,然后再进行科学的分类、分组、汇总,最终使资料系统化、条理化,得出能够反映所研究汽车市场现象总体特征的综合资料,并以列表的形式反映出这种总体特征的整个工作。汽车市场调查资料整理主要是为分析研究资料准备集中的、系统的、反映总体的资料。

资料整理的意义主要体现在以下 3 个方面。

(1)通过资料整理可以对调查工作进行全面检查

一方面调查对象本身非常广泛,并且处于不断地变化发展之中;另一方面调查人员自身知识水平的差异和看问题角度的不同,以及调查方法本身也并不是十全十美的,因此,调查所取得的资料难免出现错误、虚假和遗漏。要解决这些问题,调查人员除了在调查过程中精心组织、严格登记外,还要在研究阶段通过对资料的整理,对其进行全面的检查,以剔除错误,辨别真伪,弥补缺失,使调查的资料全面、真实和准确。

(2)**整理资料是进一步研究资料的基础**

整理资料的目的是对调查资料作进一步的分析研究,以发现资料中所包含的规律性。不管是对资料作定性分析,还是定量分析,要想得到正确的结论,必须使调查资料真实、准确与完整,否则资料本身有错误、漏洞、缺失,据此推出的结论就不可能是正确的。因此在开展研究工作之前,一定要认真对资料进行整理,这是进一步研究的前提。

(3)**整理资料是积累和保存资料的要求**

整理资料的目的就是为了进行分析研究,即使不是为了这样的目的,整理资料也是有意义的,通过调查所取得的大量的资料,对今后研究同类问题具有重要的参考价值,便于今后的研究积累保存资料。

资料的整理是汽车市场调查必不可少的一个阶段。统计整理是统计调查的继续,也是统计分析的前提和基础,在整个统计工作中发挥着承上启下的作用。统计整理的方法是分组、汇总和编表。

7.1.2 资料整理的原则

汽车市场调查资料整理的基本工作就是对汽车市场调查所获得的信息资源进行初步加工和开发。为了使加工开发的信息具有价值,应遵循以下原则。

(1)**真实性原则**

真实是整理资料的最根本的原则,真实就是整理后的资料必须是确确实实发生过的客观事实,而不是根据自己的喜好,掐头去尾主观臆造的。如果没有进行调查,最多得不到资料,得不出结论,但如果资料失真,就会得出错误的结论,这比不进行调查更有害。所以真实是整理资料最根本的要求。

(2)**准确性原则**

准确是指整理后的资料其事实要准确,尤其是数字资料一定要准确无误。如果整理后的资料含糊不清、模棱两可,数据资料互相矛盾,那么根据这样的资料进行分析研究,就不可能得到科学的结论。当然,对准确性的要求要从实际出发,要以能说明问题为标准,并非越精确越好。

(3)**条理性原则**

条理性是指对资料进行分类,从而为进一步的分析研究创造条件。分类可以使大量繁杂的资料条理化,为人们提供一种便利的检索手段。科学的分类系统不仅是资料的存取系统,而且是对客观规律的认识系统。

(4)**系统性原则**

系统性是指从整体上考查这些资料是否满足研究的目的,是否有必要吸收补充其他资料。

(5)**总体性原则**

统计调查获得的原始资料反映了总体内各个个案所具有的数量特征,它们包含着表现总体数量特征的有用信息。但是统计调查的原始数据是分散的,只有根据一定的方法对它们进行科学整理,才能使总体的数量特征和规律性显示出来。资料汇总的技术有手工汇总和电子计算机汇总两种。其中手工汇总的方法有划记法、过录法、折叠法和卡片法4种。

（6）简明性原则

简明是指整理后的资料要尽可能简单、明确。为此，该用文字说明就用文字说明，该用表格的就用表格，该用图表的就用图表，使整理后的资料简明扼要。如果在整理后的资料仍然臃肿庞杂，难以一目了然，就会给以后的研究工作增加许多困难。

7.1.3　资料整理的步骤

（1）设计和编制资料整理方案

这是保证统计资料的整理有计划、有组织进行的重要一步，资料的整理往往不是整理一个或两个指标，而是整理多个有联系的指标所组成的指标体系。汽车市场调查资料整理方案的设计主要包括两个方面的内容：①一套综合表，包括一系列分类分组所构成的分组体系；②填表说明，包括汇总的范围、程序、分组方法、指标解释和计算方法。

（2）对原始资料进行审核

为了保证质量必须进行严格的审核，资料的审核主要是对原始资料的审查和核实，其工作是判断是否存在虚假现象，是否存在差错和遗漏，并重点检查资料的真实性、准确性和完整性。

（3）综合汇总表的项目，对原始资料进行分组、汇总和计算

根据整理方案中所设计的分组标志，对原始资料进行分组。分组要遵循互斥和完备的原则，然后用一定的组织形式和方法对经过分组的资料进行汇总，计算各组的单位数和合计数。计算各组指标和综合指标时，既要完整和系统，又要简明和集中。

（4）对资料整理结果的显示

资料整理的结果一般以汇编资料或以统计表的形式显示。社会调查为社会所承认，才能发挥其社会效益，向社会公布资料是现代社会调查不可缺少的一个环节。

7.1.4　调查资料的审核

汽车市场调查资料的审核是对汽车市场调查得到的资料进行审查、核实和订正，是保证汇总质量的重要环节。审核包括汇总前的审核和汇总后的审核两个环节。

（1）汇总前的审核

汇总前的审核是在正式进行汇总之前对数字资料进行的审查和核实，其内容包括以下 3 个方面。

1）资料的真实性审核

调查资料的来源必须是客观的，调查资料本身必须是真实可信的。要辨别资料的真伪，把那些违背常理、前后矛盾的资料舍去。

2）资料的准确性审核

准确性审核主要有计算审核和逻辑审核两种方法。计算审核，就是检查调查表或问卷中各项有计量关系的数据是否发生计算单位、计算方法和计算结果的错误。逻辑审核，就是从客观现象的实际出发进行理论分析，从而判断资料的内容是否合理，是否合乎逻辑和常识，项目之间有无相互矛盾的地方，以及与有关资料进行对照，以暴露逻辑上的矛盾。

3）资料的完整性审核

资料的完整性包括时间范围上的完整性（调查的时间长度上，资料是否齐全）、空间范围上的完整性（调查的空间范围上，资料是否齐全）和项目上的完整性（调查的各个项目是否全

部填写齐全)3个方面。审核的方法是检查数字资料是否按调查规定的时间取得,有无迟报现象及迟报原因,以便确认数字资料可否使用。

(2)汇总后的审核

汇总后的审核是在正式汇总以后对数字资料的审查和核实,其内容是检查汇总工作的质量,可从以下3个方面进行。

1)复计审核

复计审核是指对每一个项目的数值都进行复核计算。

2)表、表审核

对不同表格中出现的同一项目的汇总数值进行对照,必须相符。对有关系的项目,则可利用项目之间本身存在的关系进行计算检查。

3)表、实审核

利用调查人员已有的经验或利用已有的统计、会计、业务的核算资料,进行对照比较,检查汇总结果是否正确。

无论是在汇总前还是汇总后的审核中,发现数字资料有虚假、漏缺、重复、差错现象,都应区别情况采取措施进行补查、修正。

(3)审核应注意的问题

在审核中,如发现问题可以分不同的情况予以处理。

①对于在调查中已发现并经过认真核实后确认的错误,可以由调查人员代为更正。

②对于资料中可疑之处或有错误、有出入的地方,应进行补充调查。

③无法进行补充调查的应坚决剔除那些有错误的资料,以保证资料的真实准确。

7.2 资料整理的方法——统计分组法

7.2.1 统计分组的基本知识

(1)统计分组的概念

统计分组是根据统计研究的需要,按照一定的标志,将统计总体划分为若干个组成部分的一种统计方法。

当研究某一汽车市场营销现象的总体时,这一总体必定包含着若干个单位,而就总体中的各个单位而言,既有共性,又有各自的特性。所谓共性,是指其在某一或某些标志上具有彼此相同的性质,可以被组合在同一性质的总体之中;所谓特性,则是指在其他一些标志上具有彼此相异的性质,需要把总体进一步划分为性质不同的若干组成部分。

资料分组必须遵循同质性、差异性、概括性的原则。

①同质性是指各组内的资料必须具有相同的性质;

②差异性是指组别之间的资料存在质和量的差别;

③概括性是指分组后,所有单位都有归属的组,无一遗漏。

(2)统计分组的种类

统计分组按某一分组的标志的多少和组合情况可分为简单分组和复合分组。

简单分组,就是对被研究现象只按一个标志进行的分组。例如,将工业企业职工分别按年龄、工龄或文化程度等标志进行分组。简单分组只能说明被研究现象某一方面的差别情况。

复合分组,是采用两个或两个以上的标志结合起来进行分组。例如,将汽车企业先按所有制这个标志进行分组,在此基础上,再按企业规模这个标志分组。采用复合分组,可以对被研究的现象作更深入的分析。但也不宜采用过多的标志进行复合分组,以免组数过多,反而难以显示出事物的本质特征。由于客观事物是非常复杂的,有时需要从不同角度来分析研究,才能认识事物的本质,因此,常常要采用一系列相互联系、相互补充的分组来进行分析。这一系列相互联系的分组,称为分组体系。例如,对企业职工的分析,就常用按工作性质、年龄、文化程度等标志进行许多分组,组成分组体系,从各个方面反映企业职工的各种特征,就可对企业职工获得比较全面的认识。

7.2.2   统计分组的作用

科学的统计分组是调查资料统计整理和分析的基础,是研究社会现象的重要方法,其作用主要体现在以下 3 个方面。

(1)划分社会经济现象的类型

社会经济现象是错综复杂的,具有各种不同的类型。通过统计分组,可以从数量方面说明不同类型现象的数量特征,表明不同类型现象的本质和发展规律。例如,将某工业管理局所属企业按经济类型分组,可分为全民所有制、集体所有制和其他经济类型。通过各组的产值、职工人数、劳动生产率、成本降低率、资金利润率等指标,就可以揭示不同类型企业各自的特征,以便进一步研究其发展规律。

(2)反映现象的内部结构及其比例关系

将所研究现象按某一标志进行分组,计算出各组在总体中的比重,用以说明总体内部的构成。同时将总体各组之间进行对比,就可以反映各组之间的比例关系。

例如,将汽车划分为乘用车和商用车两种,分别计算出它们的比重,并计算出乘用车产量与商务车产量的比值,便可揭示出汽车总产量的内部结构及其比例关系,见表 7.1。

表 7.1   我国汽车工业 2016 年 4—7 月份的生产构成情况   (%)

月 份\类 型	4	5	6	7
乘用车	64.5	66.8	73.7	73.8
商用车	35.5	33.2	26.3	26.2
合 计	100.0	100.0	100.0	100.0

(3)分析现象之间的依存关系

现象不是孤立的,而是相互依存和相互联系的。这种依存关系,常常表现为因果关系。统计中把那些表现为事物发展变化原因的标志称为影响标志,而把表现为事物发展结果的标志称为结果标志。利用统计分组分析现象之间的依存关系,首先用影响标志对总体进行分组,然后计算出结果标志的数值,从而分析两个标志的联系程度和方向。例如,分析某汽车生产企业工时利用率与生产计划完成指标的依存关系,见表 7.2。

表 7.2　某汽车生产企业工时利用率与生产计划完成指标的关系

按工时利用率分组/%	班(组)个数	各组生产计划完成/%
80 以下	3	85.0
80 ~ 85	12	92.5
85 ~ 90	16	105.3
90 以上	5	110.0
合　计	36	103.4

表中资料表明,工时利用率越高,生产计划完成就越好。反之,工时利用率越低,生产计划完成就越差。这体现了生产计划完成指标对工时利用率的数量依存关系。

必须指出,统计分组的 3 个作用并不是完全孤立的,而常常是相互补充,可以结合起来运用。例如,划分类型后即可表示结构,有了结构就可以进行依存关系的分析。

7.2.3　统计分组的标志

分组标志就是用来作为分组依据的标准。统计分组的关键在于选择分组标志和划分各组界限,选择分组标志是统计分组的核心问题,因为分组标志与分组的目的有直接关系。任何一个统计总体都可以采用许多分组标志分组。分组时所采用的分组标志不同,其分组的结果及由此得出的结论也不会相同。这是因为分组标志一经选定必然表现出总体在这个标志上的差异情况,但同时又掩盖了其他标志的差异。如果分组标志选择不恰当,不但无法表现出总体的基本特征,甚至会把不同质的事物混在一起,从而掩盖和歪曲现象的本质特征。划分各组界限,就是要在分组标志的变异范围内,划定各相邻组间的性质界限和数量界限。那么如何正确选择分组标志呢?

第一,要根据统计研究的目的选择分组标志。

第二,必须根据事物内部矛盾的分析,选择反映事物本质的分组标志。

第三,结合被研究事物所处的具体历史条件选择分组标志。

根据分组标志的特征不同,分组时可按品质标志或数量标志分组。

(1)按品质标志分组

选择反映事物性质差异的品质标志为分组标志,并在品质的变异范围内划定各组的界限,把总体划分为性质不同的若干个组。例如,按性别、职业等分组都属于品质分组,表 7.3 反映按品质标志分组的例子。

表 7.3　我国家用轿车消费者的性别构成情况

按性别分组	比重/%
男	48.6
女	51.4
合　计	100

（2）**按数量标志分组**

选择反映事物数量差异的数量标志为分组标志,并在数量标志的变异范围内划定各组界限,把总体划分为性质不同的若干个组。例如,收入、人口、年龄、企业规模等。按数量标志分组时,根据每组数量标志值的具体表现,又分为单项式分组和组距式分组两种。

1）单项式分组

按每一个具体变量值分组,适用于变量取值有限的离散型变量(如家庭人口、就业人口、汽车产品需求量等),表7.4反映单项式分组。

表7.4　单项式分组

按家庭人口数	户数/户	比重/%
1 人	10	10
2 人	15	15
3 人	20	20
4 人	25	25
5 人	20	20
5 人以上	10	10
合　计	100	100

2）组距式分组

按变量值的一定范围对现象总体所进行的分组,将总体划分为若干区间,适用于变量取值范围较大的离散型变量和连续型变量(如年龄、收入、消费支出等),表7.5反映组距式分组。

表7.5　组距式分组

收入水平分组	户数/户	比重/%
5 000 元以下	150	10
5 000 ~ 10 000 元	375	25
10 000 ~ 15 000 元	375	25
15 000 ~ 20 000 元	300	20
20 000 ~ 25 000 元	150	10
25 000 元以上	150	10
合　计	1 500	100

7.2.4　对统计分组资料的再分组

统计资料的再分组就是把统计分组资料按某种要求,重新进行分组,以满足统计分析的要求。再分组的方法有两种:一是按原来的分组标志重新划组,并将原分组资料根据新组组限按比例重新加以整理;二是先划定新组,并确定新组单位数在总体中应占的比重,然后据此将原分组资料按比例重新加以整理。

例如,某汽车工业部门各企业按劳动生产率不同的分组资料见表7.6。

表 7.6　某汽车工业部门劳动生产率分组表

按劳动生产率分组 (上组限不在内)/(元·人$^{-1}$)	企业数比重/%	总产值比重/%	职工人数比重/%
14 000 以上	3	2.93	4.72
13 000 ~ 14 000	2	1.84	2.69
12 000 ~ 13 000	4	3.82	5.40
11 000 ~ 12 000	12	9.04	11.54
10 000 ~ 11 000	9	10.98	12.93
9 000 ~ 10 000	20	19.12	20.00
8 000 ~ 9 000	15	16.78	16.26
7 000 ~ 8 000	10	13.00	10.78
6 000 ~ 7 000	14	12.83	9.48
6 000 以下	11	9.66	6.20
合　计	100.00	100.00	100.00

上述分组表资料,由于各组之间的差异过小,难以看出其质的区别,现根据统计分析的要求,仍然按劳动生产率标志重新分组,见表7.7。

表 7.7　某汽车工业部门劳动生产率分组表

按劳动生产率分组(上组限不在内)/(元·人$^{-1}$)	企业数比重/%	总产值比重/%	职工人数比重/%
12 500 以上	7	6.683	10.11
10 000 ~ 12 500	23	21.93	27.17
7 500 ~ 10 000	40	21.93	41.65
7 500 以下	30	28.99	41.65
合　计	100	100.00	100.00

7.3　次数分布

7.3.1　次数分布的概念和分类

在统计分组的基础上,将总体中所有单位按组归类整理,形成总体中各个单位数在各组间的分布,称为次数分布。分布在各组中的个体单位数称为次数或频数,频数大小决定该组标志值作用的强度。各组次数与总次数之比称为比率或频率,频率表明各组值的相对作用强度。

将各组别与次数按一定的次序排列所形成的数列称为次数分布数列,简称分布数列,又称分配数列或频数分配。任何分布数列都必须满足两个条件,即各组频率大于或等于零,各组的频率总和等于1(或100%)。分布数列反映所研究的总体中所有的单位数在各组内的分布状态和总体的分布特征,同时反映研究总体某一标志的平均水平及其变动的规律性。

通过表 7.8 可了解次数分布的内容。

表 7.8 2012 年底我国职工构成表

按经济类型分组	职工人数/万人	比重/%
全民所有制	9 654	73.09
集体所有制	3 488	26.40
其 他	72	0.54
合 计	13 214	100.00

  ↑   ↑   ↑

组的名称   次数(频数)   比率(频率)

通常的统计分组,将总体划分为若干组之后,列出各组的标志总量,表示总体标志总量在各组之间的分配,说明总指标和分组指标之间关系。现在考虑另一类问题,即总体按一定标志分组之后,不是考虑各组的标志总量,而是考虑各组的单位数,研究总体单位在各组之间的分布,这就是分布数列的问题。所以,分布数列也是一种分组,它是一种特殊形式的分组。

统计整理中,根据分组标志的不同,分布数列分为品质分布数列和变量分布数列两种。

按品质标志分组所编制的分布数列称为品质分布数列或属性分布数列,简称品质数列。品质数列由组的名称和各组的次数两个要素构成。如根据我国 2012 年底职工资料编制的品质数列,见表 7.8。品质数列的编制程序一般比较简单,其步骤是:原始数据→归类→合计→制表。

按数量标志分组所编制的分布数列称为变量分布数列,简称变量数列。任何一个变量数列都由各组变量值和各组的次数两个要素构成。如某汽车生产企业工人生产汽车的日产量编制的变量数列,见表 7.9。

对于品质分布数列来说,如果分组标志选择恰当,就会比较明确地表现出事物性质的差异,各组的划分也就容易

表 7.9 某汽车生产企业工人生产汽车日产量资料

日产量/辆	工人数/人
12	20
13	31
14	45
15	37
16	29
17	23
18	15
合 计	200

 ↑   ↑

变量   次数

解决。因而,品质数列一般比较稳定,通常能够准确地反映总体的分布特征。对于变量数列来说,由于事物性质的差异表现得不甚明确,决定事物性质的界限往往因人的主观认识而有所差别。因此,按同一数量标志分组则有可能出现多种分布数列。

7.3.2 变量数列

变量数列是依据数量标志分组所编制的分布数列,它是一种区分事物数量差别的分布数列。反映了总体在一定时间上的量变状态或量变过程,并从这种量的差别中来反映事物质的差别。

按照各组变量值的表现形式不同,变量数列分为单项式数列与组距数列两种类型。

(1)单项式数列

按每个变量值分别列组,依次分组编制的变量数列称为单项式变量数列。这种数列中组数与数量标志所包含的变量值数目相等,每个变量值作为一组,不存在组距的问题。如表 7.9

所示的分布数列即为单项式数列。

单项式数列一般在变量的变异幅度不大的情况下采用。如表7.9中,最大变量值为18件,最小变量值为12件,变量值的变异范围为12~18件,变量值的数目为7。

如果变量值的个数较多,变动的范围也较大,为了准确地反映出总体各个单位分布的特征和分布的趋势,则应编制组距数列。

(2)组距数列

依组距分组而编制的变量数列称为组距数列。组距数列中的每个组不是用一个具体的变量值表示,而是用变量值的一定变化范围即各组标志值变动的区间表示。每组标志值变动的区间长度称为组距,如表7.10即为一个组距数列。

表7.10 某地区30个汽车4S店员工人数资料

按职工人数分组/人	4S店数量/个	比重/%
10~19	8	16.67
20~29	9	30.00
30~39	7	23.33
40~49	4	13.33
50~59	3	10.00
60~69	2	6.67
合　计	30	100.00

1)基本概念

组距数列中,涉及以下4个基本概念。

①组限:表示各组之间的界限的变量值,是指组距的两个端点,每组的最小值为组的下限,每组的最大值为组的上限。

②组限重合式:相邻两组中,前一组的上限与后一组的下限数值重叠。作为重叠的组限应归到下一组,见表7.11。

表7.11 组限重合式分组

下　限	组距式分组/分	上　限
0	0~60	60
60	60~70	70
70	70~80	80
80	80~90	90
90	90~100	100

③组限不重合式:相邻两组中,前一组的上限与后一组的下限数值紧密相连但不重叠。例如,按员工人数分成:a.100人以下;b.101~500人;c.501~1 000人;d.1 001~2 000人;e.2 001人以上5组,就属于组限不重合式分组。

两种不同变量的组限方式选择,见表7.12。

表 7.12 两种不同变量的组限方式选择

	组限重合式	组限不重合式
连续型变量	√	
离散型变量	√	√

④组距:各组中最大值和最小值之间的差额。组距的确定,一要考虑各组的同质性;二要考虑能够显示总体分布的特征,这就要求组距的大小应恰当。

连续型组距数列计算组距时,采用的计算公式为:

组距 = 上限 - 下限

例如,某市消费者汽车消费行为研究中,消费者按家庭年收入(万元)的分组如下:a.1 以下;b.1~4;c.5~8;d.8~11;e.11 以上。在第 2 组组内,1 称为本组下限,4 称为本组上限,则组距为:4-1=3。

在离散型组距数列中,考虑到离散型组距数列的特点,其组距一般为后组下限与本组下限之差,即

组距 = 后组下限 - 本组下限

例如,将汽车生产企业按职工人数(人)分组如下:a.1 000 以下;b.1 001~2 000;c.2 001~3 000;d.3 001~4 000;e.4 001 以上。本例为离散型组距数列,如第 2 组的下限为 1 001,其后一组即第 3 组的下限为 2 001,则第 2 组的组距为 2 001-1 001=1 000。

2)组距变量数列的类型

①组距变量数列按各组的组距状况及变量的类型不同,可分为等距式数列和不等距式数列两类。

a. 等距式数列

等距式数列,即各组的组距都相等,适用于标志值的变动比较均匀的情况,也适用于现象性质差异的变动比较均匀的情况。

这种方法的优点显而易见,第一,由于各组的组距相等,各组次数分布不受组距大小的影响,因而能直接比较各组次数的多少,便于反映总体单位的分布情况;第二,便于计算,尤其便于利用简捷法计算平均数、标准差等指标。因此,在一般情况下,应尽量采用等距式数列来编制分布数列。

b. 不等距式数列

不等距式数列,即各组组距不尽相等,适用于标志值的变动不均匀的情况和现象性质差异的变动不均匀的情况。

如果变量值急剧的增长或下降,变动幅度很大时,应采用不等距数列来编制数列。如当前个体经营者的纯收入、农民的年收入额等。一些社会经济现象,其性质的变化不是由变量值均匀变动而引起的。例如,为研究人口总体在人生各发展阶段的分布,就需要按照人在一生中自然的和社会的分组规律采用不等距分组,编制不等距数列。可以这样分组:1 岁以下(婴儿组)、1~7 岁(幼儿组)、7~17 岁(学龄儿童组)、17~55 岁(有劳动能力的人口组)、55 岁以上(老年组)。这样各组的组距不相等,但能说明各自的问题。

②组距数列按变量是否连续,可分为连续型组距数列和离散型组距数列。

a. 连续型组距数列

连续型组距数列,即变量为连续型的组距数列。在这种数列中前一组的上限与后一组的下限同为一个变量值,这样进行分组不会出现遗漏标志值的现象。连续型组距数列见表7.13。

表 7.13　某汽车生产企业 100 名工人工资资料

按工资分组/元	工人数/人
3 400 ~ 3 500	10
3 500 ~ 3 600	35
3 600 ~ 3 700	20
3 700 ~ 3 800	20
3 800 ~ 3 900	15
合　计	100

从表 7.13 可以看出,前一组的上限与后一组的下限相等,这样的组距数列即为连续型数列。

b. 离散型组距数列

离散型组距数列,即变量为离散型的组距数列。由于离散型变量的取值为整数,因此,组距数列中前一组的上限与后一组的下限不为同一个变量值。离散型组距数列见表7.14。

表 7.14　某市 2016 年汽车消费者年龄结构状况表

年龄/岁	2016 年/%
0 ~ 24	25
25 ~ 44	58
45 以上	17
合　计	100

从表 7.14 可以看出,把年龄分为 3 组,第 1 组的上限为 24,第 2 组的下限为 25。因此,前一组上限与后一组的下限不相等。

7.3.3　影响次数分布的要素

(1)组数与组距

编制组距数列,必须对总体进行分组。针对一个总体,应将其分为多少组,这要根据研究的目的来确定,同时要本着以能简单明了地反映问题为原则。

如果组数过多,必然会造成总体单位分布分散,同时还有可能把属于同类的单位归到不同的组中,不能真实反映出事物的本质特点和规律性;如果组数过少,又会造成把不同性质的单位归到同一个组内,失去区别事物的界限,达不到正确反映客观事实的目的。因此,必须恰当地确定组数。

美国学者史特杰斯提出,在总体各单位标志值分布趋于正态的情况下,可根据总体单位数 N 来确定应分组数 n,计算公式为:

$$n = 1 + 3.322 \lg N \tag{7.1}$$

上式可供分组时参考,但也不能生搬硬套。当总体单位数过少时,按上述公式计算的组数可能偏多;而当总体单位数很多时,计算的组数可能偏少。确定组数后,还应确定组距。组数和组距之间存在着密切关系。在全距(最大变量值与最小变量值之差)一定的情况下,组距的大小和标志变量数列的全距大小成正比变化,与组数多少成反比变化。

在采用等距分组的情况下,变量数列编制进组距 d 可采用下列公式确定:

$$d = \frac{x_{\max} - x_{\min}}{n}$$

式中　$x_{\max}$——最大变量值;

　　　$x_{\min}$——最小变量值;

　　　n——组数。

参照式(7.1),可得:

$$d = \frac{x_{\max} - x_{\min}}{1 + 3.322 \lg N} \tag{7.2}$$

例 7.1　某汽车生产公司所属企业某年利润计划完成程度为 87.25%,96%,91%,98.70%,97.26%,104.22%,98.46%,103.24%,108%,114.86%,根据该资料编制变量数列。

解　如按等距分组,根据公式(7.2),组距应为:

$$d = \frac{114.86\% - 87.25\%}{1 + 3.322 \lg 10} = \frac{27.61\%}{4.322} = 6.39\%$$

统计上述计划完成程度时,完成计划与未完成计划以 100% 为分界线。因此,把组距调整为 10%。据此,编制组距数列,见表 7.15。

表 7.15　某汽车生产公司所属企业利润计划完成程度表

利润计划完成/%	企业数/个
80 ~ 90	1
90 ~ 100	5
100 ~ 110	3
110 ~ 120	1
合　计	10

从表 7.15 可以看出,这种分组反映出了事物本身的发展变化趋势和规律性。

(2)**组距与组中值**

组距数列中,每个组都有端点数值,这个端点数值就是组限。上端点数值或组内最大变量值为上限,下端点数值或组内最小变量值为下限。如表 7.15 中第 1 组 80% ~ 90%,80% 为第 1 组下限,90% 为第 1 组上限。

组距是区分组与组的数量界限,如表 7.15 中 80% ~ 90% 一组,凡是变量值大于 80% 而小于 90% 时,都应归在这一组内。同时,90% 也是区分第 1 组与第 2 组的数量界限,在标志值正好是 90% 时,为了保证变量的分组不致发生混乱,习惯上各组一般均包括本组下限变量值的单位,而不包括本组上限变量值的单位,即"上组限不在内"。

在遇到特大或特小的变量值时,为了不使组数增加过多,不将组距不必要地扩大,可将最前一组和最后一组用"××以下"或"××以上"的方式表示,这种分组称为开口组。开口组是指只有上限无下限(用"××以下"表示),或只有下限而无上限(用"××以上"表示)。表7.14 的第3组"45 以上"即为只有下限而无上限的开口组。

组距数列掩盖了各组单位的实际变量值,为了反映分布在各组中个体单位变量值的一般水平,往往需要计算组中值。组中值是各组变量值的中间数值,通常根据各组上限、下限进行简单平均求得,其公式为:

$$组中值 = \frac{上限 + 下限}{2} = 下限 + \frac{上限 - 下限}{2}$$

用组中值代表组内变量值的一般水平有一个前提,即组内各单位变量值在本组内均匀分布或在组中值两侧呈对称分布。实际上,完全具备这一前提是不可能的,但在划分各组组限时,必须考虑使组内变量值的分布尽可能满足这一要求。此外,为了计算方便,应力求使组中值能取整数。

在组距数列中存在开口组的情况下,为了进行统计分析,有时也需要计算组中值。确定开口组的组中值时,一般可将邻组组距假定为开口组组距,然后计算组中值。其公式为:

$$缺下限的开口组组中值 = 上限 - \frac{邻组组距}{2}$$

$$缺上限的开口组组中值 = 下限 + \frac{邻组组距}{2}$$

(3)累计次数

为了满足统计分析的要求,有时需列出各组的累计次数。例如,在表7.13 中,可能很想知道有多少名(或比例)工人月工资收入低于(或高于)某一值。为了回答这一问题,就需要编制累计次数分布表。

累计次数分为向上累计和向下累计两种。向上累计是从变量值最小一组的次数起逐项累计,包括累计次数及比率,各累计数的意义是各组上限以下的累计次数或累计比率。向下累计是从变量值最大一组的次数起逐级累计,各累计数的意义是各组下限以上的累计次数或累计比率。

例如,某班学生汽车市场调查与预测课程成绩的次数分布,见表7.16。

表 7.16　课程成绩次数分布

成　绩	次　　数		向上累计		向下累计	
	人数/人	比率/%	人数/人	比率/%	人数/人	比率/%
50~60	2	5.0	2	5.0	40	100.0
60~70	7	17.5	9	22.5	38	95.0
70~80	11	27.5	20	50.0	31	77.5
80~90	12	30.0	32	80.0	20	50.0
90~100	8	20.0	40	11.0	8	20.0
合　计	40	100.0	—	—	—	—

从表7.16 中很容易看出:70~80 分组的人数11 人,比率为27.5%,表示成绩在70~80 分组的人数为11 人,占全班学生人数的27.5%。

7.3.4 变量分配数列编制的步骤

（1）将原始资料按其数值大小重新排列

只有把得到的原始资料按其数值大小重新排列顺序，才能看出变量分布的集中趋势和特点，为确定全距、组距和组数作准备。

（2）确定全距

全距是变量值中最大值和最小值的差数。确定全距，主要是确定变量值的变动范围和变动幅度。如果是变动幅度不大的离散变量，即可编制单项式变量数列，如果是变量幅度较大的离散变量或者是连续变量，就要编制组距式变量数列。

（3）确定组距和组数

前面已经介绍过组距数列有等距和不等距之分，应视研究对象的特点和研究目的而定。

组距的大小和组数的多少，是互为条件和互相制约的。当全距一定时，组距大，组数就少；组距小，组数就多。在实际应用中，组距应是整数，最好是 5 或 10 的整倍数。在确定组距时，必须考虑原始资料的分布状况和集中程度，注意组距的同质性，尤其是对带有根本性的质量界限，绝不能混淆，否则就失去分组的意义。

（4）确定组限

组限要根据变量的性质来确定。如果变量值相对集中，无特大或特小的极端数值时，则采用闭口式，使最小组和最大组也都有下限和上限；反之，如果变量值相对比较分散，则采用开口式，使最小组只有上限（用"××以下"表示），最大组只有下限（用"××以上"表示）。如果是离散型变量，可根据具体情况采用不重叠组限或重叠组限的表示方法，而连续型变量则只能用重叠组限来表示。

在采用闭口式时，应做到最小组的下限低于最小变量值，最大组的上限高于最大变量值，但不要过于悬殊。

（5）编制变量数列

经过统计分组，明确了全距、组距、组数和组限及组限表示方法以后，就可以把变量值归类排列，最后把各组单位数经综合后填入相应的各组次数栏中。

次数分布的类型主要决定于社会经济现象本身的性质。通过统计分组整理而编制的次数分布数列虽因统计总体所处的客观条件不同而有各不相同的数量表现，但分布数列的形态仍应符合该社会经济现象的分布特征。如不相符，则说明现象总体发生了异常的变化，或统计分组整理已违背了现象的内在规律，应加以检查纠正。

例 7.2 某班级 40 名同学汽车市场调查与预测课程考试成绩资料如下（单位：分），试编制变量分配数列，分析学生的考试成绩。

```
68  89  88  84  86  87  75  73  72  68
75  82  99  58  81  54  79  76  95  76
71  60  91  65  76  72  76  85  89  92
64  57  83  81  78  77  72  61  70  87
```

解 1）将原始资料按其数值大小重新排列，确定全距

```
54  57  58  60  61  64  65  68  68  70
71  72  72  72  73  75  75  76  76  76
```

76　76　77　78　81　81　82　83　84　85

86　87　87　88　89　89　91　92　95　99

学生成绩的基本情况是:最低分54分,最高分99分,成绩的变动幅度在54到99分,全距为(99－54)分＝45分。另外,从数列中可看出大多数学生的成绩在60～90分。不及格和优秀的学生不多。

2)确定组数和组距

为反映总体不同性质的组成部分的分布特征,可以考虑用组距式分组。根据研究对象的具体情况,对学习成绩的分析主要是从不及格、及格、中、良好及优秀方面来考虑,于是考虑分组为5组。

从资料及研究目的考虑,采用等距分组比较合适,因而

组距＝(最大值－最小值)/组数＝45/5分＝9分

从计算角度出发,组距一般用5或10的倍数为好,尽量用整数,所以用10分作组距。

3)确定组限和组限的表示方法

习惯上用离散型变量的方法表示成绩。用整数来做组限,用重叠组限的形式,还要注意,最低组的下限要不大于最小变量值,最高组的上限应不小于最大变量值。

根据上面分析分别统计各组学习成绩出现的次数并计算频率,形成变量分配数列,见表7.17。

表7.17　变量分配数列

按成绩分组/分	学生人数/人	比重/%
60 以下	3	7.5
60～70	6	15
70～80	15	37.5
80～90	12	30
90～100	4	10
合　计	40	100.0

从变量数列中可以看出这个班学生在不同层次的分布。

4)在分组计算的基础上计算累计频数和累计频率,见表7.18。

表7.18　累计频数和累计频率

向上累计				向下累计			
成绩分组上限	频数	累计频数	累计频率/%	成绩分组下限	频数	累计频数	累计频率/%
60	3	3	7.5	50	3	40	100
70	6	9	22.5	60	6	37	92.5
80	12	21	52.5	70	12	31	77.5
90	15	36	90	80	15	19	47.5
100	4	40	100	90	4	4	10
合　计	40	—	—	合　计	40	—	—

向上累计的意义是,可以知道各组上限以下的累计频数或累计频率。表7.18第1组说明在40名学生中,考试成绩在60分以下的有3人,占总数的7.5%;第2组则说明成绩在70分以下的有9人,占总数的22.5%,以此类推。

向下累计的意义是可以知道各组下限以上的累计频数或累计频率。如表7.18中的第5组表示在40名学生中,90分以上的学生4名,占总数的10%;第4组表示成绩在80分以上的有19人,占总数的47.5%,以此类推。

7.4　汇总、制表和绘图

7.4.1　汇　总

汇总指根据调查研究的目的,将资料中的分散的数据会聚起来,以集中形式反映调查单位的总体状况及内部数量结构的一项工作。

统计资料汇总方式从技术复杂程度来看,可分为手工汇总和电子计算机汇总两种。

(1)手工汇总

手工汇总是使用算盘和小型计算器等手工方式进行汇总,常用方法主要有以下4种:

①划记法。就是用画"正"等记号,计算各组和总体的单位数的方法。划记法简便易行,但容易出错,它只适合于总体单位不太多的情况。

②过录法。是依据统计汇总表中分组的要求,先把各单位的实际统计资料过渡填写到预先准备好的表格上,计算出结果,然后将计算结果填入正式的统计汇总表。

这种方法的优点是汇总的内容多,便于校对检查,缺点是工作量大,费时费力。

③折叠法。是将每一个调查表中所需要汇总的项目和数值折在边上,一张一张重叠起来,进行汇总计算,这种方法避免了过录,省时省力。

④卡片法。在总体单位多、复合分组多时,卡片法是手工汇总中较好的方法。先要准备好摘录卡片,将每个总体单位需要汇总的项目数值摘录在一张卡片上,然后根据卡片进行分组和汇总计算。

(2)电子计算机汇总

在现代汽车市场调查中,由于科研课题涉及的调查内容多,调查范围大,样本量也很大,因此,一般都采用计算机技术进行汇总处理。

电子计算机的汇总步骤如下:

第一步,编程序。所谓程序是指按计算机语言对统计资料处理工作进行全面系统的流程排列,电子计算机将按照程序进行工作。

第二步,编码。编码是把调查表中的汉字信息符号(代码)化的工作,将每一个类别编上一个号码,这样,即便于分类,又便于汇总,而且只要搞清楚号码所代表的类型,通过编码就可以一目了然。

第三步,数据输入。是指经过编码后的数据和实际数字通过设备记载到存贮介质上的工作。

第四步,资料错误信息的检查和修正。主要是指对资料进行逻辑检查,按照预先给定的一套逻辑检查规则对进入电子计算机的原始数据进行分析、比较、筛选、整理等。将误差超过允许范围的一组数据退回去,重新检查改正,把在允许范围以内的个别错误按编辑规则改正。

第五步,运行程序。即按照程序运行规则进行信息处理的过程。

第六步,提供统计资料。把经过运行处理后的统计资料,以汇总表的形式,通过输出设备把结果打印出来,提供运行结果。

7.4.2 制 表

将汽车市场调查所得的资料经过汇总整理,填在相应的表格中,便形成一定的统计表,即表现统计资料的表格。如果表中没有指标名称或统计数字,不能称为统计表,那不过是某种表格形式而已。统计表能够有条理、有系统地表现资料,具有简明扼要、一目了然的优点。因此,在实际工作中被人们普遍使用。

(1)统计表的构成和内容

统计表是表现数字资料整理结果的最常用的一种表格。

1)统计表的构成

从形式上看统计表由总标题、横行标题、纵行标题、指标数值4个部分构成。

总标题概括统计表中全部资料的内容,是表的名称,是构成统计表的总体。要求文字必须简明扼要,能说明整个表所反映的时间、地点、表的基本作用和内容,一般写在表的上端中部位置。从表7.19中可以看出,其总标题是"某市3个4S店2016年员工人数与销售额"。

表7.19 某市3个4S店2016年员工人数与销售额

4S 店	员工人数/人	销售额/万元
甲	24	2 840
乙	28	3 320
丙	42	542
合 计	94	6 702

横行标题用来表示各组的名称,它说明统计表所要说明的对象,是横行的名称,一般写在表的左方位置。从表7.19中可以看出,其横行标题是"甲""乙""丙"等。

纵行标题用来表示汇总项目即统计指标的名称,一般写在横行标题的右上方位置。从表7.19中可以看出,其纵行标题是"4S店""员工人数""销售额"。

指标数值是各组、各汇总项目的数值。

2)统计表的内容

从内容上看统计表由主词和宾词两个部分组成。

主词是说明总体的,它可以是各个总体单位的名称、总体的各个分组名称,形式上表现为横行标题。

宾词是说明总体的指标名称和数值,形式上表现为纵行标题和指标数值。

(2)统计表的种类

统计表种类繁多,按作用不同可分为调查表、汇总表(或整理表)及分析表;按分组情况不同可分为简单表(不经任何分组,仅按时问或单位进行简单排列的表)、简单分组表(仅按一个标志进行分组的表)和复合分组表(按两个或两个以上标志进行层叠分组的表)。

（3）制表规则要点

①统计表一般应为横长方形设计,上下两端及某些必须明显分隔的部分应以粗线或双线绘制,左右两端不画线,采取"开口"表示。

②统计表栏目众多时,为便于阅读,应予编号。习惯上主词部分以"甲乙丙……"次序编栏;宾词部分则以"(1)(2)(3)……"次序编栏。各栏数字之间有数字关系的可以用公式在编号栏中写明。

③统计表总标题应简明扼要,切合表之内容,资料的空间条件应在总标题内写明,时间则可置于总标题下方括号内。

④统计表主词与宾词内次序排列应以时间先后、数量大小、空间位置等自然顺序编排。如确有必要,主词与宾词位置也可相互调换。

⑤计量单位一般注于表的右上方或纵行标题下方。

⑥表内资料需说明解释部分,如注解、附记、资料来源、指标解释、计算方法等应在表下方注明。

⑦填写数字资料时,应注意不留空格,即无数字资料时要用斜线划掉,当数字资料上下或左右相同时也应用数字写出来,不得写"同上""同左"等字样。

⑧统计表经审核后,制表人和填报单位应签名并加盖公章,以示负责。

7.4.3　绘　图

（1）统计图的概念

所谓统计图,就是用点、线、面的位置、升降或大小来表达统计资料数量关系的一种陈列形式。汽车市场调查人员在获取大量资料后制成统计表,为了使数字表现直观、明朗,常把统计表的资料用几何图形或图案等形式表示,即成为统计图,方便汽车市场调查人员和汽车企业的分析和使用。统计图包括线图、柱形图(条图)、横柱形图、饼图(圆图)、点图、散点图、直方图等。

（2）统计图构成要素

①标题。每个图都应有标题,标题要简明确切,通常包括内容、时间和地点,其位置在图域之外,一般放在图域的上面或下面。

②图域。图域的长宽之比一般为7:5,圆图除外。

③标目。纵横两轴应有标目,即纵标目和横标目,并注明度量衡单位。

④尺度。纵横两轴都有尺度,横轴尺度自左至右,纵轴尺度自下而上,数值一律由小到大,尺度间隔要宽松。用算术尺度时,等长的距离应代表相等的数量。

⑤图例。用不同线条或颜色代表不同事物时,需用图例说明。

（3）常用统计图的类别与描述

统计图有多种类型。一般情况下,不同性质的资料,选用不同的统计图,选用方式如下:

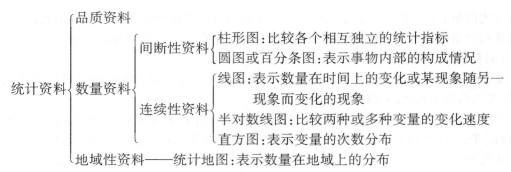

1）柱形图

柱形图（棒形图、条图）以柱（棒、条）的长度表示事物的数量，可用以表示绝对数，也可用以表示相对数或平均数，常用的有单式柱图、复式柱图和分段柱图。

①单式柱图：单式柱图如图7.2所示，单式横柱图如图7.3所示。

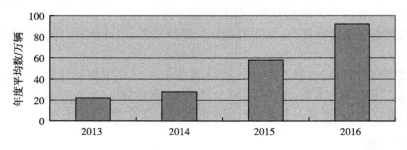

图7.2　某国历年汽车进口数量统计

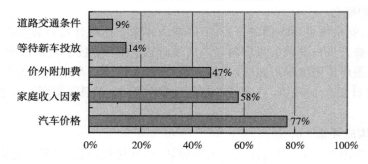

图7.3　影响消费者购车的因素

②复式柱图：用以比较两种或两种以上有关事物的数量，如图7.4所示。

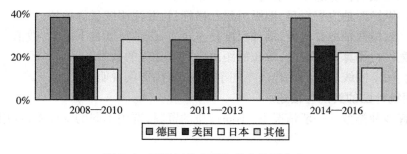

图7.4　不同年份各国汽车产量百分比

③分段柱图:用以比较事物的全部与其中一部分的数量,如图7.5 所示。

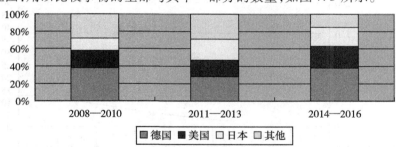

图 7.5　历年国外汽车进口占比——主要供应国的贸易份额

2)圆图(饼图)

圆图用扇形的面积,也就是用圆心角的度数来表示数量。它用来表示组数不多的品质资料或间断性数量的内部构成,各部分百分比之和必须是 100% 。圆心角(度)的计算方法是将百分数乘以 3.6。绘制圆图时要注意:各扇形应按大小或自然顺序自时钟 9 时或 12 时处开始,顺时针方向排列;各扇形内要注明简要的文字和百分比。

圆图有平面圆图和立体圆图两种,分别如图7.6 和图7.7 所示。

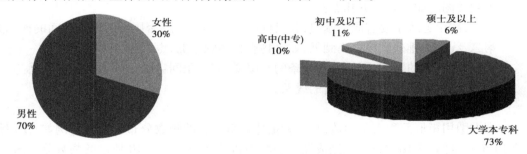

图 7.6　中国汽车网用户的性别比例　　　　图 7.7　中国汽车网用户的受教育程度

3)线图

线图适用于连续性数量资料,常用以表示事物或现象在时间上的发展变化,有单式线条图,如图7.8 所示;也有复式线条图,如图7.9 所示。这是一种图表结合的统计分析。

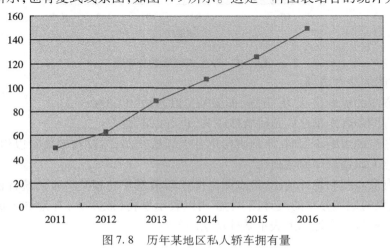

图 7.8　历年某地区私人轿车拥有量

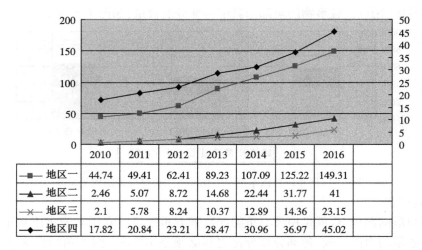

	2010	2011	2012	2013	2014	2015	2016
■ 地区一	44.74	49.41	62.41	89.23	107.09	125.22	149.31
▲ 地区二	2.46	5.07	8.72	14.68	22.44	31.77	41
✕ 地区三	2.1	5.78	8.24	10.37	12.89	14.36	23.15
◆ 地区四	17.82	20.84	23.21	28.47	30.96	36.97	45.02

图 7.9 历年某四个地区私人汽车拥有量

绘制线图时,通常以横轴表示时间或变量,纵轴表示指标,两轴的尺度均可不从"0"点开始。图内线条一般不超过 5 条,可分别以不同的线段或颜色表示,并附图例说明。

绘制线图时应注意以下几点:

第一,图中各线条要有同一基线,其尺度必须从"0"开始,否则会改变线条间的比例关系。

第二,线条的排列顺序由高到低,如事物有自然顺序的,也可按自然顺序排列。

第三,各线条的宽度要一致,各线条的空隙要相等,条间空隙一般不要大于条宽。

第四,尽量避免用折断或回转的线条。

4)直方图

直方图用矩形面积表示频数,是一种描述计量资料的频数分布统计图。例如,使用例 7.3 的 40 个学生的《市场调查与预测成绩》资料,可以绘制成如图 7.10 所示的频数分布图。

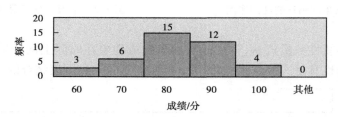

图 7.10 学生成绩频数分布图

绘制直方图的注意事项:

第一,直方图的纵轴应从"0"开始,而横轴可以不从"0"开始。

第二,直方图中各矩形之间可画直线隔开,也可以不画。

第三,当各组的组距不等时,不能直接用各组频数绘图,需要将频数除以组距作高度后再作图,否则会给人以错误印象或概念。

此外,还有散点图和统计地图,散点图是描述两种现象的相关关系的统计图。统计地图,是描述某种现象的地域分布的统计图,主要用以表示事物(或现象)在地域上的分布情况,多用点、线、颜色、符号等在地图上表示某种现象的数量。

复习思考题

7.1　资料整理的原则主要有哪些？应采用哪些步骤整理资料？

7.2　什么是统计分组？统计分组的作用主要有哪些？

7.3　次数分布的概念及影响次数分布的要素有哪些？

7.4　资料统计中有哪些常用的统计图？如何制作统计图？

7.5　结合本章所学内容，对某一经济现象的资料进行整理。

7.6　结合实践题

各课题组对本组通过各种方式获取的材料进行整理，要求：

①审核所搜集的资料；

②将资料进行分类整理；

③可以列表的列表，能形成统计图的画出统计图。

第 **8** 章
市场调查资料的分析

8.1 概 述

8.1.1 资料分析的概念和意义

汽车市场调查资料的分析,是指将搜集到的各类信息资料,按照一定的程序和方法,进行分类、计算、分析和选择等,使之成为适用的信息资料的过程。

对汽车市场调查资料的分析,既是具体的工作过程,又是市场调查人员的思维活动过程。在这一过程中,不仅要分析各种原始的信息资料,还要采用科学的方法和耗费大量的智力劳动,使原始信息成为加工信息。

汽车市场调查资料的分析具有重要的意义。

首先,资料的分析是汽车市场调查过程中十分必要的环节。通常通过各种途径搜集的各类信息资料,尤其是各种第一手资料,大都处于杂乱的状态,即使是第二手资料,也很难直接运用,必须经过必要的加工。通过加工可使搜集的信息资料统一化、系统化和适用化。可以说,任何搜集的信息资料都必须经过一定的处理和分析。

其次,通过资料分析,可以提高汽车市场调查资料的价值。市场调查资料的分析过程是一个去粗取精、去伪存真、由此及彼、由表及里、综合提高的工程。它能大大提高信息的浓缩度、清晰度和准确性,从而大大提高调查资料的价值。

再次,通过对汽车市场调查资料的分析,可以产生新的信息。在信息加工过程中,通过调查使已有的信息互相发生作用,从而有可能产生一些新的信息。

最后,在对汽车市场调查资料的分析过程中,可以发现市场调查过程中的不足之处。通常市场调查工作的各个阶段,各个具体环节,都会出现计划不周或工作偏差等问题。此时,对市场调查问题的定义可能并不全面,对市场调查的设计可能忽视了某些工作,信息资料的搜集可能存在遗漏或者搜集方法欠缺,等等。这些问题有可能在实施过程中,通过检查、监督、总结等活动被发现,并加以纠正。但是,很难避免有些问题未能被人们发现。在信息加工过程中往往能发现一些问题,通过及时反馈,就能够采取措施,对存在的问题加以纠正,对已经产生的不良后果加以补救。

8.1.2　资料分析的原则

大量的实践证明,为保证最终形成的信息资料的高质量,必须在资料分析的过程中遵循以下原则。

（1）及时性原则

所谓及时性原则,是指在资料分析工程中要强调及时性,尽量提高其速度。

遵循及时性原则的必要性,首先在于信息资料都有一定的时效性。在一定的时间区段内使用信息资料的效果最好,超过这一时间区段,使用效果就会减低,甚至无效。其次是在现代社会经济条件下,市场形式和营销环境的变化十分迅速,它在客观上要求信息资料的处理和分析与之同步。再次是汽车企业的经营决策和市场营销活动要求市场调查工作者能及时提供所需的资料作依据。最后,资料分析本身是一个过程,需耗费一定的时间,如果不提高其效率和加快速度,很容易使资料出现滞后现象,影响其效用。

从整个市场信息工作看,遵循及时性原则,广泛搜集信息、及时加工处理信息、及时反馈信息和及时传输信息等方面。

（2）准确性原则

所谓准确性原则,包含两层含义:一要真实,二要精确。真实是定性的要求,即处理、分析的资料必须是真的而不是假情报、假信息。精确是定量的要求,即处理、分析的资料应尽量减少其误差和模糊度。

资料分析必须遵循准确性原则,准确是信息资料工作的生命。这是因为市场调查预测、资料分析是为汽车企业市场营销人员认识市场、作出决策、实施行动提供依据。只有提供的资料是准确的,才会有正确的认识、正确的决策和正确的行动。不准确的信息资料不但无益,而且十分有害。

（3）系统性原则

所谓系统性原则是指在资料分析过程中必须强调全面客观的反映市场的变化和特征,形成系统化的信息资料。

系统性原则,是在准确性基础上的进一步要求。市场调查资料分析不仅是对搜集来的资料进行整理与运算,而且要进行大量的分析、综合、判断、演绎、推理,使处理和分析后的信息更全面、更科学。系统化的资料具有更高的价值,更有利于使用,更能有效地指导汽车企业的市场营销活动。

（4）适用性原则

所谓适用性原则,包含两层含义:一是指采用的资料分析方法要适当,二是指处理和分析后形成的信息要符合实际需要。资料分析方法很多,它们各自具有优缺点和适用性,就像工厂中对产品的生产加工必须选择先进的、科学的、合理的工艺和方法,才能生产出合格的产品一样,资料分析也必须选择合适的方法。

适用的信息对汽车市场营销者具有重要意义。现代社会是信息爆炸的社会,市场营销者面临着大量的信息资料。不适用的信息资料将会严重干扰营销者的营销活动,浪费其精力。不同层次、不同岗位解决不同的问题,对市场信息的需求,无论是类型还是内容都不尽相同。

针对不同的需求,提供与之相适应的信息资料,才能实现市场调查预测的真正目的。

(5)经济性原则

所谓经济性原则是指汽车市场调查资料分析必须符合经济核算的要求,即以较少的处理分析费用,形成尽可能多的有用的市场信息资料。

任何经济工作都要考虑经济效益,实行经济核算,资料分析也必须遵循经济性原则。对市场信息的处理与分析,需要花费和投入一定的人力、物力和财力。遵循经济性原则,就是在保证一定信息数量和质量的前提下,尽可能节省费用开支,或者在一定的耗费下,形成尽可能多的有用信息,它有利于提高企业的经济效益。

遵循经济性原则,还应考虑投入与产出之间的对比关系。一般而言,对产出的市场信息的数量、质量(如精确度)要求越高,花费的人力、物力、财力也越多。但是,从市场信息的实际使用效果来看,高的投入并不总是相应的产生高的使用效率。为此,进行投入与产出的比较,寻找一个最佳点是必要的。

8.2　静态分析

汽车市场调查分析方法可分为静态分析和动态分析。因为任何事物都是质和量的统一,静态分析还可继续划分为定性分析和定量分析。

8.2.1　定性分析

定性分析是对事物的规律性进行分析研究的方法,即主要根据的是科学的观点、逻辑判断和推理,从非量化的资料中得出对事物的本质、发展变化的规律性的认识。定性分析可以确定事物质的界限,是区分事物和认识事物的基础,但不能从数量关系上精确地把握事物的总体。

定性分析有两个不同的层次,一是在没有或缺乏数量资料的情况下对文字资料进行的纯粹的定性分析,如在市场调查的小组调查法中,对几个参加者意见的逻辑上的综合归纳得出结论;二是在定量分析基础上进行更高层次的定性分析,如在对大规模市场问卷调查获得的数据资料进行统计分析后,结合整个社会政治、经济、文化形势作的进一步综合分析。

任何事物都是质和量的统一体,一定的质决定着一定的量,同时任何事物的质都受其数量的限制。因此,在市场调查中,必须坚持定性分析和定量分析相结合的原则,这样才能全面地认识事物。

常用的定性分析方法有归纳分析法、演绎分析法、比较分析法和结构分析法4种。

(1)归纳分析法

归纳分析法是使用最广泛的一种方法,分为完全归纳法和不完全归纳法。

完全归纳法就是根据某类事物中每个对象都具有(或不具有)的某种属性,概括出该类事物的全部对象都具有(或不具有)某种属性的方法。运用归纳法,有时不可能将全部对象列举出来,所列举的作为前提的事例只是一类事物里的一部分对象,这就是不完全归纳法。不完全归纳法又分为简单枚举法和科学归纳法。简单枚举法是根据某一属性的重复出现,又没有遇到相反的事例而推导出该类事物都具有(或不具有)某种属性的方法。科学归纳法是根据某类事物中的部分对象与某种属性之间所产生的某联系而推出结论的不完全归纳法。

（2）**演绎分析法**

市场调查中的演绎分析，就是把调查资料的整体分解为各个部分，形成分类资料，并通过这些资料的研究分别把握特征和本质，然后将这些分类研究得到的认识综合起来，形成对调查资料整体认识的逻辑方法。演绎推理可分为性质推理和关系推理两种类型，性质推理又可分为直接推理和间接推理，关系推理又可分为简单关系推理和复杂关系推理。

市场调查的定性分析在两种情况下运用演绎法。一种是在设计调查方案时，根据研究的问题提出研究假设，将概念予以操作性定义，操作为变量，对变量进行具体测量。这是搜集资料前的演绎过程，这个过程是使抽象的东西具体化、概念的东西经验化，因此也把这个过程标为操作化。另一种情况是搜集资料后，完成了调查资料的归纳推理，需要阐明研究结论及其普遍意义时使用，这是陈述研究结论时的演绎推理。

在运用演绎分析法时要注意如下问题：①分类研究的标准要科学；②分类研究的角度应该是多角度、多层次的；③对分类研究后的资料还要运用多种逻辑方法揭示其本质，形成理性认识；④综合要以分类研究为基础；⑤综合要根据研究对象本身的客观性质，从内在的相互关系中把握其本质和整体特征，而不是将各个部分、方面和因素进行简单相加或形式上的堆砌。

演绎推理的作用在于说明归纳推理研究结论的普遍指导意义，在于用经过证明的研究结论去解释或预见事实。

总之，在定性分析过程中，归纳和演绎是两种既相互对立，又相互联系的思维方法。归纳是认识的基础，它在经验的范围内，在从个别调查材料概括出一般性结论的过程中，起着特殊的重要作用。但是，归纳不是万能的，如果片面强调归纳而否认演绎的重要性，就会陷入狭隘的经验论，因为在理论思维阶段，归纳不是推理的主要方法，演绎却起着越来越重要的作用。归纳和演绎在认识过程中的对立统一，是客观现实中个性和共性的对立统一的反映。

（3）**比较分析法**

比较分析法是把两个或两类事物的调查资料相对比，从而确定它们之间相同点和不同点的逻辑方法。比较分析法分为横向比较法、纵向比较法和理论与事实比较法。

横向分析法，就是根据同一标准对不同认识对象进行比较的方法。它可以是同类事物之间的比较，可以是不同类的事物之间的比较，也可以是同一事物不同方面的比较等。

纵向比较法，就是对同一认识对象在不同时期的特点进行比较的方法。它可以是同一事物不同时期之间的比较。

理论与事实比较法，就是把某种理论观点与客观事实进行比较的方法。理论与事实的比较过程，实质上就是用客观事实检验理论的过程。

应用比较分析法时应注意以下两个问题：

第一，要有统一的科学的比较标准。标准不统一就无法进行比较，没有科学的正确的标准，就不可能作出合乎客观事实的比较。

第二，不仅要注意现象上的比较，而且要重视本质上的比较。要异中求同，同中求异。要特别注意表面差异极大的事物，它们之间可能有着共同的本质，也要注意那些表面极为相似的事物，它们之间可能有极大的差异。

（4）**结构分析法**

在市场调查的定性分析中，通过调查资料，分析某现象的结构及其各组成部分的功能，进而认识这一现象本质的方法，称为结构分析法。

结构分析法要着重分析以下内容。

第一，系统的内部结构和功能。系统的内部结构是指系统内部各组成要素间在形式上的排列和比例。系统的内部功能是指系统内部各组成要素之间的相互影响和相互作用。内部功能分析的内容包括3方面：①内部功能关系的性质；②内部功能建立与存在的必要条件；③满足内部功能的机制。

第二，系统整体和各组成部分的特征。进行结构功能分析，需要考察系统各组成部分的特征和功能，即分析系统每一部分的特点以及它对整个系统和其他部分的作用和影响，同时分析系统的整体特征。

第三，系统的外部结构和功能。从事物的总体上分析事物系统对社会的影响和作用。

结构分析法的实施步骤如下：

①事物系统分析，即明确结构和功能的承担者。

②内部结构分析，即考察各组成要素之间在形式上的排列和分布。

③内部功能分析，即考察各组成要素之间的相互影响和作用。包括3项内容：a.确定功能关系的性质，即分析有无相互影响和作用；b.挖掘功能存在和建立的必要条件，即分析在何种条件下各要素间的相互影响和作用才能存在和建立起来；c.找出满足功能的机制，即分析促使各要素之间发生相互影响和作用的手段和方法。

④外部功能分析，即将研究对象放在社会系统之中，考察它对社会各个方面的影响和作用。包括两项基本内容：a.分析对社会的哪些方面发生作用和影响；b.分析功能的性质，即对社会的作用和影响哪些是积极的，哪些是消极的，哪些是明显的，哪些是潜在的，哪些是长期的，哪些是短暂的，等等。

8.2.2 定量分析

定量分析是指从事物的数量特征方面入手，运用一定的统计学或数学分析方法进行数量分析，从而挖掘出事物的数量中所包含的事物本身的特性及规律性的分析方法。

定量分析中最常用的方式是统计分析，按照不同的划分标准，统计分析可分成不同的类型。

（1）按照研究目的划分

按照研究目的的不同，可以把统计分析分成描述性统计分析和推论性统计分析两类。

1）描述性统计分析

描述性统计分析主要着重于对数量水平或其他特征的描述，可能是通过某具体指标反映某一方面的特征，也可能通过若干变量描述他们的相互关系。因此，比较关心测量的准确性。对数据的准确性、可靠性和测度的选择有一定要求，其结果重于数量描述，但不具有推断性质。

市场调查分析中最常用的描述性统计分析，主要包括对调查数据的分组分析、相对程度分析、集中趋势分析、离散程度分析和指数分析等。

2）推论性统计分析

推论性统计分析，主要用于推断总体、解释事物、检验理论等。因而对变量的选择、测度的决定、资料的时间空间范围有严格限制，必须符合严格的假设条件。其结果不仅可用于描述数量关系，还可以推断总体、进行预测、揭示原因、检验理论等。其主要方法有假设检验、方差分析、相关分析。

（2）**按照设计变量的多少划分**

按照设计变量的多少，还可将统计分析分为单变量统计分析和双变量统计分析。

单变量统计分析是通过某一变量数据的计算，对其数量水平或其他特征进行概括，或对总体进行推断。双变量统计分析主要是分析两个变量之间的联系。测量程度不同，使用的分析方法也不同。

在本节中，主要介绍描述性统计分析的相关内容。

定量分析与定性分析相比，虽然有其客观性、精确性的特点，但由于市场现象的复杂性和变动性，对其测量有很大困难，故单纯的定量分析有时很有可能将人们引入歧途。因此，定量分析往往需要以定性分析为基础，以定性分析为指南，而不能独立地进行。但另一方面，市场研究中只有运用定量分析，才能在精确定量的根据下对市场准确定性，减小定性分析中的不确定性。

8.2.3　相对程度分析

相对程度分析是统计分析的重要方法，是反映现象之间数量关系的重要手段。它通过对比的方法反映现象之间的联系程度，表明现象的发展过程，还可以使那些利用总量指标不能直接对比的现象找到可比的基础，因而在汽车市场调查分析中经常使用。汽车市场调查分析中常用的相对指标，主要有结构相对指标、比较相对指标、比例相对指标和强度相对指标等几种。

（1）**结构相对指标**

结构相对指标是总体各组成部分与总体数值对比求得的比重或比率，用来表明总体内部的构成情况。它从静态上反映总体内部构成，揭示事物的本质特征，其动态变化可以反映事物的结构发展变化趋势和规律性。其计算公式为：

$$结构相对指标（\%）= \frac{各组总量指标数值}{总体总量指标数值} \times 100\% \tag{8.1}$$

计算结构相对指标能够反映总体内部结构和现象的类型特征。例如，某 4S 店男职工人数占职工总人数的 70%，即为结构相对指标。

（2）**比较相对指标**

比较相对指标是指不同总体同类现象指标数值之比。它表明同类现象在不同空间的数量对比关系，可以说明同类现象在不同地区、单位之间发展的差异程度，通常用倍数（系数）或百分数表示。其计算公式为：

$$比较相对指标 = \frac{某条件下的某项指标数值}{同一时期另一同类现象的指标数值} \times 100\% \tag{8.2}$$

例如，A 市 2016 年 4S 店的总数是 B 市的 1.098 倍，即为比较相对指标。

（3）**比例相对指标**

社会经济现象总体内各组成部分之间存在着一定的联系，具有一定的比例关系，为了掌握各部分之间数量的联系程度，需要把不同部分进行对比。比例相对指标就是同一总体内不同部分的指标数值对比得到的相对数，它表明总体内各部分的比例关系。如居民纯收入调查中的收支比例，国民经济结构中的第一产业、第二产业和第三产业的比例等，通常用百分数表示，也可以用一比几或几比几的形式表示。其计算公式为：

$$比例相对指标(\%) = \frac{总体中某部分指标数值}{总体中另一部分指标数值} \times 100\% \qquad (8.3)$$

(4)强度相对指标

在市场调查中,有时要研究不同事物间的联系,如流通费与商品销售额、产值与固定资产等,这就需要通过计算强度相对指标来分析。强度相对指标是两个性质不同而有联系的总量指标对比得到的相对数,它反映现象的强度、密度普通程度,它和其他相对指标的不同之处,就在于它不是同类现象指标的对比。强度相对指标以双重计量单位表示,是一种复名数。

其计算公式为:

$$强度相对指标 = \frac{某一总量指标总数}{另一性质不同而有联系的总量指标数值} \times 100\% \qquad (8.4)$$

例如,某城市人口为 100 万,有汽车 4S 店 200 个,该市汽车 4S 店强度相对指标为:

$$某市汽车4S店密度 = \frac{200}{100} 个／万人 = 2 个／万人$$

8.2.4 集中趋势分析

对汽车市场调查数据公布的数量规律中的集中特征进行分析,是对调查总体的特征进行准确描述的重要前提。所谓数据的集中趋势分析就是用一个代表值来反映一组数据在具体条件下的一般水平。

数据集中趋势分析的对象,包括数据的均值(各类平均数)、众数和中位数。

(1)均值

均值是数据偶然性和随机性的一个特征值,反映了一些数据必然性的特点。平均数一般包括算术平均数、调和平均数和几何平均数 3 种。

算术平均数是最常用的一种平均指标,它是指总体中各个变量值的总和除以这些变量值的个数所得的商,又可分为简单算术平均数和加权算术平均数两种。

利用均值,可以将处在不同地区、不同单位的某现象进行空间对比分析,以反映一般水平的变化趋势或规律,同时可以分析现象间的依存关系,从而拓宽分析的范围。

(2)众数

众数是总体中出现次数最多的标志值,一般用 M_0 表示,是测定数据集中趋势的一个重要指标,它克服了平均数指标会受数据中极端值影响的缺陷。在不要求计算算术平均数,只要求掌握最普遍最常见的标志值时,就可采用众数。

例如,在购买家庭轿车的消费者中,35 ~ 40 岁的人占了 85%,那么 35 ~ 40 岁这一数值域就是购买家庭轿车消费者年龄的一般水平。

确定众数时,要根据所掌握的资料是单项数列还是组距数列的不同,分别采用不同的方法计算。

1)从单项分组资料确定众数

从单项分组资料确定众数,方法比较简单,一般采用直接观察法即可。找出分配数列中出现次数最多的标志值便可确定为众数。如有 100 名消费者进入某汽车 4S 店购买家庭轿车,消费 15 万元的人数最多,则 15 万元即为众数。如果一个总体中各个变量值的次数相同,或差别很小时就没有众数,如果有两个变量值出现的次数都很多,则是双众数。

2）从组距分组资料中计算众数

从组距分组资料中计算众数,分两个步骤。第一步,用直接观察法确定众数组,即次数最多的那一组;第二步,计算众数的近似值。

计算众数最简单的办法是用众数组的组中值作为众数值,比较精确的方法是用众数组与相邻两组次数之差的比例来推算。一般有两种计算公式,即

$$下限公式:M_0 = L + \frac{\Delta_1}{\Delta_1 + \Delta_2} \times d \tag{8.5}$$

$$上限公式:M_0 = U - \frac{\Delta_1}{\Delta_1 + \Delta_2} \times d \tag{8.6}$$

式中　M_0——众数;

L——众数组的下限;

U——众数组的上限;

d——组距;

Δ_1——众数组次数与下限前边一组次数之差;

Δ_2——众数组次数与上限后边一组次数之差。

对于同一个问题,两个计算公式计算结果相同。

计算和应用众数要注意两点:一是众数之值不受变量中最大值和最小值的影响,也不受开口组距的影响;二是众数适用于单位数较多,又有较明显的集中趋势的情况。如果总体单位数较少,或总体单位虽多但无明显的集中趋势,这种资料就不宜计算众数。

从分析的角度看,众数反映了数据中最大多数的数据的代表值,以利于在实际工作中抓住事物的主要矛盾,有针对性地解决问题。但若出现了双众数现象,则可能说明调查总体不具有同质性,资料可能来源于两个不同的总体。这类结果既可以用来检查方案设计中的总体一致性问题,也可以用来帮助验证数据可靠与否。

（3）**中位数**

中位数是指将一列变量值按大小顺序排列起来,处于中间位置上的那个数,一般用 M_e 表示。中位数将整个数列分成两半,一半比它小,一半比它大,它则处于中间位置。所以,它可以用来反映总体单位的一般水平。

中位数的计算方法,根据资料不同,可以分成以下两种。

1）由未分组资料确定中位数

未经分组的数据资料以单项标志值的形式出现。先把各个标志值按照大小顺序排列,然后用总体单位的项数加 1 除 2 求得中位数所在位置,即

$$中位数的位置 = \frac{N+1}{2}$$

式中　N——总体单位的项数。

当 N 为奇数时,则位于中间位置上的那个数就是中位数;当 N 为偶数时,就取中间两项标志值的算术平均值为中位数。

2）由分组资料确定中位数

由分组资料求中位数有两种情况:一种是单项式分组资料的中位数的确定,另一种是组距分组资料中中位数的确定。

单项式分组资料中位数主要是考虑次数的分配情况,所以确定中位数位置的计算公式为:

$$中位数的位置 = \frac{N+1}{2}$$

式中　N——总体单位的总累计次数。

由组距数列计算中位数的方法比较复杂,请参阅相关专业书籍,本书不作介绍。

中位数受次数的影响,但不受资料中少数极端值大小的影响,也不受开口组距的影响。在某些情况下,用中位数反映现象的一般水平比算术平均数更具有代表性,尤其对于两极分化严重的数据,更是如此。

均值、众数和中位数都是反映总体一般水平的平均指标,彼此之间存在着一定的关系。对特点不同的调查数据类型,采用不同的指标分析,可以把调查总体数据的集中趋势最准确地描述出来。

8.2.5　离散程度分析

对一组数据规律性的研究,集中趋势是数据重要数量特征的一个方面,离散程度则是数据数量特征的另一方面。集中趋势反映的是数据的一般水平,用均值、众数或中位数等数值来代表全部数据。但若要较全面地掌握这组数据的数量规律,还需要计算反映数据差异程度的指标,如极差、平均差、标准差、离散系数等。

（1）**极差**

极差又称为全距,是数据中两个极端值之差,即

$$极差 = 最大标志值 - 最小标志值$$

由极差的计算方法可知,极差只受最大值和最小值的影响。如果因特殊原因出现特别大或特别小的数值,极差就不能确切反映标志值真实的变异程度,即极差越大,平均值的代表性越小。所以,极差只可以一般性地检验平均值的代表性大小。在实际应用中,一般当经济现象的离散程度比较稳定时,可以使用这一指标。

（2）**平均差**

平均差,即平均离差,它是总体各单位标志值与其算术平均数离差绝对值的算术平均数。其计算公式为:

$$平均差 = \frac{\sum |X - \bar{X}|}{n} \tag{8.7}$$

式中　$X - \bar{X}$——离差,即每一个标志值与平均值之间的差数;

　　n——离差的项数。

平均差的计算由于涉及了总体中的全部数据,因而能更综合地反映总体数据的离散程度。

（3）**标准差**

标准差是总体各单位标志值与算术平均数离差平方的算术平均数的平方根,又称均方差,用 δ 表示,其计算公式为:

$$\delta = \sqrt{\frac{\sum (X - \bar{X})^2}{n}} \tag{8.8}$$

式中　$\bar{X}$——平均数;

　　X——变量值;

n——总体单位数。

通常把 $\dfrac{\sum(X-\bar{X})^2}{n}$ 称为方差，以 δ^2 表示，所以标准差是方差的平方根。

标准差和方差均是反映总体中所有单位标志值对平均数的离差关系，是测定数据离散程度最重要的指标，其数值的大小与平均数代表性的大小呈反方向变化。

按照数据资料的形式不同，标准差的计算也可分为由原始资料计算和分组资料计算两种情况。

①由原始资料计算标准差，直接使用上面给出的公式进行。

②根据分组资料计算标准差，首先要找出各组的组中值，再按加权形式计算标准差，其计算公式为：

$$\delta=\sqrt{\frac{\sum(X-\bar{X})^2 f}{\sum f}} \tag{8.9}$$

式中　X——各组组中值；

　　　$\bar{X}$——平均数；

　　　f——次数。

上述计算标准差的过程中，要计算离差和离差平方，比较复杂。在实际计算中可采用如下简捷计算公式，即

$$标准差\ S=\sqrt{\bar{X}^2-(\bar{X})^2} \tag{8.10}$$

式中　$\bar{X}^2$——变量值平方的平均数，即 $\dfrac{\sum X^2}{n}$ 或 $\dfrac{\sum X^2 f}{\sum f}$；

　　　$(\bar{X})^2$——变量值平均数的平方。

（4）离散系数

离散系数又称标准差系数，它是一组数据标准差与均值相比较而得的相对值，其计算公式为：

$$V_\delta=\frac{\delta}{\bar{X}} \tag{8.11}$$

式中　V_δ——离散系数；

　　　δ——标准差；

　　　$\bar{X}$——平均数。

与平均差一样，标准差也是反映标志变异程度的绝对指标，它受标志值的差异程度和平均指标两个因素影响。标志值平均水平不同，或计量单位不同的标准差是不能直接比较的。而离散系数克服了这些局限，能直接用于比较。

8.3　动态分析

在汽车市场调查与预测的过程中，常常需要研究和反映汽车市场的发展变化及其过程。因此，要编制动态数列，并计算动态分析指标。

所谓动态,是指事物随着时间推移而发展变化的趋势。动态数列是指社会经济现象在不同时间上的一系列指标值按时间先后顺序加以排列后形成的数列,又称时间序列、时间数列或历史复数。动态数列是计算动态分析指标,考察现象发展变化方向和速度,预测现象发展趋势的基础。任何一个动态数列,均由两个基本要素构成:一个是现象所属的时间,另一个是反映现象所属时间的发展水平即统计指标数值。

动态数列的作用主要体现在 3 个方面。首先,动态数列可以描述社会经济现象在不同时间的发展状态和过程;其次,它可以研究社会经济现象的发展趋势和速度以及掌握其发展变化的规律性;再次,将不同国家或地区的同类现象的动态数列进行对比,观察其发展变化的数量关系,也可将两个以上相关现象,在同一历史时期的动态数列进行对比,分析其发展变化的协调性。

8.3.1 动态数列的种类

动态数列中的各个指标必须有可比性。按照统计指标表现的形式不同,动态数列可分为总量指标动态数列、相对指标动态数列和平均指标动态数列 3 种。其中,总量指标动态数列是基本数列,后两种是派生数列。

(1)总量指标动态数列

总量指标动态数列又称绝对数动态数列,是将总量指标在不同时间上的数值按时间先后顺序排列形成的数列,它反映的是现象在一段时间内达到的绝对水平及增减变化情况。

例如,表 8.1 中的"年末职工人数""工资总额"和"国有经济单位工资总额"这 3 个动态数列,均为总量指标动态数列。

表 8.1 我国近几年来职工人数及工资额的变化

年 份	1994	1995	1996	1997
年末职工人数/万人	14 849	14 908	14 845	14 668
职工工资总额/亿元	6 656.4	8 100	9 080	9 405.3
其中,国有经济单位/亿元	3 090.4	3 812.7	5 177.4	6 080.4
占工资总额的比重/%	46.4	47.1	57.0	64.6
职工年平均货币工资/元	4 538	5 500	6 210	6 470

按照总量指标反映现象的时间状况不同,总量指标动态数列又可分为时期数列和时点数列。

①时期数列是指由时期指标构成的数列,即数列中每一指标值都是反映某现象在一段时间内发展过程的总量。如工业总产值数列、总成本数列、销售额数列等。

②时点数列是指由时点指标构成的数列,即数列中的每一指标值反映的是现象在某一时刻上的总量。如职工人数数列、商品库存数列等。

时期数列和时点数列的区别是由这两种动态数列所反映现象的性质和特点决定的,其区别是:

第一,时期数列中的每个指标数值,都是反映现象在一定时期内发展过程的总量;时点数列中的每个指标数值,则是反映现象在某一时点上的总量。

第二,时期数列各期指标数值可以相加,因为相加的结果有实际的意义;时点数列中的各指标数值除非计算过程需要相加外,一般不能相加,因为相加的结果无实际意义。

第三,时期数列中每个指标数值的大小,与时期的长短有关;时点数列中的每个指标数值的大小,与时间的间隔无关。

第四,时期数列的每个指标数值,是跟随现象发展过程作连续登记得到的;时点数列中的每个指标数值,是对现象在某一时点调查确定的。

（2）相对指标动态数列

相对指标动态数列是将一系列同类相对指标值按时间先后顺序排列而形成的数列,它反映的是社会经济现象之间相互联系的发展过程。

例如,表 8.1 中的"国有经济单位占工资总额的比重"就是一个相对指标动态数列,它反映近几年来我国国有经济单位职工工资总额比重的变化过程。相对指标动态数列中的各时间上的数值,不具有可加性。

（3）平均指标动态数列

平均指标动态数列是将一系列平均指标值按时间先后顺序排列而形成的数列,它反映的是社会经济现象总体各单位某标志一般水平的发展变动程度。

由于平均指标可分为静态平均数(一般平均数)和动态平均数(序时平均数)。因此,平均指标动态数列亦可分为静态平均数动态数列和序时平均数动态数列两种。

静态平均数是标志总量除以总体总量,它反映总体各单位某一数量标志值,在一定时间上的一般水平。

把反映现象自身在不同时期的若干个序时平均数的数值,按时间顺序编排所形成的动态数列,称序时平均数动态数列。序时平均数动态数列中的各期数值直接相加的结果,也没有独立存在的意义。如果为了进一步计算该序时平均数动态数列的序时平均数作为一个计算步骤,则是可以的。

8.3.2　序时平均数的计算方法

动态数列有 3 种,各种动态数列的序时平均数的计算方法不尽相同,现分别说明如下。

（1）总量指标动态数列序时平均数的计算

总量指标动态数列包括时期数列和时点数列,这两种数列序时平均数的计算方法很不一样,亦需分别说明。

1）时期数列序时平均数的计算

时期数列序时平均数的计算方法比较简单,只需将数列各期水平直接加总,然后除以数列项数即得,其计算公式为:

$$\bar{a} = \frac{\sum a}{n} \tag{8.12}$$

2）时点数列序时平均数的计算

时点数列序时平均数的计算方法,因掌握资料的情况不同而异。

在掌握间隔相等连续时点(如每日的时点)资料时,例如,某单位对职工天天都考勤,因而有每日出勤人数。若计算月份的平均出勤人数,用公式(8.12)计算即得。

在掌握间隔不等连续时点资料时,有些时点现象的量,不需要经常登记,只在它发生变动时,作变动记录即可。计算公式为:

$$\bar{a} = \frac{\sum af}{\sum f} \tag{8.13}$$

例8.1 某汽车生产企业人事部门,对本单位在册职工人数有如下记录:1 月 1 日有职工 218 人,1 月 11 日调出 18 人,1 月 16 日调入 6 人,1 月 25 日又调入 9 人,2 月 5 日调出 4 人。问 1 月份该单位职工平均在册人数是多少?

解 该单位1 月 1 日至 1 月 10 日这 10 天都是 218 人,1 月 11 日至 1 月 15 日这 5 天都是 200 人,1 月 16 日至 1 月 24 日这 9 天都是 206 人,1 月 25 日至 1 月 31 日这 7 天都是 215 人。

根据式(8.13),得:

$$\bar{a} = \frac{\sum af}{\sum f} = \frac{218 \times 10 + 200 \times 5 + 206 \times 9 + 215 \times 7}{10 + 5 + 9 + 7} 人 \approx 211 人$$

在掌握间隔相等的间断时点资料时,根据我国现行的统计报表制度,对一些重要现象(如银行存款余额、商品库存量、职工人数等)的时点指标,均可从报表中取得其月末数。于是,可编制的间隔相等的时点数列的序时平均数可用"首末折算法"计算。其计算公式为:

$$\bar{a} = \frac{\frac{1}{2}a_1 + a_2 + \cdots + a_n + \frac{1}{2}a_{n-1}}{n-1} \tag{8.14}$$

在掌握间隔不相等的间隔时点资料时,则应以间隔数为权数进行加权平均计算。其计算公式为:

$$\bar{a} = \frac{\frac{a_1 + a_2}{2}f_1 + \frac{a_2 + a_3}{2}f_2 + \cdots + \frac{a_{n-1} + a_n}{2}f_{n-1}}{\sum f} \tag{8.15}$$

(2)由相对指标或平均指标动态数列计算序时平均数

由于这两种动态数列是由总量指标动态数列派生出来的,因此其计算序时平均数的方法也是由总量指标计算序时平均数的方法派生出来的。具体方法为:先根据资料分别计算出所对比的两个数列的序时平均数,然后将两个序时平均数进行对比,从而得到相对指标或平均指标动态数列的序时平均数。其计算公式为:

$$\bar{c} = \frac{\bar{a}}{\bar{b}} \tag{8.16}$$

式中 $\bar{c}$——相对指标或平均指标动态数列的序时平均数;

$\bar{a}$——分子数列的序时平均数;

$\bar{b}$——分母数列的序时平均数。

a 数列和 b 数列既可以是时期数列,也可以是时点数列。

例8.2 某汽车生产企业总产值和职工人数的资料,见表8.2。试计算该企业第 2 季度平均每月全员劳动生产率。

表 8.2　某汽车生产企业总产值和职工人数的资料

月　份	3	4	5	6
月总产值/万元	1 150	1 170	1 200	1 370
月末职工人数/千人	6.5	6.7	6.9	7.1

解　$\bar{a} = \dfrac{\sum a}{n} = \dfrac{1\ 170 + 1\ 200 + 1\ 370}{3}$ 万元 $= 1\ 246.67$ 万元

$$\bar{b} = \frac{\dfrac{1}{2}b_1 + b_2 + \cdots + b_n + \dfrac{1}{2}b_{n-1}}{n-1} = \frac{\dfrac{6.5}{2} + 6.7 + 6.9 + \dfrac{7.1}{2}}{4-1}$$ 千人 $= 6.8$ 千人

根据式(8.16),得:

第 2 季度月平均全员劳动生产率为:

$$\bar{c} = \frac{1\ 246.67}{6.8}$$ 万元/千人 $= 183.33$ 万元/千人

8.3.3　指数分析

(1)统计指数的概念和作用

在市场经济中,指数已成为和社会经济生活关系最密切的一个指标。其中有的指数,如消费品价格指数,同人们的日常生活休戚相关;有的指数,如股票价格指数,则直接影响人们的投资活动,成为社会经济的晴雨表。至今,指数不仅是分析社会经济现象的重要工具,而且还被应用于经济效益、生活质量、综合国力、社会发展水平的综合评价研究。

统计界认为,统计指数的概念有广义和狭义两种理解。广义指数是泛指社会经济现象数量变动的比较指标,即用来表明同类现象在不同空间、不同时间、实际与计划对比变动情况的相对数。狭义指数仅指反映不能直接相加的复杂社会经济现象在数量上综合变动情况的相对数。例如,要说明一个国家或一个地区商品价格综合变动情况,由于各种商品的经济用途、规格、型号、计量单位等不同,不能直接将各种商品的价格简单对比。而要解决这种复杂经济总体各要素相加问题,就要编制统计指数综合反映它们变动情况。

统计指数的主要作用有以下 3 点:

①反映复杂的社会经济现象总体数量上综合变动的方向和程度;

②分析社会经济现象总变动中各个因素的影响;

③对复杂的社会经济现象进行综合测评。

(2)统计指数的分类

统计指数从不同角度可以作如下分类:

1)个体指数和总指数

按研究范围不同,统计指数可分为个体指数和总指数两类。

个体指数是表明复杂社会经济总体中个别要素变动情况的相对数。例如,某种商品销售量指数、个别商品的价格指数、单个产品的成本指数等都是个体指数。

总指数是表明复杂经济现象中多种要素综合变动情况的相对数。例如,工业生产指数、社会商品零售物价指数、社会商品零售量指数、职工生活费用价格指数等都是总指数。

在总指数中,按编制的方法和计算形式不同,可分为综合指数和平均指数。综合指数是通过综合后的总量对比计算的总指数;平均指数是对个体指数加权平均计算的总指数。

2)定基指数和环比指数

按指数采用的基期不同,统计指数可分为定基指数和环比指数两类。

在指数数列中,均以固定时期为基期编制的指数为定基指数;均以指数所属时期的前一期为基期编制的指数为环比指数。

3)简单指数和加权指数

按编制指数的方法和原理不同,统计指数可分为简单指数和加权指数两类。

简单指数是指直接将社会经济现象个别要素的计算期数值与基期数值对比的相对数。

加权指数是由个体指数加权平均或汇总求得的总指数。加权指数是计算总指数广为采用的方法,综合指数也是一种加权指数。

4)数量指标指数和质量指标指数

按指数性质不同,统计指数可分为数量指标指数和质量指标指数两类。

数量指标指数是用来反映社会经济现象的数量或规模变动方向和程度的指数。例如,职工人数指数、产品产量指数、商品销售量指数等。

质量指标指数是用以反映社会经济现象质量、内涵变动情况的指数。例如,成本指数、物价指数、劳动生产率指数等。

5)动态指数和静态指数

按反映的时态状况不同,统计指数可分为动态指数和静态指数两类。

动态指数是说明现象在不同时间上发展变化的指数。例如,股票价格指数、社会商品零售价格指数、农副产品产量指数等。

静态指数是反映现象在同时期不同空间对比情况的指数。例如,计划完成情况指数、地区经济综合评价指数等。

(3)**综合指数**

1)综合指数的编制特点

综合指数是编制总指数的基本形式之一,它反映的是复杂总体的综合变动情况。复杂现象总体的特点在于各种事物的度量单位不同,不能直接加总以综合反映它们的变动。比如,在某汽车企业生产的多种汽车产品组成的总体中,由于各种汽车产品的实物计量单位不同,因而要综合反映其产品产量的总变动,就不能将不同种的汽车产品产量直接相加,来计算报告期或基期的产品总量指标,从而测定汽车产品总量报告期比基期变化的总动态。同样,要综合反映其价格的总变动,也不能将其产品单位价格直接相加。因而编制总指数首先要解决的问题是复杂现象总体的综合可比问题。

运用综合指数形式编制总指数,对这一问题的解决,是通过加入一个同度量因素,使不能直接加总的研究现象过渡到能够加总综合的价值指标。比如,在不同种汽车产品组成的总体中,虽然不同种类的汽车产品产量不能直接相加,但如果加入价格这一因素,即将不同种类产品产量和它们各自的价格相乘,计算出的总产值指标是可以相加的。这样,通过加入价格这一同度量因素,在考察产品产量变动时,就解决了不同产品产量不能直接相加的问题。同理,要编制价格总指数,可以加入产品产量作同度量因素。

这是运用综合指数形式编制总指数的第一个特点,即将不能直接加总的所研究的现象,通过同度量因素的加入,过渡到能够加总综合的价值指标。考察数量指标的变动时,以质量指标作为同度量因素,考察质量指标的变动时,以数量指标作为同度量因素。

运用综合指数形式编制总指数的另一个特点是,在两个不同时期经过加总综合后的价值指标进行对比时,通过将同度量因素固定在同一时期的水平上,来消除同度量因素的影响,从而单纯测定所研究现象的变动方向和程度。比如,在多种汽车产品组成的总体中考察产品产量的总变动时,可将作为同度量因素的两个不同对比时期的产品价格均采用基期价格或报告期价格计算。或者在考察产品价格的总变动时,将作为同度量因素的两个不同对比时期的产品产量均采用报告期或基期产量计算。

2)综合指数的计算形式和常用公式

根据综合指数的编制特点,用综合指数法编制数量指标指数或质量指标指数主要有两种计算形式。

①基期加权综合法

在编制数量指标综合指数或质量指标综合指数时,所加入的同度量因素是固定在基期的水平上。

若以 q 代表产量或销售量,p 代表商品价格,下标 1 代表报告期,下标 0 代表基期,则其计算公式为:

$$\text{数量指标综合指数} = \frac{\sum q_1 p_0}{\sum q_0 p_0} \tag{8.17}$$

式中　$\sum q_1 p_0$ ——按基期价格计算的报告期假定产值或销售额;

　　　$\sum q_0 p_0$ ——基期实际的产值或销售额。

$$\text{质量指标综合指数} = \frac{\sum p_1 q_0}{\sum p_0 q_0} \tag{8.18}$$

式中　$\sum p_1 q_0$ ——按报告期价格计算的基期假定销售额;

　　　$\sum p_0 q_0$ ——基期实际销售额。

式(8.17)和式(8.18)由德国学者拉斯贝尔斯于 1864 年首创,因此统称为拉氏公式。

②报告期加权综合法

在编制数量指标综合指数或质量指标综合指数时,所加入的同度量因素是固定在报告期的水平上。其计算公式为:

$$\text{数量指标综合指数} = \frac{\sum q_1 p_1}{\sum q_0 p_1} \tag{8.19}$$

式中　$\sum q_1 p_1$ ——报告期实际销售额;

　　　$\sum q_0 p_1$ ——按报告期价格计算的基期假定销售额。

$$\text{质量指标综合指数} = \frac{\sum p_1 q_1}{\sum p_0 q_1} \tag{8.20}$$

式中　$\sum p_1 q_1$ ——报告期实际销售额;

$\sum p_0 q_1$——按基期价格计算的报告期假定销售额。

式(8.19)和式(8.20)由德国学者帕许于1874年首先提出,因此统称为帕氏公式。

纵观上述公式,拉氏公式的特点是将同度量因素固定在基期,而帕氏公式的特点是将同度量因素固定在报告期。事实上,在综合指数公式中,同度量因素不仅起着加总综合的作用,而且起着权衡轻重的作用。对于同一资料,采用基期数值作为同度量因素或是采用报告期数值作为同度量因素,其计算结果是不一样的。

例8.3 有甲乙丙3种不同的汽车配件,其配件产量和产品成本资料见表8.3。根据相应公式,计算成本综合指数。

表8.3 配件产量和产品成本资料

产品	计量单位	产量		单位成本/元		总成本/万元			
		基期 q_0	报告期 q_1	基期 z_0	报告期 z_1	基期 $z_0 q_0$	报告期 $z_1 q_1$	按基期成本计算的报告期总成本 $z_0 q_1$	按报告期成本计算的基期总成本 $z_1 q_0$
(甲)	(乙)	(1)	(2)	(3)	(4)	(5) = (1)·(3)	(6) = (2)·(4)	(7) = (3)·(2)	(8) = (4)·(1)
甲	万件	20	24	8	6	160	144	192	120
乙	万个	8	11	10	8	80	88	110	64
丙	万套	4	6	20	17	80	102	120	68
合计	—	—	—	—	—	320	334	422	252

解 根据本题所提供的资料和式(8.18)、式(8.20),求出各中间值,填入表8.3的相应空格内。

根据式(8.18)和式(8.20),得:

$$拉氏成本综合指数 = \frac{\sum z_1 q_0}{\sum z_0 q_0} = \frac{252}{320} = 0.787\ 5 = 78.75\%$$

$$帕氏成本综合指数 = \frac{\sum z_1 q_1}{\sum z_0 q_1} = \frac{334}{422} = 0.791\ 5 = 79.15\%$$

计算结果表明,在成本综合指数中,由于采用的权数不同,计算结果有一定的差异。同样,若计算产量综合指数,也会出现这种情况。因而,在计算综合指数中度量因素所属时期的选择问题是一个重要的问题。

在实际工作中,依据掌握资料和研究目的的不同,拉氏公式和帕氏公式均可应用。但比较而言,帕氏物价指数将同度量因素产量或销售量固定在报告期,说明了在维持报告期生活水准的条件下,其物价综合变动的程度。其分子与分母的差额表明按照报告期的消费标准因物价的变动而使居民增加(或减少)支付的金额。该公式具有较强的现实经济意义,因而是编制质量指标综合指数的常用公式。

同样,以基期价格作为同度量因素的拉氏物量指数,说明了在物价水平不变的前提下,物量(产量或销售量)综合变动的程度,其分子与分母的差额表明因生产或销售的变动而增长(或减少)的金额。该公式也具有较强的现实经济意义,因而是编制数量指标综合指数的常用公式。

综上所述,综合指数同度量因素所属时期的选择,一般是以"经济标准法"为依据。编制数量指标综合指数时,采用拉氏数量指数计算;编制质量指标综合指数时,采用帕氏物价指数计算。

（4）**平均指数**

1）平均指数的编制特点

平均指数是编制总指数的另一重要形式,它反映复杂现象总体的总动态。是从所研究现象的个体指数出发,在计算所研究现象各个项目的个体指数的基础上,运用加权算术平均法或加权调和平均法对个体指数加权平均求得的。

比如,对于多种汽车产品组成的复杂总体,平均指数反映产量或价格的总变动,是先计算产品产量或价格的个体指数,然后对所有产品产量个体指数加权平均计算产量总指数或对所有产品价格个体加权平均计算价格总指数。

2）平均指数的计算形式和常用公式

平均指数对个体指数加权平均的方法包括算术平均法和调和平均法两种。

用加权算术平均法综合个体指数时,多采用基期总值（产值或销售量）为权数;用加权调和平均法综合个体指数时,多采用报告期总值（产量或销售量）为权数。仍沿用前述符号,则其计算式如下:

①基期加权算术平均法

$$数量指标平均数指数 = \frac{\sum q_1 p_0}{\sum q_0 p_0} \tag{8.21}$$

$$质量指标平均数指数 = \frac{\sum p_1 q_0}{\sum q_0 p_0} \tag{8.22}$$

从上述公式及公式的变形中可以看出,以基期总值（$p_0 q_0$）为权数计算的加权算术平均数实际是拉氏综合指数的变形。

②报告期加权调和平均法

$$数量指标调和平均数指数 = \frac{\sum q_1 p_1}{\sum q_0 p_1} \tag{8.23}$$

$$质量指标调和平均数指数 = \frac{\sum p_1 q_1}{\sum p_0 q_1} \tag{8.24}$$

从上述公式及公式的变形中可以看出,以报告期总值为权数计算的加权调和平均数实际上是帕氏综合指数的变形。

平均数指数作为综合指数的变形来应用时,由于拉氏物量指数和帕氏物价指数有明确的经济意义,是计算综合指数的一般公式。因而,以基期总值指标加上要计算的数量指标的算术平均数指数和以报告期总值计算质量指标调和平均数指数,就成为计算平均数指标数的一般公式。

在实际工作中,只是由于掌握资料不同,才分别采用综合指数或平均数指数的一般公式计算总指数。对于同一总体,用两种方法计算的结果是一致的。

8.3.4　指数体系和因素分析

（1）指数体系

社会经济现象之间的相互联系、相互影响的关系是客观存在的,有些社会经济现象之间的联系可以用经济方程式表现出来,例如

商品销售额 = 商品销售量 × 商品销售价格

生产总成本 = 产品产量 × 单位产品成本

上述关系,按指数形式表现时,同样也存在这种对等关系,即

商品销售额指数 = 商品销售量指数 × 商品销售价格指数

生产总成本指数 = 产品产量指数 × 单位产品成本指数

在统计分析中,将一系列相互联系、彼此间在数量上存在推算关系的统计指数所构成的整体,称为指数体系。在上述指数体系中,商品销售额指数是反映总体变动的指数,而价格指数和商品销售量指数是商品销售额指数的两个因素指数。它们分别反映商品销售额变动中,受价格变动的影响程度以及受销售量变动的影响程度。

统计指数体系一般具有 3 个特征:①具备 3 个或 3 个以上的指数;②体系中的各个指数在数量上能相互推算。如已知销售额指数、销售量指数,则可推算出价格指数;已知价格指数、销售量指数,则可推出销售额指数;③现象总变动差额等于各个因素变动差额之和。

（2）因素分析

指数体系是进行因素分析的重要工具,构建指数体系的目的,就是要分析多种因素的变动对社会经济总体变动情况的影响。例如,用指数体系来分析价格、销售量的变动对销售额的影响;分析工资水平、工人结构、工人总数的变动对工资总额的影响等。

因素分析的基本特征主要体现在以下 3 个方面。

1)因素分析的对象是复杂现象

这里所说的复杂现象,是指受多因素影响的现象,它的量表现为若干因素的乘积,其中任一因素的变动都会使总量发生变化。如生产总成本表现为单位产品成本和产量的乘积,单位成本和产量任一发生变化,都会使总成本产生变动。因素分析的目的就是要测定这些因素的变动对总成本变动的影响方向和影响程度。

2)因素分析中的指数体系以等式的形式表现

编制指数体系的基本思想是:测定一个因素的变动时假定其他因素不变,并以等式来表现体系。例如,将生产总费用的变动分解为单位产品的材料消耗(单耗)、原材料单价、产量 3 个因素的影响。因素分析时,是用固定价格、产量来编制单耗指数;用固定单耗、产量来编制价格指数;用固定单耗、价格编制产量指数,从而形成如下以等式形式表现指数体系,即

总费用指数 = 产量指数 × 单耗指数 × 单价指数

在因素分析中,所有的指数体系都以等式表现。

3)因素分析的结果有相对数也有绝对数

指数体系的表现形式表明,若干因素指数的乘积等于总变动指数,若干因素的影响差额之和应等于总体变动实际发生的总差额。

复习思考题

8.1　资料分析的原则主要有哪些?

8.2　静态分析包含哪些类型? 每种类型的特点分别是什么?

8.3　什么是相对程度分析? 主要包括哪几种类型?

8.4　什么是集中趋势分析和离散程度分析? 如何进行这两种分析?

8.5　动态数列的种类主要有哪些?

8.6　因素分析的特征主要有哪些?

8.7　结合实践题:各课题组对本组已经整理好的材料选取合适的方法进行分析。

第 **9** 章
市场调查报告的撰写

9.1 撰写市场调查报告的原则和步骤

9.1.1 市场调查报告的作用

市场调查是整个营销工作的开端,它指引着其他营销工作的方向和进程,起着举足轻重的作用。然而,市场调查结果的表述是市场调查与其后的营销工作的衔接点,准确地说调查部门在整个调查活动所得到的信息是通过调查报告传递给其他相关部门,从而进一步开展营销策划等工作的。所以调查报告所表达信息的准确性、客观性、完整性以及建设性,对于企业决策、制订营销策略是至关重要的。并且调查报告的表述形式要易于报告对象理解,调查报告内容要能够提供企业决策者和营销策略制订者所需要的信息并能够给予他们充分的启示。

总之,调查报告的重要作用主要体现在以下两个方面。

(1)**市场调查报告是调查活动的结果**

市场调查的过程为:①制订调查方案;②搜集资料;③加工整理;④分析研究;⑤市场调查报告的表述。市场调查报告的表述是对前面过程的总结,是调查结果的体现形式,此结果是调查过程的升华,使得报告对象可以了解到本质的信息。

(2)**市场调查报告是营销决策、管理决策的依据**

通常来讲,调查活动的目的并不是让参与调查活动的人员了解市场信息,因为他们并不是营销决策者或管理决策者,而是通过这些人员所得到的调查结果提供给相关的营销决策者和管理决策者,使得他们掌握市场新信息以及动向。

9.1.2 撰写市场调查报告的原则

(1)**客观真实**

市场调查报告的表述必须符合客观事实。因为通常市场调查报告的目的是为营销决策者或者管理决策者提供决策支持的信息,每一项决策对企业来讲都是非常重要的,所以他们要求信息的真实性。而企业的营销决策者或者管理决策者通常不参与市场调查活动,通常他们对调查结果的正确性缺乏判断力,这一点更说明了市场调查报告真实性的重要程度。从另一方面讲,市场调查的全过程必须实事求是,符合客观规律,与客观规律相违背的市场调查必然预示着漏洞和调查结果实施的失败,从而实事求是、遵循客观规律是市场调查的基本要求。

(2)**以调查资料为依据,做到调查资料与观点相统一**

市场调查报告的独特风格就是以调查资料为依据,而资料中数据资料显得尤为重要,数据资料具有很强的概括力和表现力。用数据证明事实的真相往往比长篇大论更能使人信服。在市场调查中,常常会碰到这样的情况:有的问题、观点,用很多叙述都难以表达清楚,而用一个数字、一个百分比,往往使事物的全貌一目了然。但运用数据要适当,过少不能说明问题,使市场调查报告空洞无物,失去特色;过多地堆砌数字又太烦琐,反而使人眼花缭乱,不得要领。所以,恰当地运用调查数据,可以增加市场调查报告的科学性、准确性和说服力。

一篇好的市场调查报告,必须有数字,有情况,有分析。既要用资料说明观点,又要用观点统帅资料,二者应紧密结合,相互统一。通过定性分析与定量分析的有效结合,达到透过现象看本质的目的,从而研究市场活动的发展、变化过程及其规律性。

(3)**有一定的时效性和针对性**

现代市场瞬息万变,竞争十分激烈,市场调查报告必须讲究时效性。准确及时地反映市场客观情况,提供给企业和有关部门作为了解市场,进行市场预测和决策的依据。如果市场调查报告错过时机,就成了雨后送伞、事后诸葛亮,失去了市场调查报告的作用。

任何一项市场调查都是有目的的,都是为了了解市场某一情况,解决市场上的某一问题,因此市场调查报告必须有明确的针对性。撰写市场调查报告要始终围绕市场调查目的,有的放矢,围绕主题展开,否则撰写的市场调查报告针对性不强,就失去了实际应用价值。

(4)**有一定的创新性和应用价值**

市场调查报告要紧紧抓住市场上的新情况、新动向、新问题,调查结果要注意新发现、新观点、新结论。这样的市场调查报告才有新意,才有应用价值,才能为企业和社会各界了解市场,进行市场预测和决策提供有效依据。如果市场调查报告使用的是众所周知的材料,得出的调查结论也是大家都知道的老观点,那市场调查报告就失去了实际意义,没有任何应用价值。

(5)**表述准确,重点突出**

市场调查报告一般采用书面形式的语言表述,报告的语言要逻辑严谨、数据准确、文风质朴、简洁生动、通俗易懂、用词恰当,并且善于使用图表表达意图,避免文字上的累赘。一篇汽车市场调查报告有它的重点和中心,在对情况有了全面的了解之后,经过全面系统的构思,应能详略得当,抓住主题,深入分析。

(6)**结构上完整紧密**

市场调查报告要求中心明确突出,结构完整严密,材料与观点统一,并且市场调查报告可以回答调查任务中提出的所有问题。

9.1.3　撰写市场调查报告的步骤

市场调查报告的撰写大致可分成以下 5 个步骤:

(1)**构思**

在这个阶段,市场调查报告撰写者的目的是通过前些阶段搜集的资料,以及对资料的分析整理结果,推断出其反映的客观事实(市场动向、市场信息等内容),把这些客观事实列出,从而确立要撰写的书面报告的中心思想,这样书面报告就可以围绕这个主题思想来展开撰写。

（2）**分析调查资料**

市场调查所收取的信息资料很多,在撰写书面市场调查报告时,只是把所有的信息进行罗列是不行的,必须把它们按照逻辑关系进行排列。同时,按照所确立的调查主题,找出哪些资料是重要的,哪些是次要的,怎样利用所得资料来支持调查主题。在这样的分析过程中,实际上是在把所得资料进行分类、归纳、总结。

（3）**形成自己的观点**

在构思和资料分析的基础上撰写者应该形成自己的观点,因为并非所有的资料都具有真实性,也并非所用的分析方法都是合理的。撰写人员在形成自己的观点的同时,应当明确对全部市场调查资料的看法,对分析方法的观点以及对分析结果的评价,从而形成完整的书面撰写框架。

在形成自己的观点时,应注意以下3个问题:

①一切有关实际情况及调查资料是否考虑了;

②是否有相反结论足以说明调查事实;

③立场是否公正客观,前后一致。

（4）**列出提纲,撰写初稿**

在确定市场调查报告的主体思想,分析调查资料,并形成自己的观点之后,撰写者应该确立撰写框架,列出撰写提纲。这一步骤是对前面工作的总结,也为正式撰写工作打下良好的基础。

根据撰写提纲的要求,由单独一人或数人分工负责撰写,各部分的协作格式、文字数量、图表和数据要协调一致,统一控制。

（5）**定稿**

写出初稿,征得各方意见进行修改后,就可以定稿。定稿阶段,一定要坚持对事客观、服从真理、不屈服于权力和金钱的态度,使最终报告较完善、较准确地反映市场活动的客观规律。

9.2 市场调查报告的内容和格式

市场调查是为了满足相关决策者的信息需求。因此,市场调查报告的撰写也要符合报告对象的需求。譬如说,如果决策者想了解有关某个问题的信息,则这个市场调查报告应该属于专题报告,需要撰写报告的人员以该问题或者问题的相关内容为重点撰写报告;如果决策者所需的信息学术性比较强,那么该市场调查报告应属于研究性报告,这类报告需要对问题进行更加深入的分析研究,在撰写报告中体现更加深入的东西。

一份完整的市场调查报告一般包括标题页、目录、概要、正文、结论和建议、附件等6部分内容。

9.2.1 标题页

一般来说,对于较为正式的市场调查报告,标题页是必不可少的,它一般作为市场调查报告的第一页。绝大多数的市场调查报告在标题页上书写报告的标题(在一些报告中有可能包括正副标题)、委托方、调查单位的名称和地址、调查报告的呈送日期等内容。

标题是画龙点睛之笔,它必须准确揭示市场调查报告的主题思想,做到题文相符。同时还必须简单明了、高度概括,具有较强的吸引力,这样才便于报告对象正确地理解报告意图及其重要程度。

标题的形式主要有以下 3 种：

（1）"直叙式"标题

"直叙式"标题直接反映调查意向、调查地点或调查项目，以最简单的语言向报告对象传递报告的主要内容。例如，《有关家用轿车的市场调查报告》《××市汽车市场容量调查报告》等标题都属于这种类型。

（2）"总结式"标题

"总结式"标题直接阐明调查报告的观点、看法以及对调查信息的评价，可以让报告对象在未看报告内容之前就对调查研究的结论有所了解。例如《质量比品牌更重要》《对当前贷款购车的顾客群体不可忽视》等标题都属于这种类型。

（3）"提问式"标题

"提问式"标题以设问或者反问的形式突出调查报告要解决的中心问题，并且给报告对象设置一种悬念，强化报告对象对报告的兴趣，促进其思考。比如，《××品牌汽车为什么畅销》《价格战能否根本提高汽车企业的效益》等标题都属于这种类型。

以上几种形式的标题各有所长，特别是后两种，既表明了作者的态度，又揭示了主题，具有很强的吸引力，但从标题上不易看出调查的范围和调查对象。因此，这种形式的标题又可分为正标题和副标题，并分作两行表示。例如：

质量比品牌更重要

——××市汽车市场调查报告

××品牌汽车为什么畅销

——对××品牌汽车销售情况的调查报告

市场调查报告的撰写应该根据其调查内容选用不同的标题。譬如说，专题报告更适合于选择"提问式"标题和"总结式"标题，因为该种报告所要解决的就是某个问题，报告内容也是围绕这个问题展开的。"提问式"标题可以突出报告的内容和目的，而"总结式"标题则可以直接告知报告对象需要的信息。

9.2.2　目录和概要

（1）目录

通常情况，一份完整的市场调查报告所承载的信息量是非常大的，为了方便读者阅读，应当使用目录或索引形式列出报告所分的主要章节和附件，并注明标题、有关章节号码及页码。目录的篇幅一般不宜超过一页，通常撰写两个层次的目录，较短的报告也可以只撰写第一层次的目录。当然，在报告中一些重要的图表也可以在目录下面或第二页用图表目录注明。例如：

目录

一、概要 - 1

⋮

图表目录

图 1 - 3

⋮

表 1 - 5

⋮

（2）概要

概要是在调查报告正文之前对调查报告正文的概述，主要用来阐述课题的基本情况，按照市场调查课题的顺序将问题展开，并阐述对调查的原始资料进行选择、评价、作出结论、提出建议的原则等。一般包括以下 3 方面内容：

①简要说明调查目的，包括调查课题的由来和委托调查的原因。

②介绍调查对象和调查内容，包括调查时间、地点、对象、范围、调查要点及所要解答的问题。

③简要介绍调查的方法。介绍调查方法和选用的原因，有助于使人确信调查结果的可靠性。

9.2.3 正 文

正文是市场调查报告的核心部分，它包括对报告的介绍、对所用方法的解释、对结果的讨论、对限制条件的陈述以及一系列结论和建议。阅读者可以从这部分了解到调查过程的起因、发展、变化、结论，从报告者的结论和建议中阅读者可以得到更深的启示。

正文部分一般包括引言、调查方法和调查过程、调查资料的整理和分析、调查结果和局限性等内容。

（1）引言

引言，又称问题的提出，该部分的目的是让报告对象对报告有初步的了解，这部分应该包括市场调查的一般目的和特殊目的的陈述以及一些相关的背景资料。引言部分的写法大致主要有以下两种：

①摆出问题所在，即市场调查的原因，证明该市场调查的必要性以及重要意义，然后进行深一步的讨论和分析。

②将调查结论列出，然后进行分析证明。

（2）调查方法和调查过程

将调查数据资料和背景资料作客观的介绍说明，如企业背景、面临的市场营销问题、市场现状等，使阅读市场调查报告的人大致了解进行市场调查的原因、目的以及市场调查环境。

对所选用的市场调查方法进行详细的描述，并说明采用该种方法的利弊。客观的介绍在实地调查过程中，起用了多少名、什么样的调查人员，对他们如何培训和监督管理、如何进行实地调查、如何检查等。

此部分篇幅不宜过长，只要具有必要的信息，使读者知道数据的搜集方法和来源就可以了。如果在调查过程中，次级资料被采用，一定要进行标注。所用调查问卷或观察记录表应编入附件。

（3）调查资料的整理和分析

借用计算机或其他手段对大量零散的、不系统的原始资料进行加工汇总，使之系统化、条理化。根据调查的具体要求，选择最佳的分析方法对整理后的调查资料进行细致的分析，分析中得出的量化结论要上升为理性的结论。

（4）调查结果和局限性

调查结果应当在正文中占较大篇幅，可以配合一些总括性的表格和图像。这部分内容应按某种逻辑顺序提出，紧扣调查目的的一系列项目发现。

完美无缺的市场调查是难以做到的，所以必须指出市场调查报告的局限性，诸如作业过程中无法避免的偏差和抽样程序中存在的问题等。讨论市场调查报告局限性是为了给正确的评价调查成果以现实的基础。在报告中,将成果加以绝对化,不承认它的局限性和应用前提,不是科学的态度。当然,也没有必要过分强调它的局限性。

9.2.4　结论和建议

结论和建议是分析问题和解决问题的必然结果,是撰写报告的根本目的所在。这部分内容包括对通篇报告主要内容的总结,并提出如何利用已证明为有效的措施和解决某一具体问题可供选择的方案和建议。结论和建议与正文部分的论述要紧密对应,不可以提出无根据的结论,也不要进行无结论性意见的论证。

结论和建议部分是市场调查报告的结束语。好的结尾,可使读者明确题旨,加深认识,启发读者思考和联想。这部分一般有 4 种写作形式。

（1）**概括全文**

经过层层剖析后,综合说明市场调查报告的主要观点,深入文章的主题。

（2）**形成结论**

在对真实资料进行深入细致的科学分析的基础上,得出报告结论。

（3）**基础看法和建议**

通过分析,形成对事物的看法,在此基础上,提出建议和可行性方案。提出的建议必须能确实掌握企业状况及市场变化,使建议有付诸实施的可能性。

（4）**展望未来,说明意义**

通过调查,分析展望未来前景。

9.2.5　附　件

附件是指市场调查报告正文包含不了或没有提及,但与正文有关必须附加说明的部分,它是对正文报告的补充或更详细地说明。

附件通常包括市场调查方案、调查问卷、观察记录表、被访问者名单、统计表和参考文献等内容。如果附件篇幅较长,可以设置附件目录。

复习思考题

9.1　撰写市场调查报告的原则是什么?

9.2　撰写市场调查报告的步骤主要包括哪些?

9.3　一份完整的市场调查报告主要包括哪几部分内容? 各部分分别有什么特点?

9.4　结合本章所学内容,独立完成一份完整的市场调查报告。

第 **10** 章
定性预测方法

迄今为止,预测理论产生了很多预测方法,有人统计有几百种,但人们常用的方法并不多。归纳起来,预测方法大体可分为两大类:一类是定性预测方法,另一类是定量预测方法。在进行汽车市场的实际预测时,往往结合运用两种方法,即定量预测必须接受定性分析的指导,只有如此,才能更好地把握汽车市场的变化趋势。

定性预测是指预测者依靠熟悉业务知识、具有丰富经验和综合分析能力的人员与专家,根据掌握的历史资料和直观材料,运用个人的经验和分析判断能力,对汽车市场的未来发展作出性质和程度上的判断。然后,再通过一定形式综合各方面的意见,作为预测未来汽车市场发展规律的主要依据。

定性预测方法注重汽车市场发展在性质方面的预测,具有较大的灵活性,易于充分发挥人的主观能动作用,且简单迅速,省时省费用。但由于易受主观因素的影响,比较注重于人的经验和主观判断能力,从而易受人的知识、经验和能力大小的束缚和限制,尤其是缺乏对汽车市场发展作数量上的精确描述。因此,在采用定性预测时,应尽可能结合定量分析的方法,使预测结果更准确、更科学。

在市场定性预测方法中,经常采用的方法有专家预测法、领先指标法和主观概率法 3 种。

10.1 专家预测法

专家预测法是定性预测的主要方法。它是基于专家的知识、经验和分析判断能力,在历史和现实有关资料综合分析基础上,对未来市场变动趋势作出预见和判断的方法。

专家预测法包括德尔菲预测法、头脑风暴法、个人判断法和集体判断法等类型,其中德尔菲预测法是市场定性预测方法中最重要、最有效的一种方法,应用十分广泛。

10.1.1 德尔菲预测法

德尔菲法是在 20 世纪 40 年代由赫尔默(Helmer)和戈登(Gordon)首创。1946 年,美国兰德公司为避免集体讨论存在的屈从于权威或盲目服从多数的缺陷,首次用这种方法用来进行定性预测,后来该方法被迅速广泛采用。德尔菲这一名称起源于古希腊有关太阳神阿波罗的神话,传说中阿波罗具有预见未来的能力。因此,这种预测方法被命名为德尔菲法。

德尔菲法依据系统的程序,采用匿名发表意见的方式,即专家之间不得互相讨论,不发生横向联系,只能与调查人员发生关系。通过多轮次调查专家对问卷所提问题的看法,经过反复征询、归纳、修改,最后汇总成专家基本一致的看法,作为预测的结果。这种方法具有广泛的代表性,较为可靠。

德尔菲法最初产生于科技领域,后来逐渐被应用于任何领域的预测,如军事预测、人口预测、医疗保健预测、经营和需求预测、教育预测等。此外,还用来进行评价、决策、管理沟通和规划工作。

(1)德尔菲法的实施步骤

①组成专家小组。按照课题所需要的知识范围确定专家。专家人数的多少可根据预测课题的大小和涉及面的宽窄而定,一般不超过 20 人。

②向所有专家提出所要预测的问题及有关要求,并附上有关这个问题的所有背景材料,同时请专家提出还需要什么材料。然后,由专家作书面答复。

③各个专家根据他们所收到的材料,提出自己的预测意见,并说明自己是怎样利用这些材料并提出预测值的。

④将各位专家第一次判断意见汇总,列成图表,进行对比,再分发给各位专家,让专家比较自己同他人的不同意见,修改自己的意见和判断。也可以把各位专家的意见加以整理,或请身份更高的其他专家加以评论,然后把这些意见再分送给各位专家,以便他们参考后修改自己的意见。

⑤将所有专家的修改意见搜集起来,汇总,再次分发给各位专家,以便作第二次修改。逐轮搜集意见并为专家反馈信息是德尔菲法的主要环节。搜集意见和信息反馈一般要经过三四轮,在向专家进行反馈的时候,只给出各种意见,但并不说明发表各种意见的专家的具体姓名。这一过程重复进行,直到每一个专家不再改变自己的意见为止。

⑥对最后一次征询的意见用统计的方法进行整理。

德尔菲法作为一种主观、定性的方法,不仅可以用于预测领域,而且可以广泛应用于各种评价指标体系的建立和具体指标的确定过程。

(2)德尔菲法的基本特征

德尔菲法与常见的召集专家开会,通过集体讨论得出一致预测意见的集体判断法既有联系又有区别。德尔菲法能发挥集体判断法的优点,能充分发挥各位专家的作用,集思广益,准确性高,能把各位专家间意见的分歧点表达出来,取各家之长,避各家之短。同时,德尔菲法又能避免集体判断法的缺点。德尔菲法的主要缺点是过程比较复杂,花费时间较长。

德尔菲法的基本特征主要体现在以下 3 方面:

1)匿名性

请若干名专家,就某项需要预测的问题分别用不署名的方式发表自己的意见。专家彼此互不相见,可以调整甚至改变自己原来的看法而无损于威望。主持者对这些观点加以汇总整理分类,再反馈给每一位专家,请其据此再发表意见。通过几次反复可使各种观点充分发挥出来。

2)集中性

德尔菲法可使每一位专家从反馈表中了解该问题的集体意愿、目前状况、各自理由,为其作出新的判断提供依据,形成良性影响。排除了面对面时的权威作风、长官意志的不良影响,便于正确意见的集中。

3)量化性

德尔菲法通过调查对问题的意见,便于作定量的统计处理。经过反复征询,对整个综合意见可提出中位数,用以代表最终评审意见。亦可提出上下四分点,其上下四分点的间隔用以代表最终评定意见的偏差。这种方法既依靠专家的见识,又能尽量避免迷信专家等问题所带来的不利影响,有助于真实地反映专家们的意见,因此得到广泛的应用。

(3)德尔菲法应用案例

例 10.1 某汽车公司研制出一种新车型,现在市场上还没有相似的产品出现,因此没有历史数据可以获得。公司需要对可能的销售量作出预测,以决定产量。于是该公司成立专家小组,并聘请业务经理、市场专家和销售人员等 8 位专家,预测全年可能的销售量。8 位专家提出个人判断,经过 3 次反馈得到的结果,见表 10.1。

表 10.1 专家 3 次反馈结果 （辆）

专家编号	第一次判断			第二次判断			第三次判断		
	最低销售量	最可能销售量	最高销售量	最低销售量	最可能销售量	最高销售量	最低销售量	最可能销售量	最高销售量
1	500	750	900	600	750	900	550	750	900
2	200	450	600	300	500	650	400	500	650
3	400	600	800	500	700	800	500	700	800
4	750	900	1 500	600	750	1 500	500	600	1 250
5	100	200	350	220	400	500	300	500	600
6	300	500	750	300	500	750	300	600	750
7	250	300	400	250	400	500	400	500	600
8	260	300	500	350	400	600	370	410	610
平均数	345	500	725	390	550	775	415	570	770

将表 10.1 所列 8 位专家的第 3 次意见反馈,运用统计方法进行数据处理,共有以下几种方法。

1)算术平均值预测

运用算术平均法求其平均数,以算术平均数作为预测值,其计算公式为:

$$Y = \frac{\sum X}{n} \tag{10.1}$$

式中 $\sum X$——专家判断数据的合计数;

n——专家人数(或数据个数)。

在预测时,最后一次判断是综合前几次的反馈作出的,因此一般以最后一次判断为主。

如果按照 8 位专家第 3 次判断的平均值计算,则预测这个新产品的平均销售量为:

$$\frac{415 + 570 + 770}{3} 辆 = 585 辆$$

2）加权平均预测

给定权数,运用加权平均法求其平均数。以加权平均数作为预测值,其计算公式为:

$$Y = \sum iX \qquad\qquad (10.2)$$

式中　X——专家的判断数据;

　　　i——权数。

将最可能销售量、最低销售量和最高销售量分别按 0.50,0.20 和 0.30 的概率加权平均,则预测平均销售量为:

$$(570 \times 0.50 + 415 \times 0.20 + 770 \times 0.30)\text{辆} = 599\text{辆}$$

3）中位数预测

运用中位数表示预测值,求中位数的公式为:

$$M_e(\text{中位数}) = \frac{n+1}{2} \qquad\qquad (10.3)$$

式中　n——求中位数的数据个数。

根据表中的数据,用中位数计算,可将第 3 次判断按预测值高低排列如下:

①最低销售量:300 370 400 500 550

中位数为第 3 项,即 400;

②最可能销售量:410 500 600 700 750

中位数为第 3 项,即 600;

③最高销售量:600 610 650 750 800 900 1 250

中位数为第 4 项,即 750。

10.1.2　头脑风暴法

在群体决策中,由于群体成员心理相互作用影响,易屈从于权威或大多数人意见,形成所谓的"群体思维"。群体思维削弱了群体的批判精神和创造力,损害了决策的质量。为了保证群体决策的创造性,提高决策质量,管理上发展了一系列改善群体决策的方法,头脑风暴法是较为典型的一个。

头脑风暴法(brainstorming)又称智力激励法、BS 法、自由思考法,其发明者是现代创造学的创始人,美国学者阿历克斯·奥斯本,他于 1938 年首次提出头脑风暴法。brainstorming 原指精神病患者头脑中短时间出现的思维紊乱现象,病人会产生大量的胡思乱想。奥斯本借用这个概念来比喻思维高度活跃,打破常规的思维方式而产生大量创造性设想的状况。此法经各国创造学研究者的实践和发展,至今已经形成了一个发明技法群,如奥斯本智力激励法、默写式智力激励法、卡片式智力激励法等。

头脑风暴法可分为直接头脑风暴法(通常简称为头脑风暴法)和质疑头脑风暴法(也称反头脑风暴法)。前者是在专家群体决策基础上尽可能激发创造性,产生尽可能多的设想方法;后者则是对前者提出的设想、方案逐一质疑,分析其现实可行性的方法。

采用头脑风暴法组织群体决策时,要集中有关专家召开专题会议,主持者以明确的方式向所有参与者阐明问题,说明会议的规则,尽力创造融洽轻松的会议气氛,一般不发表意见,以免影响会议的自由气氛,由专家们"自由"提出尽可能多的方案。

（1）头脑风暴法的操作程序

头脑风暴法力图通过一定的讨论程序与规则来保证创造性讨论的有效性。由此，讨论程序构成了头脑风暴法能否有效实施的关键因素。头脑风暴法的讨论程序主要有以下几个关键环节。

1）确定议题

必须在会前确定一个目标，使与会者明确，通过这次会议需要解决什么问题，同时不要限制可能的解决方案的范围。一般而言，比较具体的议题能使与会者较快产生设想，比较抽象和宏观的议题引发设想的时间较长，但设想的创造性也可能较强。

2）会前准备

为了使头脑风暴畅谈会的效率较高，效果较好，可在会前做好准备工作。如搜集一些资料预先给大家参考，以便与会者了解与议题有关的背景材料和外界动态。就参与者而言，在开会之前，对于要解决的问题一定要有所了解。会场可作适当布置，座位排成圆环形的环境往往比教室式的环境更为有利。此外，在头脑风暴会正式开始前，还可以出一些创造力测验题供大家思考，以便活跃气氛，促进思维。

3）确定人选

头脑风暴法的参与人员一般以 8～12 人为宜，也可略有增减（5～15 人）。与会者人数太少不利于交流信息，激发思维；而人数太多则不容易掌握，并且每个人发言的机会相对减少，也会影响会场气氛。只有在特殊情况下，与会者的人数可不受上述限制。

4）明确分工

在活动的组织中要推定一名主持人，1～2 名记录员（秘书）。主持人的作用是，在头脑风暴畅谈会开始时重申讨论的议题和纪律，在会议进程中启发引导，掌握进程。如通报会议进展情况，归纳某些发言的核心内容，提出自己的设想，活跃会场气氛，或者让大家静下来认真思索片刻再组织下一个发言高潮等。记录员应将与会者的所有设想都及时编号，简要记录，最好写在黑板等醒目处，让与会者能够看清。记录员也应随时提出自己的设想，切忌持旁观态度。

5）规定纪律

根据头脑风暴法的原则，可规定几条纪律，要求与会者遵守。例如，要集中注意力积极投入，不消极旁观；不要私下议论，以免影响他人的思考；发言要针对目标，开门见山，不要客套，也不必作过多的解释；与会者之间相互尊重，平等相待，切忌相互褒贬等。

6）掌握时间

会议时间由主持人掌握，不宜在会前定死。一般来说，以几十分钟为宜。时间太短与会者难以畅所欲言，太长则容易产生疲劳感，影响会议效果。经验表明，创造性较强的设想一般要在会议开始 10～15 分钟后逐渐产生。美国创造学家帕内斯指出，会议时间最好安排在 30～45 分钟。倘若需要更长时间，就应把议题分解成几个小问题分别进行专题讨论。

（2）头脑风暴法的组织原则

为使与会者畅所欲言，互相启发和激励，达到较高效率，必须严格遵守下列原则：

①禁止批评和评论，也不要自谦。对别人提出的任何想法都不能批判，不得阻拦；即使自己认为是幼稚的、错误的，甚至是荒诞离奇的设想，亦不得予以驳斥；同时也不允许自我批判。在心理上调动每一个与会者的积极性，彻底防止出现一些"扼杀性语句"和"自我扼杀语句"。诸如"这根本行不通""你这想法太陈旧了""这是不可能的""这不符合某某定律"以及"我提

一个不成熟的看法""我有一个不一定行得通的想法"等语句,禁止在会议上出现。只有这样,与会者才可能在充分放松的心境下,在别人设想的激励下,集中全部精力开拓自己的思路。

②目标集中,追求设想数量,越多越好。在智力激励法实施会上,只强制大家提设想,越多越好。会议以谋取设想的数量为目标。

③巧妙地利用和改善他人的设想。这是激励的关键所在,每个与会者都要从他人的设想中激励自己,从中得到启示,或补充他人的设想,或将他人的若干设想综合起来提出新的设想等。

④与会人员一律平等,各种设想全部记录下来。与会人员,不论是该方面的专家、员工,还是其他领域的学者,以及该领域的外行,一律平等;各种设想,不论大小,甚至是最荒诞的设想,记录人员也要认真地将其完整记录下来。

⑤主张独立思考,不允许私下交谈,以免干扰别人思维。

⑥提倡自由发言,畅所欲言,任意思考。会议提倡自由奔放、随便思考、任意想象、尽量发挥,主意越新、越怪越好,因为它能启发人推导出好的观念。

⑦不强调个人的成绩,应以小组的整体利益为重。注意和理解别人的贡献,创造民主环境,不以多数人的意见阻碍个人新的观点的产生,激发个人追求更多更好的主意。

(3)会后的设想处理

通过组织头脑风暴畅谈会,往往能获得大量与议题有关的设想。至此任务只完成了一半,更重要的是对已获得的设想进行整理、分析,以便选出有价值的创造性设想来加以开发实施,这个工作就是设想处理。

头脑风暴法的设想处理,通常安排在头脑风暴畅谈会的次日进行。在此以前,主持人或记录员(秘书)应设法搜集与会者在会后产生的新设想,以便一并进行评价处理。

设想处理的方式有两种:一种是专家评审,可聘请有关专家及畅谈会与会者代表若干人(5 人左右为宜)承担这项工作;另一种是二次会议评审,即由头脑风暴畅谈会的参加者共同举行第二次会议,集体进行设想的评价处理工作。

头脑风暴是一种技能,一种艺术,头脑风暴的技能需要不断提高。如果想使头脑风暴保持高的绩效,必须每个月进行不止一次的头脑风暴。

有活力的头脑风暴会议倾向于遵循一系列陡峭的"智能"曲线,开始时是缓慢的积聚,然后非常快,接着又开始进入平缓的时期。头脑风暴主持人应该懂得通过小心提及并培育一个正在出现的话题,让创意在陡峭的"智能"曲线阶段自由形成。

头脑风暴提供了一种有效的就特定主题集中注意力与思想进行创造性沟通的方式,无论是对于学术主题探讨或日常事务的解决,都不失为一种可借鉴的途径。唯一需谨记的是使用者切不可拘泥于特定的形式,因为头脑风暴法是一种生动灵活的技法,应用这一技法的时候,完全可以并且应该根据与会者的情况、时间、地点、条件和主题的变化而有所变化,有所创新。

10.1.3　个人判断法和集体判断法

(1)个人判断法

个人判断法是征求专家个人对未来市场变化趋势的预测和判断意见的一种方法,这种方法是依靠个别专家的专业知识和特殊才能来进行判断预测的。

个人判断法的优点是能利用专家个人的创造能力,不受外界影响,简单易行,费用也不高。

但是,依靠个人的判断,容易受专家的知识面、知识深度、占有资料是否充分以及对预测问题有无兴趣所左右,难免带有片面性。专家的个人意见往往容易忽略或贬低相邻部门或相邻学科的研究成果,专家之间的当面讨论又可能产生不和谐。因此,这种方法最好与其他方法结合使用,让被调查的专家之间不发生直接联系,并给出时间让专家反复修改个人的见解,才能取得较好的效果。

（2）集体判断法

集体判断法是指预测人员采用开调查会的方式,获取预测信息,经过判断和推算,预测市场未来发展前景的一种定性预测方法。这种方法是在个人判断法的基础上,通过会议进行集体的分析判断,将专家个人的见解综合起来,寻求较为一致的结论的预测方法。

集体判断法参加的人数多,所拥有的信息量远远大于个人拥有的信息量,因而能凝集众多专家的智慧,避免个人判断法的不足,在一些重大问题的预测方面较为可行、可信。但是,集体判断的参与人员也可能受到感情、个性、时间及利益等因素的影响,不能充分或真实地表明自己的判断。

因此,运用集体判断法,会议主持人要尊重每一位与会者,鼓励与会者各抒己见,使与会者在积极发言的同时保持谦虚恭敬的态度,对任何意见都不应带有倾向性。同时还要掌握好会议的时间和节奏,既不能拖得太长,也不要草草收场;当话题分散或意见相持不下时,能适当提醒或调节会议的进程等。

10.2 领先指标法和主观概率法

10.2.1 领先指标法

社会各种经济现象之间的内在联系是十分紧密的,表现在经济指标上,则反映为时间序列上的先后关系。例如,原材料价格的变动,先于制成品价格的变动;教育事业的发展,先于科学技术的发展;科学技术的发展又先于生产建设的发展等。

领先指标法就是利用经济指标之间的时间差异,将各种经济时间序列分为领先指标型、同步指标型和滞后指标型3种类型。根据这种分类,可以通过领先指标来预测同步指标或滞后指标。领先指标法,既可用于经济发展趋势预测,又可用于转折点预测;既可用于微观经济预测,又可用于宏观经济预测。

（1）有关指标的分析

1）指标的分类

与预测对象的发展有相似性的变量可分为3类。一类是在变化时间上早于预测对象,这类变量称为领先指标(或先行指标);第2类是变化时间与预测对象完全同步,它们被称为同步指标(或同行指标);第3类是在变化时间上迟于预测对象,它们被称为滞后指标(或后行指标)。

以住宅建设拨款的增加指标为例,进行分析。当住宅建设拨款增加,这一经济指标变动了,随后市场会发生一系列的变化。首先,要建住宅,必定要购买钢材、水泥、木材等系列建筑材料。这就使得基建材料市场需求增加,从而引起供求关系的变化。其次,建设住宅需要有建筑工人,必须给他们支付一定的报酬,工人用其报酬来购买生活用品,由此会引起个人消费品市场需求的增加。再次,住宅竣工后,交付使用,或者由居民购买,或者由单位购买,会引起住宅市场的变化。最后,居民迁入新居,需要进行进一步的装潢,需要购买家具、电器等,又会引起装修市场、家具和电器市场的变化。由此可见,住宅建筑拨款增加这一经济指标的变化,在时间上先于市场的变化,从而引起市场的一系列变化。基本建设对钢材、水泥和木材 3 大材料的需求量是同步指标,并且各需求量之间还有较为固定的比例关系。如果其中某种材料的生产或供应能力有限,则另外两种材料的需求也将受到限制。因此,通过研究"短线"(供应能力不足)材料可供数量的变化情况,可以预测供应能力有余材料的需求量。滞后指标有助于验证领先指标所表示的经济趋向是否真实。

2)应用领先指标法的条件

必须指出,指标之间的关系是根据以往的经验和历史数据来确立的,国家的某些政策很可能已改变了指标之间以往的伴随关系,领先指标与预测对象之间的提前时间也不一定是常数。认真分析这些情况,确认指标之间的伴随关系到现在是否仍然存在,间隔时间有什么变化,是应用领先指标法进行预测的必要条件,也是减少预测风险的要求。领先指标法适用于诸如原材料价格的变动先于制成品价格的变动,教育事业的发展先于科学技术的发展等中短期预测。

(2)**领先指标法的预测步骤**

1)根据预测的目标和要求找出领先指标

一般应根据经济理论、经济关系、实践经验及实证性分析,找出与汽车市场预测对象有直接关系并起领先变化作用的经济变量作为领先指标。例如,预测汽车的价格变动,可把钢材价格变动作为领先指标。

2)搜集和处理统计数据

为了较正确地揭示领先指标和汽车市场预测目标的变动关系和规律,一般来说,应搜集 15 类以上的数据。

3)绘制领先落后关系图

画出领先指标、同步指标、滞后指标的时间序列图。

4)进行预测

通过领先指标来预测同步指标或滞后指标。预测时应注意,领先指标一般只能用于预测汽车市场行情的走势或转折点,或者说只能指示未来落后指标的变动方向,但不能直接预测变化的幅度。

10.2.2　主观概率法

(1)**主观概率法的含义**

概率是指某种现象发生的可能性大小。概率有两个重要特征:第一,全部事件中每一个事件的概率之和等于 1;第二,对某一特定结果确定的概率必定大于 0 而小于 1。

以概率分析为主要手段的预测方法称为概率预测法。

概率有客观概率和主观概率两种表现形式。客观概率是指某一实验重复无限多次时,其中的某事件发生的次数。它只适用于在相同条件下可以多次重复实验的情况。例如,一枚硬币可以反复无数次地抛掷。但是有许多经济现象不能重复实验,特别是在事件发生之前就要估计它出现的概率,这就需要有主观概率。

主观概率法是预测者对预测事件发生的概率作出主观估计,然后计算平均值,以此作为预测事件结论的一种定性预测法。例如:某位经济学家根据我国连续几年的经济发展水平,估计我国明年的 GDP 增长 6%的可能性为 75%。

主观概率是个人的主观估计,反映个人对事件的信念程度。因此,要注意不同的人认识能力不同,对同一事件在相同条件下出现概率的判断可能不一样。例如,一个汽车销售经理认为明年销售车辆的总数增加的概率是 70%,另一个则认为明年销售车辆总数增加的概率是 88%。这时,无法判断谁提出的概率是正确的。正因为存在着不同个人的主观概率和无法核对主观概率的准确程度,就有必要寻求合理的或最佳的估计概率。因此,在预测中,常要调查较多人的主观估计判断,并了解他们提出的主观概率的依据。

(2)主观概率法的预测步骤

①由若干个熟悉预测对象的专家组成一个预测小组,组织者向各位专家说明市场预测的目的和要求,提供预测所需资料。

②将事先制订好的主观概率调查表发给专家填写。调查表格式见表 10.2。

表 10.2　主观概率调查表

累积概率	0.010 (1)	0.125 (2)	0.250 (3)	0.375 (4)	0.500 (5)	0.625 (6)	0.750 (7)	0.875 (8)	0.990 (9)
预测值									

③整理汇总各位专家的主观概率调查表。

④判断预测。

(3)主观概率法应用案例

例 10.2 某汽车销售公司打算预测某区 2016 年的汽车需求量,因此选取了 10 位调查人员进行主观概率法预测,要求预测误差不超过 ±67 辆。调查汇总数据见表 10.3。

表 10.3　10 位调查人员预测资料

被调查人 编号	累计概率								
	0.010 (1)	0.125 (2)	0.250 (3)	0.375 (4)	0.500 (5)	0.625 (6)	0.750 (7)	0.875 (8)	0.990 (9)
	汽车需求量/辆								
1	2 111	2 144	2 156	2 200	2 222	2 244	2 267	2 278	2 311
2	1 978	2 100	2 133	2 156	2 200	2 222	2 267	2 278	2 500
3	2 044	2 100	2 133	2 144	2 244	2 267	2 289	2 311	2 444
4	2 156	2 167	2 178	2 189	2 200	2 211	2 222	2 233	2 244
5	2 200	2 211	2 222	2 244	2 278	2 311	2 333	2 356	2 400
6	1 867	1 989	2 000	2 044	2 111	2 133	2 156	2 178	2 200
7	2 156	2 200	2 222	2 289	2 311	2 356	2 400	2 433	2 489
8	2 000	2 056	2 067	2 100	2 133	2 167	2 200	2 222	2 278
9	2 089	2 100	2 111	2 122	2 133	2 144	2 156	2 167	2 178
10	2 222	2 244	2 244	2 278	2 300	2 322	2 356	2 367	2 444
平均数	2 083	2 131	2 147	2 177	2 213	2 238	2 265	2 282	2 349

解　①综合考虑每一个调查人员的预测,在每个累计概率上取平均值,得到在此累计概率下的预测需求量。由上表可以得出该汽车销售公司对 2016 年需求量预测最低可到 2 083 辆,小于这个数值的可能性只有 1%。

②该汽车销售公司 2016 年的最高需求可到 2 349 辆,大于这个数值的可能性只有 1%。

③可以用 2 213 辆作为 2016 年该公司对该区汽车需求量的预测值。这是最大值与最小值之间的中间值。其累计概率为 50%,是需求量期望值的估计数。

④取预测误差为 67 辆,则预测区间为:(2 213 − 67) ~ (2 213 + 67),即汽车需求量的预测值在 2 146 ~ 2 280 辆。

⑤当预测需求量在 2 146 辆和 2 280 辆之间,在第(3)栏到第(8)栏的范围之内,其发生概率相当于:0. 875 − 0. 250 = 0. 625。也就是说,需求量在 2 146 ~ 2 280 辆的可能性为 62. 5%。

复习思考题

10. 1　什么是定性预测方法? 定性预测方法主要有哪些类型?

10. 2　德尔菲法的基本特征是什么?

10. 3　什么是头脑风暴法? 头脑风暴法的组织原则是什么?

10. 4　什么是领先指标法? 它适合在哪些地方运用?

10. 5　什么是主观概率法? 怎样运用它来进行预测?

10. 6　结合实践题:各课题组对本组已经整理好的材料选取合适的定性预测方法进行预测。

第 **11** 章
时间序列预测法

11.1 概 述

11.1.1 时间序列预测法的内涵

(1) 时间序列

汽车市场现象的盛衰变化,一般都是随时间推移朝着某个方向不断延伸的,具有明显的时间序列特征。因此,从其统计数据中找出反映市场发展演变的规律,再根据连贯性原理向外推导,可以定量估计出市场的未来发展趋势。

现实中时间序列的变化受许多因素的影响,有些起着长期的、决定性的作用,使时间序列的变化呈现出某种趋势和一定的规律性;有些则起着短期的、非决定性的作用,使时间序列的变化呈现出某种不规则性。

时间序列的变化大体可分为以下 4 种类型:

①水平变化。指现象随时间变化时,围绕着某一个稳定值上下波动。

②周期变化。又称季节变化,指现象受季节性影响,按一固定周期呈现出的周期波动变化。

③趋势变化。指现象随时间变化时,朝着一定方向呈现出持续稳定的上升、下降或平稳的趋势。

④随机变动。指现象受偶然因素的影响而呈现出的不规则波动。某些不规则的时间序列,经过一定的统计处理,也可以呈现出某种规律性。

时间序列一般是以上几种变化形式的叠加或组合。因为市场现象的时间序列往往以各种形式出现,在大多数情况下,各种时间序列是相互交织在一起的。

(2) 时间序列预测法

时间序列预测法又称历史延伸法或趋势外推法。就是根据市场现象的历史资料,在时间序列变量分析的基础上,运用一定的数学方法建立预测模型,使时间趋势向外延伸,从而预测未来市场的发展变化趋势,确定变量预测值。

用时间序列预测法时,首先要搜集、整理市场现象的历史资料,编制时间序列,并根据时间序列绘制图形。在这一阶段要注意,时间序列要有比较长的时间,市场现象各时期统计指标要具有可比性。然后对时间序列进行分析,选择预测方法,建立预测模型,测算误差,确定预测值。

根据对资料分析方法的不同,时间序列预测法可分为平均预测法、指数平滑法、趋势外推法、季节指数法等类型。一般来说,它很适用于短期和近期市场预测。

11.1.2　时间序列预测法的特点

(1)根据市场过去的变化趋势预测未来的发展,假定事物的过去会同样延续到未来

事物的现实是历史发展的结果,而事物的未来又是现实的延伸,事物的过去和未来是有联系的。时间序列预测法,正是根据客观事物发展的这种连续规律性,运用过去的历史数据,通过统计分析,进一步推测市场未来的发展趋势。市场预测中,假定事物的过去会同样延续到未来,市场未来不会发生突然跳跃式变化,而是渐进变化的。

时间序列预测法的哲学依据,是唯物辩证法中的基本观点,即认为一切事物都是发展变化的,事物的发展变化在时间上具有连续性,市场现象也是这样。市场现象过去和现在的发展变化规律和发展水平,会影响到市场现象未来的发展变化规律和发展水平;市场现象未来的变化规律和水平,是市场现象过去和现在变化规律和发展水平的结果。

需要指出,由于事物的发展不仅有连续性的特点,而且又是复杂多样的。因此,在应用时间序列预测法进行市场预测时,应注意市场现象未来发展变化规律和发展水平,不一定与其历史和现在的发展变化规律完全一致。随着市场现象的发展,它还会出现一些新的特点。因此,在时间序列分析预测中,决不能机械地按市场现象过去和现在的规律向外延伸。必须要研究分析市场现象变化的新特点、新表现,并且将这些新特点和新表现充分考虑在预测值内。这样,才能对市场现象作出既延续其历史变化规律,又符合其现实表现的可靠的预测结果。

(2)突出时间因素在预测中的作用,暂不考虑外界具体因素的影响

时间序列在时间序列预测法中处于核心位置,没有时间序列,就没有这一方法的存在。虽然,预测对象的发展变化是受很多因素影响的。但是,运用时间序列进行预测,实际上将所有的影响因素归结到时间这一因素上,只承认所有影响因素的综合作用,并在未来对预测对象仍然起作用,并未去分析探讨预测对象和影响因素之间的因果关系。因此,为了能求得反映市场未来发展变化的精确预测值,在运用时间序列预测法进行预测时,必须将量的分析方法和质的分析方法结合起来。从质的方面充分研究各种因素与市场的关系,在充分分析研究影响市场变化的各种因素的基础上确定预测值。

需要指出的是,时间序列预测法因突出时间序列,暂不考虑外界因素影响,因而存在着预测误差的缺陷。当外界发生较大变化时,往往会有较大偏差,时间序列预测法对于中短期预测的效果要比长期预测的效果好。因为客观事物,尤其是经济现象,在一个较长时间内发生外界因素变化的可能性加大,它们对市场经济现象必定要产生重大影响。如果出现这种情况,进行预测时,只考虑时间因素不考虑外界因素对预测对象的影响,其预测结果就会与实际状况严重不符。

11.2 平均预测法

平均预测法是以一定观察期内预测变量的时间序列的平均值作为某个未来期的预测值的预测方法。这种方法针对不同情况有若干种类,但是不论哪种方法,其目的都是为了分离出时间序列的长期趋势。这种方法一般适用于没有明显的增减倾向,又具有随机波动影响的市场现象的预测。常用的平均预测法有简单平均法、加权平均法和移动平均法等类型。

11.2.1 简单平均法

简单平均法又称"全列平均值预测法",是将一定观察期内预测目标的时间序列的各期数据总加进行简单平均,以其平均值作为预测期的预测值的一种预测方法。

需要注意的是,只有当数据的时间序列表现为无显著的长期趋势变化与季节变动时,才能采用此法进行预测。其计算公式为:

$$X = \frac{\sum X_i}{n}(i = 1,2,3,\cdots,n) \tag{11.1}$$

式中　X——观察期内预测目标的算术平均值,即下期预测值;

　　　X_i——观察期内预测目标的实际值;

　　　n——观察期内预测目标的个数。

例 11.1　某品牌车型 2016 年 1—6 月销售量分别为 1 610,2 100,4 100,1 950,2 150, 2 000辆。试用简单平均法预测 7 月份的销售量。

解　$X = \dfrac{\sum X_i}{n} = \dfrac{1\ 610 + 2\ 100 + 4\ 100 + 1\ 950 + 2\ 150 + 2\ 000}{6}$辆 $= 2\ 318$ 辆

11.2.2 加权平均法

加权平均法是为观察期内的每一个数据确定一个权数,并在此基础上,计算其加权平均值为下一期的预测值的一种预测方法。这里的权数体现了观察期内各数据对预测期的影响程度。

简单平均法将各期观察值等同看待,但实际上近期的统计数据与远期的统计数据相比,包含更多的变化趋势信息。只有根据其包含趋势信息的多少给予相应的权数,才能更好地表现出时间序列的趋势。所以实际应用中,就需要引进加权平均法。其计算公式为:

$$X = \frac{\sum w_i X_i}{\sum w_i}(i = 1,2,3,\cdots,n) \tag{11.2}$$

式中　X——观察期内预测目标的加权算术平均值,即下期预测值;

　　　X_i——观察期内预测目标的实际值;

　　　w_i——与 X_i 相对应的观察期内预测目标的权数。

显然,运用加权算术平均法准确预测的关键是权数的确定。但是,权数的确定却没有规律可循,通常要凭借预测者的经验判断来主观确定。这并不是说权数的确定没有任何客观限制,实际上权数的确定必须体现出影响力大的观测值对应大的权数这一原则。一般而言,离预测期越远的数据对预测值的影响就越小,应确定较小的权数。当时间序列数据变动幅度较大时,为体现出各数据之间较大差异,可以由远及近选取等比数列作为权数;当时间序列数据变动幅度较小时,数据之间差异不大,可以由远及近选取等差数列作为权数。

例 11.2　根据例 11.1 的资料,假定 1—6 月份的权数分别为 1,2,3,4,5,6,用加权平均法预测 7 月份的销售量。

解　$X = \dfrac{\sum w_i X_i}{\sum w_i}$

$= \dfrac{1\ 610 \times 1 + 2\ 100 \times 2 + 4\ 100 \times 3 + 1\ 950 \times 4 + 2\ 150 \times 5 + 2\ 000 \times 6}{1 + 2 + 3 + 4 + 5 + 6}$ 辆

$\approx 2\ 317$ 辆

11.2.3　移动平均法

移动平均法是将观察期的统计数据,由远及近地按一定跨越期逐一求取平均值,并将最后一个平均值确定为预测值的一种预测方法。

这样从第一项数值开始,按一定跨越期求序时平均值逐项移动,边移动边平均,就可以得出一个由移动平均值构成的新的时间序列。新的时间序列在一定程度上把原有历史统计数据中的随机因素加以过滤,消除了数据中的起伏波动情况,使不规则的线形大致上规则化,可以显示出预测对象的发展方向和趋势。

移动平均法预测的准确程度,取决于移动跨越期的长短。跨越期越短,预测值对数据波动的反应越灵敏,有利于反映实际数据的波动情况,但反映长期变动趋势的效果较差;跨越期越长,预测值反映实际数据波动的灵敏度有所降低,但有利于避免偶然因素对预测结果的影响。因此,应选择合理的跨越期。若为了反映长期变动趋势,跨越期可以适当长些;若为了灵敏地反映历史数据的变动趋势,跨越期可以适当短一些。

移动平均法包括一次移动平均法和二次移动平均法等类型。

(1)一次移动平均法

一次移动平均法是对时间序列按一定的观察期连续计算平均值,取最后一个平均值作为预测值的方法。平均值的计算,既可采用简单平均,又可采用加权平均,相应的方法就称为简单移动平均法和加权移动平均法。

1)简单移动平均法

简单移动平均法就是直接以简单平均值数列中的最后一个数值作为预测值。其计算公式为:

$$\hat{X}_{t+1} = M_t = \frac{X_t + X_{t-1} + X_{t-2} + \cdots + X_{t-n+1}}{n} \quad (t = n, n+1, \cdots, N) \tag{11.3}$$

式中　M_t——第 t 期的移动平均值;

$X_t, X_{t-1}, X_{t-2}, \cdots, X_{t-n+1}$——序列第 $t, t-1, t-2$ 到 $t-n+1$ 期的观测值;

n——移动跨越期的期数;

$\hat{X}_{t+1}$——第 $t+1$ 期的预测值;

N——序列中的数据个数。

例 11.3 根据例 11.1 的资料,假定移动跨越期分别为 2 月和 3 月,用移动平均法来预测各月份的汽车需求量预测值。

解 当 $n=2$ 时,3 月份的需求量预测值可以根据式(11.3)计算出:

$$\hat{X}_3 = M_2 = \frac{X_2 + X_1}{2} = \frac{2\ 100 + 1\ 610}{2} 辆 = 1\ 855 辆$$

同理可推出 4,5,6,7 月份的需求量预测值,见表 11.1。

当 $n=3$ 时,4 月份的需求量预测值可以根据式(11.3)计算出:

$$\hat{X}_4 = M_3 = \frac{X_3 + X_2 + X_1}{3} = \frac{4\ 100 + 2\ 100 + 1\ 610}{3} 辆 \approx 2\ 603 辆$$

同理也可推出 5,6,7 月份的需求量预测值,见表 11.1。

表 11.1 简单移动平均法计算预测值表 （辆）

月 份	需求量	二期移动平均	三期移动平均
1	1 610	—	—
2	2 100	—	—
3	4 100	(2 100 + 1 610)/2 = 1 855	—
4	1 950	(4 100 + 2 100)/2 = 3 100	(4 100 + 2 100 + 1 610)/3 = 2 603
5	2 150	(1 950 + 4 100)/2 = 3 025	(1 950 + 4 100 + 2 100)/3 = 2 717
6	2 000	(2 150 + 1 950)/2 = 2 050	(2 150 + 1 950 + 4 100)/3 = 2 733
7	预测值	(2 000 + 2 150)/2 = 2 075	(2 000 + 2 150 + 1 950)/3 = 2 033

从表 11.1 可以看出,选择跨越期 n 的长短不同,所计算的简单移动平均的效果也不同。一般来说,所选取的 n 值越大,经过移动平均的时间序列的波动幅度就越小。

简单移动平均法虽然有利于消除干扰,揭示长期趋势,但它也有一个显著的缺点,即:假设平均值内的各项观察值对于未来都具有相同的影响,但在实际中,往往是越接近预测值的观察值对未来的影响越大。因此,有必要采用加权的办法来计算时间序列的移动平均值。

2)加权移动平均法

加权移动平均法实际上是简单移动平均法的变形。其具体操作方法是,在移动跨越期内,对距离预测期较远的数据给予较小的权数,反之给予较大的权数。计算出加权移动平均值数列,并以最后一个加权平均值作为预测值。其计算公式为:

$$\hat{X}_{t+1} = M_t = \frac{\omega_1 X_t + \omega_2 X_{t-1} + \omega_3 X_{t-2} + \cdots + \omega_n X_{t-n+1}}{\omega_1 + \omega_2 + \omega_3 + \cdots + \omega_n} \tag{11.4}$$

$$(t = n, n+1, \cdots, N)$$

式中　M_t——第 t 期的移动平均值;

　　　$X_t, X_{t-1}, X_{t-2}, \cdots, X_{t-n+1}$——序列第 $t, t-1, t-2$ 到 $t-n+1$ 期的观测值;

　　　$\omega_1, \omega_2, \omega_3, \cdots, \omega_n$——权数;

n——移动跨越期的期数;

$\hat{X}_{t+1}$——第 $t+1$ 期的预测值;

N——序列中的数据个数。

说明:加权系数 ω 选择的原则是,"近期数据权数大,远期数据权数小"。至于大到什么程度,完全靠预测者对序列作全面的了解和分析而定。加权系数 ω 赋予的个数与跨越期相同,即跨越期为 2,则有 2 个权数。

例 11.4 根据例 11.1 的资料,选取移动跨越期分别为 2 和 3,用加权移动平均法来预测各月份的汽车需求量预测值。

解 当 $n=2$ 时,赋予离预测值近的月份权数为 2,离预测值远的月份权数为 1,则 3 月份的需求量预测值可以根据式(11.4)计算出:

$$\hat{X}_3 = M_2 = \frac{\omega_2 X_2 + \omega_1 X_1}{\omega_2 + \omega_1} = \frac{2 \times 2\,100 + 1 \times 1\,610}{2+1} 辆 \approx 1\,937 辆$$

同理可推出 4,5,6,7 月份的需求量预测值,见表 11.2。

当 $n=3$ 时,按距离预测值从近到远分别赋予权数为 3,2,1,则 4 月份的需求量预测值可以根据式(11.4)计算出:

$$\hat{X}_4 = M_3 = \frac{\omega_3 X_3 + \omega_2 X_2 + \omega_1 X_1}{\omega_3 + \omega_2 + \omega_1}$$

$$= \frac{3 \times 4\,100 + 2 \times 2\,100 + 1 \times 1\,610}{3+2+1} 辆$$

$$\approx 3\,018 辆$$

同理也可推出 5,6,7 月份的需求量预测值,见表 11.2。

表 11.2 加权移动平均法计算预测值表 (辆)

月 份	需求量	二期移动平均	三期移动平均
1	1 610	—	—
2	2 100	—	—
3	4 100	$\frac{2 \times 2\,100 + 1 \times 1\,610}{2+1} = 1\,937$	—
4	1 950	$\frac{2 \times 4\,100 + 1 \times 2\,100}{2+1} = 3\,433$	$\frac{3 \times 4\,100 + 2 \times 2\,100 + 1 \times 1\,610}{3+2+1} = 3\,018$
5	2 150	$\frac{2 \times 1\,950 + 1 \times 4\,100}{2+1} = 2\,667$	$\frac{3 \times 1\,950 + 2 \times 4\,100 + 1 \times 2\,100}{3+2+1} = 2\,692$
6	2 000	$\frac{2 \times 2\,150 + 1 \times 1\,950}{2+1} = 2\,083$	$\frac{3 \times 2\,150 + 2 \times 1\,950 + 1 \times 4\,100}{3+2+1} = 2\,408$
7	预测值	$\frac{2 \times 2\,000 + 1 \times 2\,150}{2+1} = 2\,050$	$\frac{3 \times 2\,000 + 2 \times 2\,150 + 1 \times 1\,950}{3+2+1} = 2\,042$

从表 11.2 中可以看出,加权移动平均预测法的最大特点是:它强调时间序列近期的变动对未来具有较大的影响。在现实中,许多经济变量在时间上都具有较强的延续性,当前的变动往往一方面是过去变动的继续,另一方面又会对未来产生重要的影响。从这个角度来看,加权移动平均预测法要比简单移动平均预测法更加合理。但是,加权移动平均法预测效果的好坏,在一定程度上受到计算移动平均值列的跨越期和权数大小的制约。只有合理地确定加权移动平均的跨越期和权数,加权移动平均法才有可能在市场预测中发挥其应有的作用。

(2)二次移动平均法

二次移动平均法,是对一次移动平均值进行第二次移动平均,在此基础上分析这两次平均值的滞后偏差,并利用其变化规律建立线性方程来进行预测的方法。

二次移动平均值的公式为:

$$M_t^{(1)} = \frac{X_t + X_{t-1} + \cdots + X_{t-n+1}}{n}$$

$$M_t^{(2)} = \frac{M_t^{(1)} + M_{t-1}^{(1)} + \cdots + M_{t-n+1}^{(1)}}{n} \tag{11.5}$$

式中　X_t——时间序列中 t 期观察值;

　　　$M_t^{(1)}$——第 t 期的一次移动平均值;

　　　$M_t^{(2)}$——第 t 期的二次移动平均值;

　　　n——计算移动平均值的跨越期。

二期移动平均值一般不直接用于预测,而是利用它来求取线形预测模型的模型参数。二次移动平均法的预测模型为:

$$\hat{X}_{t+T} = a_t + b_t T \tag{11.6}$$

式中　$\hat{X}_{t+T}$——$t + T$ 期的预测值;

　　　T——向未来预测的期数;

　　　模型参数 $a_t = 2M_t^{(1)} - M_t^{(2)}$——线性方程式的截距;

　　　模型参数 $b_t = \frac{2}{n-1}(M_t^{(1)} - M_t^{(2)})$——线性方程式的斜率。

二次移动平均法解决了预测值滞后于实际观察值的矛盾,适用于有明显趋势变动的市场现象时间序列的预测,同时它还保留了一次移动平均法的优点。二次移动平均法适用于时间序列呈线性趋势变化的预测,它不是一种独立的预测方法,必须在一次平均的基础上再进行第二次移动平均。

二次移动平均法与前面几种平均法相比,既可计算未来某一期的预测值,也可计算未来若干期的预测值,因而有了很大的进步。但是,预测模型的参数是根据已有的数据来确定的,当数据趋势有逐渐改变的迹象时,这种方法就不宜推算未来较多期的预测值,而只能推算较少期的近期预测值。

例 11.5　某汽车配件销售公司 1—10 月份发电机的销售量,见表 11.3 第 2 列,用二次移动平均法预测 11 月份和 12 月份的销售量。(n 取 3,单位:台)

表 11.3　某汽车配件销售公司 1—10 月份发电机的销售量　　　　（台）

月　份	销售额 Y_t	$M_t^{(1)}(n=3)$	$M_t^{(2)}(n=3)$	a_t	b_t
1	439	—	—	—	—
2	436	—	—	—	—
3	489	455	—	—	—
4	551	492	—	—	—
5	606	549	499	599	50
6	639	599	547	651	52
7	656	634	594	674	40
8	691	662	632	692	30
9	699	682	659	705	23
10	715	702	682	722	20

解　①根据式（11.5），列表求出一次移动平均值和二次移动平均值：

$$M_3^{(1)} = \frac{X_3 + X_2 + X_1}{3} = 455$$

$$\vdots$$

$$M_{10}^{(1)} = \frac{X_{10} + X_9 + X_8}{3} = 702$$

$$\vdots$$

具体的一次移动平均值和二次移动平均值，见表 11.3。

②根据公式 $a_t = 2M_t^{(1)} - M_t^{(2)}$，$b_t = \dfrac{2}{n-1}(M_t^{(1)} - M_t^{(2)})$，求各期的 a,b 值，填入表 11.3。

③建立预测模型，计算预测值。

因为

$$\hat{X}_{t+T} = a_t + b_t T$$

所以，本题预测模型为：

$$\hat{X}_{10+T} = a_{10} + b_{10}T = 722 + 20T$$

11 月份发电机销售量的预测值为：

$$\hat{X}_{11} = \hat{X}_{10+1} = (722 + 20 \times 1)\ 台 = 742\ 台$$

12 月发电机销售量的预测值为：

$$\hat{X}_{12} = \hat{X}_{10+2} = (722 + 20 \times 2)\ 台 = 762\ 台$$

11.3 指数平滑法

指数平滑法是根据本期的实际值和过去对本期的预测值,分别给予不同的权数,计算出指数平滑值,并以此确定预测结果的方法。它是在移动平均法基础上发展起来的一种预测方法,是移动平均法的改进形式。

使用移动平均法有两个明显的缺点:一是加权移动平均法虽然改进了简单移动平均法对移动期内的各组数据使用相同权数的缺陷,可以对移动期内各组数据确定不同的权数。但是确定一个合适的权数需要预测者花费大量的时间和精力反复计算、比较,从经济角度讲不划算;二是它需要有大量的历史观察值的储备。而指数平滑法就避免了这两个缺点,它既可以满足这样一种加权法,又不需要大量历史观察值。

指数平滑法按时间序列资料被平滑的次数,可以分为一次指数平滑法、二次指数平滑法和二次以上的多次指数平滑法。其中,二次以上的多次指数平滑法可以用于非线性时间序列的预测,但计算比较烦琐,实际运用也比较少。因此这里只介绍一次指数平滑法和二次指数平滑法。

11.3.1 一次指数平滑预测法

一次指数平滑预测法是指以预测对象的上期实际值和上期预测值为资料,用平滑系数来确定二者的权数,计算其加权平均值(即平滑值),并根据平滑值确定本期预测值的一种预测方法。适合于水平型历史数据。其计算公式为:

$$S_t = \alpha Y_t + (1 - \alpha)S_{t-1} \tag{11.7}$$

式中 S_t——第 t 期的一次指数平滑值(第 $t+1$ 期的预测值);

Y_t——t 期的实际值;

S_{t-1}——$t-1$ 期的指数平滑值(第 t 期的预测值);

α——平滑系数($0 \leqslant \alpha \leqslant 1$)。

公式表明,t 时期的预测值是 $t-1$ 期实际值和预测值的加权平均值,$t-1$ 期实际值的权数为 α,$t-1$ 期预测值的权数为 $1-\alpha$,权数之和为 1。

一次指数平滑法可以起到类似于加权移动平均的效果,它能使越靠近预测期的数据对预测的结果影响越大,这一点可以从下面的推导结果中看出。

根据式(11.7),可以写出 $t-1$ 期的平滑值公式:

$$S_{t-1} = \alpha Y_{t-1} + (1 - \alpha)S_{t-2}$$

将上式代入式(11.7),得

$$S_t = \alpha Y_t + \alpha(1 - \alpha)Y_{t-1} + (1 - \alpha)^2 S_{t-2}$$

将上述过程持续下去,最后可以得到下面的结果:

$$S_t = \alpha Y_t + \alpha(1 - \alpha)Y_{t-1} + \alpha(1 - \alpha)^2 Y_{t-2} + \cdots +$$
$$\alpha(1 - \alpha)^{t-1}Y_1 + (1 - \alpha)^t S_0 \tag{11.8}$$

结果显示,S_t 实际上是时间序列的历史观察值 $Y_t, Y_{t-1}, Y_{t-2}, \cdots, Y_1$ 和初始平滑值 S_0 的加权平均。可以看出,各项权数是按照等比级数递减的。其中,等比级数的首项为 α,公比为

$1-\alpha$。α 是一个可以在 $0 \leqslant \alpha \leqslant 1$ 范围内进行调节的数值。由于这一权数是递减的,所以距离预测期越远的观测值对当前预测结果的影响就越小。例如,当 $\alpha = 0.6$ 时,权数分别为 0.6,0.24,0.096 和 0.0384,这里距预测期最近的 Y_{t-3} 对 S_t 的影响远远小于 Y_t。就这一点来说,一次指数平滑法可以起到类似于前面所介绍的加权移动平均的作用。

下面通过例 11.6,具体说明一次指数平滑法的计算和预测程序。

例 11.6 某汽车销售公司近 12 年的销售额见表 11.4,利用指数平滑法预测 2017 年的销售额。

表 11.4 某汽车销售公司 2005—2016 年销售额 (万元)

年份	销售额	平滑系数 $\alpha = 0.1$	平滑系数 $\alpha = 0.6$	平滑系数 $\alpha = 0.9$
2005	1 140	2 144.3	2 144.3	2 144.3
2006	2 136	$0.1 \times 1\ 140 + (1 - 0.1)$ $\times 2\ 144.3 = 2\ 043.9$	$0.6 \times 1\ 140 + (1 - 0.6)$ $\times 2\ 144.3 = 1\ 541.7$	$0.9 \times 1\ 140 + (1 - 0.9)$ $\times 2\ 144.3 = 1\ 240.4$
2007	3 157	$0.1 \times 2\ 136 + (1 - 0.1)$ $\times 2\ 043.9 = 2\ 053.1$	$0.6 \times 2\ 136 + (1 - 0.6)$ $\times 1\ 541.7 = 1\ 898.3$	$0.9 \times 2\ 136 + (1 - 0.9)$ $\times 1\ 240.4 = 2\ 046.4$
2008	4 174	$0.1 \times 3\ 157 + (1 - 0.1)$ $\times 2\ 053.1 = 2\ 163.5$	$0.6 \times 3\ 157 + (1 - 0.6)$ $\times 1\ 898.3 = 2\ 653.5$	$0.9 \times 3\ 157 + (1 - 0.9)$ $\times 2\ 046.4 = 3\ 045.9$
2009	5 130	$0.1 \times 4\ 174 + (1 - 0.1)$ $\times 2\ 163.5 = 2\ 364.6$	$0.6 \times 4\ 174 + (1 - 0.6)$ $\times 2\ 653.5 = 3\ 565.8$	$0.9 \times 4\ 174 + (1 - 0.9)$ $\times 3\ 045.9 = 4\ 061.2$
2010	6 179	$0.1 \times 5\ 130 + (1 - 0.1)$ $\times 2\ 364.6 = 2\ 641.1$	$0.6 \times 5\ 130 + (1 - 0.6)$ $\times 3\ 565.8 = 4\ 504.3$	$0.9 \times 5\ 130 + (1 - 0.9)$ $\times 4\ 061.2 = 5\ 023.1$
2011	7 180	$0.1 \times 6\ 179 + (1 - 0.1)$ $\times 2\ 641.1 = 2\ 994.9$	$0.6 \times 6\ 179 + (1 - 0.6)$ $\times 4\ 504.3 = 5\ 509.1$	$0.9 \times 6\ 179 + (1 - 0.9)$ $\times 5\ 023.1 = 6\ 063.4$
2012	8 154	$0.1 \times 7\ 180 + (1 - 0.1)$ $\times 2\ 994.9 = 3\ 413.4$	$0.6 \times 7\ 180 + (1 - 0.6)$ $\times 5\ 509.1 = 6\ 511.6$	$0.9 \times 7\ 180 + (1 - 0.9)$ $\times 6\ 063.4 = 7\ 068.3$
2013	9 170	$0.1 \times 8\ 154 + (1 - 0.1)$ $\times 3\ 413.4 = 3\ 887.5$	$0.6 \times 8\ 154 + (1 - 0.6)$ $\times 6\ 511.6 = 7\ 497$	$0.9 \times 8\ 154 + (1 - 0.9)$ $\times 7\ 068.3 = 8\ 045.4$
2014	10 185	$0.1 \times 9\ 170 + (1 - 0.1)$ $\times 3\ 887.5 = 4\ 415.8$	$0.6 \times 9\ 170 + (1 - 0.6)$ $\times 7\ 497 = 8\ 500.8$	$0.9 \times 9\ 170 + (1 - 0.9)$ $\times 8\ 045.4 = 9\ 057.5$
2015	11 170	$0.1 \times 10\ 185 + (1 - 0.1)$ $\times 4\ 415.8 = 4\ 992.7$	$0.6 \times 10\ 185 + (1 - 0.6)$ $\times 8\ 500.8 = 9\ 511.3$	$0.9 \times 10\ 185 + (1 - 0.9)$ $\times 9\ 057.5 = 10\ 072.3$
2016	11 268	$0.1 \times 11\ 170 + (1 - 0.1)$ $\times 4\ 992.7 = 5\ 610.4$	$0.6 \times 11\ 170 + (1 - 0.6)$ $\times 9\ 511.3 = 10\ 506.5$	$0.9 \times 11\ 170 + (1 - 0.9)$ $\times 10\ 072.3 = 11\ 060.2$
2017	—	$0.1 \times 11\ 268 + (1 - 0.1)$ $\times 5\ 610.4 = 6\ 176.2$	$0.6 \times 11\ 268 + (1 - 0.6)$ $\times 10\ 506.5 = 10\ 963.4$	$0.9 \times 11\ 268 + (1 - 0.9)$ $\times 11\ 060.2 = 11\ 247.2$

解 预测步骤如下：

①确定初始值 S_1

初始值是指最早的一个预测值。根据式(11.7)可以得出，$S_1 = \alpha Y_1 + (1-\alpha)S_0$，因此，它不能从公式中计算出来，也无法在实际资料中查得，因此只能用其他方法加以估计。

一般情况下，时间序列的数据越多，初始值距离预测期就越远，权数就越小，对预测值的影响也就越小。这时初始值可以用实际值来代替，即令 $S_1 = Y_1$。然后按照上述递推规律，求出 S_{t+1}；若时间序列数据较少，此时初始值对预测值的影响较大，初始值则需要另作估算。简便的估算方法是选取前面3个实际值的平均值作为初始值。如本例可以将 S_1 确定为前3期实际值的平均值，即

$$S_1 = \frac{Y_1 + Y_2 + Y_3}{3} = \frac{1\,140 + 2\,136 + 3\,157}{3} \text{万元} = 2\,144.3 \text{万元}$$

②选择平滑系数 α

运用指数平滑法，还需要选定合适的平滑系数 α。平滑系数在这里体现了对时间序列各数据的修匀能力，α 值的大小与预测结果有直接关系。

通常情况下，α 值的确定可以依据时间序列的波动进行选择。如果时间序列是趋势型时间序列，应选择较大的平滑系数，即在 $0.6 < \alpha \leq 1$ 之间，以消除这种不规则变动对预测值的影响；如果时间序列有较小的随机变动或数据以固定比率上升、下降时(水平型时间序列)，应用较小的平滑系数，即在 $0 \leq \alpha < 0.3$ 之间取值；如果时间序列变动呈水平型和趋势型混合变动，平滑系数应取适中的值，即在 $0.3 \leq \alpha \leq 0.6$ 之间取值。

本例中，确定了 $\alpha = 0.1$，$\alpha = 0.6$，$\alpha = 0.9$，通过计算，可以比较它们对时间序列的修匀程度。

当 $\alpha = 0.1$ 时，根据式(11.7)计算，得出以下结果：

$$S_1 = \frac{1\,140 + 2\,136 + 3\,157}{3} \text{万元} = 2\,144.3 \text{万元}$$

$$S_2 = [0.1 \times 1\,140 + (1-0.1) \times 2\,144.3] \text{万元} = 2\,043.9 \text{万元}$$

$$\vdots$$

以此类推，可以求得2017年的销售额预测值为

$$S_{13} = [0.1 \times 11\,268 + (1-0.1) \times 5\,610.4] \text{万元} = 6\,176.2 \text{万元}$$

当 $\alpha = 0.6$ 时，根据式(11.7)计算，得出以下结果：

$$S_1 = \frac{1\,140 + 2\,136 + 3\,157}{3} \text{万元} = 2\,144.3 \text{万元}$$

$$S_2 = [0.6 \times 1\,140 + (1-0.6) \times 2\,144.3] \text{万元} = 1\,541.7 \text{万元}$$

$$\vdots$$

以此类推，可以求得2017年的销售额预测值为

$$S_{13} = [0.6 \times 11\,268 + (1-0.6) \times 10\,506.5] \text{万元} = 10\,963.4 \text{万元}$$

当 $\alpha = 0.9$ 时，根据式(11.7)计算，得出以下结果：

$$S_1 = \frac{1\ 140 + 2\ 136 + 3\ 157}{3}\ 万元 = 2\ 144.3\ 万元$$

$$S_2 = [0.9 \times 1\ 140 + (1 - 0.9) \times 2\ 144.3]\ 万元 = 1\ 240.4\ 万元$$

$$\vdots$$

以此类推,可以求得 2017 年的销售额预测值为

$$S_{13} = [0.9 \times 11\ 268 + (1 - 0.9) \times 11\ 060.2]\ 万元 = 11\ 247.2\ 万元$$

③确定预测值

根据本例中 α 对时间序列的修匀程度,当 $\alpha = 0.9$ 时,指数平滑值基本反映了时间序列各数据的情况,修匀程度小,应确定 $\alpha = 0.9$ 时的平滑值作为预测值,即 2017 年销售额预测值为 11 247.2 万元。

当时间序列没有明显的趋势变动时,使用第 t 周期一次指数平滑就能直接预测第 $t+1$ 期之值。但从表 11.4 可以看出,当时间序列的变动出现直线趋势时,用一次指数平滑法来预测仍存在着明显的滞后偏差,往往需要将平滑值作必要的修正以后,才能确定预测值。如果时间序列具有明显的线形趋势,则适合采用二次指数平滑法。

11.3.2　二次指数平滑预测法

二次指数平滑法不能单独地进行预测,必须与一次指数平滑法配合,在一次指数平滑的基础上再作二次指数平滑。利用滞后偏差的规律找出曲线的发展方向和发展趋势,然后建立线形方程,运用数学模型确定预测值。这种方法克服了一次指数平滑法只能预测未来一期的缺点,可用于趋势型时间序列的预测。

使用二次指数平滑预测法进行预测时,首先要计算时间序列的一次和二次指数平滑值。二次指数平滑值的计算方法是对经过简单指数平滑的时间序列再进行一次平滑,其计算公式为:

$$S_t^{(2)} = \alpha S_t + (1 - \alpha) S_{t-1}^{(2)} \tag{11.9}$$

式中　$S_t^{(2)}$——t 期的二次指数平滑值;

　　　$S_{t-1}^{(2)}$——$t-1$ 期的二次指数平滑值;

　　　S_t——t 期的一次指数平滑值;

　　　α——平滑系数($0 \leq \alpha \leq 1$)。

通过对比式(11.7)和式(11.9)可以发现,二次指数平滑值的计算,其实就是将一次指数平滑公式的有关项目进行相应替换,即用 t 期的一次指数平滑值 S_t 替换 t 期的实际值 Y_t,用 $t-1$ 期的二次指数平滑值 $S_{t-1}^{(2)}$ 替换 $t-1$ 期的一次指数平滑值 S_{t-1}。同时,从以上两个公式中也可以看出,为了计算出二次指数平滑值,需要 S_t 和 $S_t^{(2)}$ 两个初始值。但是,当 $t=1$ 时,这两个值都是不确定的。一般的处理方法是令 S_1 和 $S_1^{(2)}$ 等于第一期的实际观察值,或者通过计算时间序列前几期的简单或加权平均值来确定 S_1 和 $S_1^{(2)}$ 的值。平滑系数 α 的确定方法与一次指数平滑法的确定方法相同,这里不再赘述。

二次指数平滑值仍不能直接用于预测,也要通过两次指数平滑值来求取线形预测模型的模型参数。其线形预测模型为:

$$\hat{Y}_{t+T} = a_t + b_t T \tag{11.10}$$

式中　$\hat{Y}_{t+T}$——$t+T$ 期的预测值；

　　　T——时间 t 到预测期的时间间隔；

　　　模型参数 $a_t = 2S_t - S_t^2$——线性方程式的截距；

　　　模型参数 $b = \dfrac{\alpha}{1-\alpha}(S_t - S_t^2)$——线性方程式的斜率。

　　计算出模型参数后，可以通过赋予 T 不同的取值，计算出 t 期后若干期的预测值。从这一点来说，二次指数平滑预测法克服了一次指数平滑法只能预测未来一期的缺点，可对近期和中期市场进行预测。

　　运用二次指数平滑预测法进行预测的一般步骤是：①确定一次指数平滑系数和初始预测值；②确定二次指数平滑系数和初始预测值，并计算出二次指数平滑值序列；③建立预测模型，估计模型参数；④进行预测。

11.4　趋势外推法

11.4.1　趋势外推法的内涵

　　汽车市场中许多经济现象的发展，都随着时间的变化而呈现出一定的规律性。当预测对象依时间变化呈现某种上升或下降趋势，没有明显的季节波动，且能找到一个合适的函数曲线反映这种变化趋势时，就可以用趋势外推法进行预测。

　　趋势外推法是利用预测目标过去和现在的资料，找出预测目标随时间变化呈现出长期发展变化的规律，并用函数的形式将这种规律加以量化，通过函数的对应关系实现预测目的的预测方法。这种方法的准确度，建立在外推模型正确反映预测对象本质运动的基础上，并且向外推导的时间不宜过长，在短期和近期预测中使用较多。

　　运用趋势外推法进行市场预测，必须满足以下两个条件：

　　第一，预测对象的过去、现在和未来的客观条件基本保持不变，过去发生过的规律会延续到未来。

　　第二，预测对象的发展过程是渐变的，而不是跳跃式的，大起大落的。

　　只要符合以上两个条件，就可以以时间为自变量，以预测对象为因变量（即预测值），建立外推数学模型进行预测。

　　按照时间序列呈现的不同趋势形态，可以将趋势外推法分为直线趋势外推法和曲线趋势外推法两大类型。曲线趋势外推法还可以继续分为二次曲线趋势外推法、三次曲线趋势外推法、指数曲线趋势外推法和修正指数曲线趋势外推法等类型。

　　当使用趋势外推法对某一经济现象进行预测时，需要对预测方法进行选择，选择方法有以下两种。

　　①图形识别法。这种方法是通过绘制散点图来进行的，即将时间序列的数据绘制成以时间 t 为横轴，时序观察值为纵轴的图形。观察并将其变化曲线与各类函数曲线模型的图形进行比较，以便选择较为合适的模型。

　　②差分法。利用差分法把数据修匀，使非平稳序列达到平稳序列。根据不同的差分特性，

选择不同的趋势外推预测方法,表 11.5。

表 11.5　差分法识别标准

差分特性	适用预测方法
一阶差分相等或大致相等	直线趋势外推法
二阶差分相等或大致相等	二次曲线趋势外推法
三阶差分相等或大致相等	三次曲线趋势外推法
一阶差分比率相等或大致相等	指数曲线趋势外推法
一阶差分的一阶比率相等或大致相等	修正指数曲线趋势外推法

以下只介绍直线趋势外推法和曲线趋势外推法中的部分方法。

11.4.2　直线趋势外推法

直线趋势外推法是指对呈现线形变动趋势的时间序列,拟合成直线方程描述直线的上升或下降趋势来进行外推预测的方法。具有直线趋势的时间序列,都可以采用直线方程来求出预测值。当然,时间序列中的实际数据与直线上的数据总可能有所偏差,但只要偏差较小,拟合的直线对时间序列就有很强的代表性。

直线趋势外推法的计算公式为:

$$Y_t = a + bt \tag{11.11}$$

式中　Y_t——预测值;

　　　t——自变量,表现为按自然数顺序编号的时间序数;

　　　a,b——模型参数,是常数。

从式(11.11)可以看出,通过直线预测模型来计算预测值,首先需要估计出模型参数 a,b 的值。

运用最小二乘法,可以确定出 a,b 的值,从而求出直线方程。在这里只给出最后的结果,即

$$a = \frac{1}{n}\left(\sum Y_i - b\sum t_i\right)$$

$$b = \frac{n\sum t_i Y_i - \left(\sum t_i\right)\left(\sum Y_i\right)}{n\sum t_i^2 - \left(\sum t_i\right)^2}$$

式中　t_i——时间序列的编号。

为了简化计算,通常按 $\sum t_i = 0$ 的原则编号。这样,上述公式可以简化为:

$$a = \frac{\sum Y_i}{n}$$
$$b = \frac{\sum t_i Y_i}{\sum t_i^2} \tag{11.12}$$

不同资料的时间间隔通常是不同的。在计算时,为保证 $\sum t_i = 0$,按以下方式确定时间

间隔和时间序列的编号。

①当 n 为奇数时,确定资料的中央一期为 0,与中央一期相对称的其他各期之和也应为 0,则时间序列的时间间隔为 1,即 $\cdots, -2, -1, 0, 1, 2, \cdots$

②当 n 为偶数时,中央两期之和应为 0,与这两期相邻的其他各期之和也应为 0,则资料的时间间隔为 2,即 $\cdots, -5, -3, -1, 1, 3, 5, \cdots$

例 11.7 某汽车销售公司 2007—2016 年家庭轿车销售额,见表 11.6 第 2 行,试利用趋势外推法预测 2017 年该公司家庭轿车销售额。

表 11.6 某汽车销售公司 2007—2016 年家庭轿车销售额

年 份	销售额/万元	t_i	$Y_i t_i$	t_i^2
2007	293.3	-9	$-2\ 639.7$	81
2008	381.4	-7	$-2\ 669.8$	49
2009	440.2	-5	$-2\ 201$	25
2010	416.3	-3	$-1\ 248.9$	9
2011	436.2	-1	-436.2	1
2012	535.5	1	535.5	1
2013	696	3	2\ 088	9
2014	738.5	5	3\ 692.5	25
2015	827.3	7	5\ 791.1	49
2016	1\ 027.9	9	9\ 251.1	81
$\sum$	5\ 792.6	0	12\ 162.6	330

解 根据 $\sum t_i = 0$,确定时间间隔和时间序列的编号,计算出相应参数值,并填入表 11.6。

根据式(11.12),可计算出:

$$a = \frac{\sum Y_i}{n} = \frac{5\ 792.6}{10} = 579.26$$

$$b = \frac{\sum t_i Y_i}{\sum t_i^2} = \frac{12\ 162.6}{330} \approx 36.86$$

根据式(11.11),可得直线趋势方程:

$$Y_t = 579.26 + 36.86t$$

利用直线趋势方程可预测出 2017 年的销售总额:

当 $t = 11$ 时,$Y_t = 984.68$ 万元,即 2017 年该公司家庭轿车的预测销售总额为 984.68 万元。

直线趋势外推法一般都是通过直线预测模型来计算预测值的。但有时可以不必找到拟合直线的方程式,只要符合直线趋势外推法的原理,直接用一些简便的方法就能求出预测值。下面介绍两种简便的预测方法。

①增减量预测法。这种方式是以上期实际值与上两期之间的增减量之和,作为本期预测值的一种预测方法。其计算公式为:

$$Y_t = Y_{t-1} + (Y_{t-1} - Y_{t-2})$$

以例 11.7 为例,已知 2016 年的销售额为 1 027.9 万元,2015 年的销售额为 827.3 万元,预测 2017 年的销售额为:

$$Y_{2017} = [1\ 027.9 + (1\ 027.9 - 827.3)]\ 万元 = 1\ 228.5\ 万元$$

②平均增减量预测法。这种方式是先计算出整个时间序列逐期增减量的平均值,再与上期实际数相加,从而确定预测值的方法。其计算公式为:

$$Y_t = Y_{t-1} + \frac{(Y_{t-1} - Y_{t-2}) + (Y_{t-2} - Y_{t-3}) + \cdots + (Y_{t-n} - Y_{t-(n+1)})}{n}$$

$$= Y_{t-1} + \frac{Y_{t-1} - Y_{t-(n+1)}}{n}$$

仍以例 11.7 为例,根据计算公式可得:

$$Y_{2017} = \left[1\ 027.9 + \frac{1\ 027.9 - 293.3}{9}\right]\ 万元 = 1\ 109.52\ 万元$$

11.4.3　曲线趋势外推法

汽车市场中许多现象随时间变化的规律并不都是线形的,有时也会呈现出不同形状的曲线变动趋势。曲线趋势外推法就是根据时间序列随时间变化的曲线规律确定曲线方程,利用曲线的性质确定出预测值。

曲线方程的类型很多,这里只介绍常用的二次曲线趋势外推法和指数曲线趋势外推法。

（1）二次曲线趋势外推法

二次曲线趋势外推法适用于时间序列各数据的分布呈抛物线的情况,其计算公式为:

$$Y_t = a + bt + ct^2 \tag{11.13}$$

式中　Y_t——预测值;

t——自变量,表现为按自然数顺序编号的时间序数;

a,b,c——模型参数,是常数。

如果预测对象时间序列的图形近似抛物线,或者时间序列数据的二阶差分相等或大致相等时,就特别适合采用二次曲线模型来进行预测。

从式(11.13)可以看出,通过二次曲线预测模型来计算预测值,首先需要估计出模型参数 a,b,c 的值。确定模型中的常数 a,b,c 时,一般采用最小二乘法。利用最小二乘法来确定 a,b,c 的值,目标是使实际值与通过模型计算出来的对应估计值的偏差平方和最小,即 $\sum (Y - a - bt - ct^2) = $ 最小值。因此,分别对 a,b,c 求偏导数,并令其等于 0,可得以下方程组:

$$\begin{cases} \sum Y = na + b\sum t + c\sum t^2 \\ \sum tY = a\sum t + b\sum t^2 + c\sum t^3 \\ \sum t^2Y = a\sum t^2 + b\sum t^3 + c\sum t^4 \end{cases}$$

t_i 是时间序列的编号,为了简化计算,通常按 $\sum t_i = 0$ 的原则编号,此时 $\sum t_i^3 = 0$。这样,

153

原方程组可以简化为：

$$\begin{cases} \sum Y = na + c\sum t^2 \\ \sum tY = b\sum t^2 \\ \sum t^2Y = a\sum t^2 + c\sum t^4 \end{cases} \qquad (11.14)$$

简化后的方程组，可以更方便地求出 a,b,c 的值。

例 11.8 某品牌发动机 2011—2016 年的销售额，见表 11.7 第 2 列，试求出该品牌发动机 2017 年销售额的预测值。

表 11.7 某品牌发动机 2011—2016 年的销售额及计算过程

年 份	销售额(Y_i)	t_i	Y_it_i	t_i^2	$t_i^2Y_i$	t_i^4
2011	56	−5	−280	25	1 400	625
2012	52	−3	−156	9	468	81
2013	46	−1	−46	1	46	1
2014	56	1	56	1	56	1
2015	72	3	216	9	648	81
2016	78	5	390	25	1 950	625
$\sum$	360	0	180	70	4 568	1 414

解 通过观察资料数据的排列情况，可知各数据的分布近似呈抛物线状，现使用二次曲线趋势外推法，根据式(11.13)和式(11.14)，求 2017 年销售额的预测值。

根据 $\sum t_i = 0$，确定时间间隔和时间序列的编号，计算出相应参数值，并填入表 11.7。

将计算过程的各具体数值代入式(11.14)，得到方程组：

$$\begin{cases} 360 = 6a + 70c \\ 180 = 70b \\ 4\ 568 = 70a + 1\ 414c \end{cases}$$

解方程组，得

$$\begin{cases} a = 52.77 \\ b = 2.57 \\ c = 0.62 \end{cases}$$

二次曲线方程为：

$$Y_t = 52.77 + 2.57t + 0.62t^2$$

利用二次曲线方程可预测出 2017 年的销售总额。

当 $t = 7$ 时，$Y_t = 101\ 14$ 万元，即 2017 年发动机的销售总额为 101 44 万元。

（2）指数曲线趋势外推法

在一定时期内，有些市场经济现象的时间序列表现为随着时间的变化按同一增长率不断增加或不断减少。指数趋势外推法正是针对预测目标的这种变化趋势，利用其时间序列资料，拟合成指数曲线，建立指数曲线方程并进行预测的一种方法。

其计算公式为：

$$Y_t = ab^t \qquad (11.15)$$

式中　Y_t——预测值；

　　　t——自变量，表现为按自然数顺序编号的时间序数；

　　　a,b——模型参数，是常数。

对式（11.15）两端取自然对数，得：

$$\lg Y_t = \lg a + t \lg b$$

若设 $Y_t' = \lg Y_t, a' = \lg a, b' = \lg b$，那么原方程就转化为直线趋势外推的形式，就可以通过直线趋势外推法来求取预测值。

例 11.9　某汽车公司 2011—2016 年汽车销售量，见表 11.8 第 2 列（单位：万辆），试预测该公司 2017 年汽车销售量。

表 11.8　某汽车公司 2011—2016 年汽车销售量及计算过程

年　份	销售量/万辆	t_i	t_i^2	$\lg Y_t$	$t_i \lg Y_t$
2011	53	−5	25	1.72	−8.6
2012	72	−3	9	1.86	−5.58
2013	96	−1	1	1.98	−1.98
2014	129	1	1	2.11	2.11
2015	171	3	9	2.23	6.69
2016	232	5	25	2.37	11.8
$\sum$	753	0	70	12.27	4.46

解　①选择预测方法。计算历年的环比系数：

$$\frac{Y_{2012}}{Y_{2011}} = \frac{72}{53} = 1.36, \frac{Y_{2013}}{Y_{2012}} = \frac{96}{72} = 1.33,$$

$$\frac{Y_{2014}}{Y_{2013}} = \frac{129}{96} = 1.34, \frac{Y_{2015}}{Y_{2014}} = \frac{171}{129} = 1.33,$$

$$\frac{Y_{2016}}{Y_{2015}} = \frac{232}{171} = 1.36。$$

从计算结果可知，历年的环比系数大致相等，可以使用指数趋势外推法。

②设指数曲线方程 $Y_t = ab^t$，计算 a,b，确定指数预测模型。

根据 $\sum t_i = 0$，确定时间间隔和时间序列的编号，计算出相应参数值，并填入表 11.8。根据式（11.12），得，

$$\lg a = \frac{\sum \lg Y_i}{n} = \frac{12.27}{6} = 2.045$$

$$\lg b = \frac{\sum t_i \lg Y_i}{\sum t_i^2} = \frac{4.46}{70} = 0.064$$

预测方程为：

$$\lg Y_t = 2.045 + 0.064t$$

③确定预测值,完成预测。

$$\lg Y_{2017} = 2.045 + 7 \times 0.064 = 2.493$$

查反对数表,得:

$$Y_{2017} = 311.2$$

即 2017 年销售量的预测值为 311.2 万辆。

11.5 季节指数法

季节变动是指某些社会经济现象的时间序列,由于受自然条件、生产条件、生活习惯等因素的影响,在若干年中每一年随季节的变化都呈现出的周期性变动。季节变动是汽车市场现象的时间序列较普遍存在的一种变动规律,表现为逐年同月(季)有相同的变化方向和大致相同的变化幅度,一些商品受季节影响经常出现销售淡季和旺季之分。对这些汽车市场现象中客观存在的季节变动进行分析研究,可以掌握其季节变动规律,根据汽车市场现象过去的季节变动规律对其预测期的季节变动值作出预测。

季节指数法,又称季节变动预测法,就是根据汽车市场预测变量各年按月或按季编制的时间序列资料,以统计方法测定出反映季节变动规律的季节指数,并利用季节指数进行短期预测的一种预测方法。这种方法一般要求预测者至少掌握三年以上按月(季)编制的预测变量的时间序列资料,因为仅靠一年或两年的统计资料来测定季节变动规律,可能会由于偶然因素的影响而造成较大误差。所以为保证预测精度,一般需要多年的统计资料。

根据是否考虑预测目标的长期趋势,一般将季节变动预测法分为两类:一类是不考虑长期趋势的影响,直接根据原时间序列计算季节指数;二是考虑长期趋势的存在,先将长期趋势消除,然后计算季节指数。

11.5.1 无趋势变动的季节指数法

如果时间序列没有明显的长期变动趋势,就可以假设其不存在长期趋势,直接对时间序列中各年同月(季)的实际值加以平均,再将各年同月(季)的平均数与各年的总平均数进行比较,求出季节指数。或将各年同月(季)的平均数与各年的总平均数相减,求出季节变差,最后通过季节指数或季节变差来计算出预测值。

季节指数是一种以相对数表示的季节性变动衡量指标,其计算公式为:

$$季节指数 = \frac{各年同月(季)平均数}{全年月(季)总平均数} \times 100\%$$

计算季节指数时,若以季度为周期,则 4 个季度的指数加总应等于 400%;若以月为周期,则 12 个月的季节指数加总应等于 1 200%;若以天为周期,则一周 7 天的季节指数之和应为 700%。

计算中往往由于尾数的取舍而略有出入,需要把差数分摊到各季(月或天)中去。即用一个调整系数分别去乘以各季、各月或各天的季节指数,得出各季(月或天)调整后的季节指数。

$$调整系数 = \frac{理论季节指数之和}{实际季节指数之和}$$

将调整系数分别与各季(月或天)季节指数相乘,就得到调整后的季节指数。

利用季节指数进行预测主要适用于两种情况。

①已知预测目标全年预测值,利用季节指数测算该年各季的预测值。

其计算公式为:

$$某季预测值 = \frac{年预测值}{4} \times 该季节指数$$

当求该年各月的预测值时,改为年预测值除以 12 即可。

②已知月(季)实际值,利用季节指数测算未来各月(季)和全年预测值。

其计算公式为:

$$未来月(季)预测值 = \frac{某月(季)实际值}{该月(季)的季节指数} \times 未来月(季)季节指数$$

$$全年预测值 = \frac{某月(季)实际值}{该月(季)季节指数} \times 全年季节指数之和$$

例 11.10　某空调厂 2014—2016 年空调器销售量,见表 11.9。不考虑其长期变动趋势,①设 2017 年第 1 季度的销售量为 6.8 万台,试预测第 2 季度的销售量;②设 2017 年的销售量为 80 万台,试预测 2017 年各季度销售量。

表 11.9　某空调厂 2014—2016 年空调器销售量　　　　　　　　（万台）

	1 季度	2 季度	3 季度	4 季度	年平均
2014	5.7	22.6	28	6.2	15.625
2015	6	22.8	30.2	6.4	16.35
2016	6.1	33.1	30.8	6.9	19.225
同季合计	17.8	78.5	89	19.5	—
同季平均值	5.93	26.17	29.67	6.5	17.07
季节指数/%	34.8	153.3	173.8	38.1	—

解　预测步骤如下:

第一步,计算历年同季的销售平均值。

$$1 季度的平均值 = \frac{5.7 + 6 + 6.1}{3} 万台 = 5.93 万台$$

以此类推,可以计算出各季度的销售平均值,并填入表 11.9 的相应位置。

第二步,计算历年季度总平均值,并填入表 11.9 的相应位置。

$$\frac{5.93 + 26.17 + 29.67 + 6.5}{4} 万台 = 17.07 万台$$

第三步,计算季节指数。

$$1 季度的季节指数 = \frac{5.93}{17.07} \times 100\% = 34.8\%$$

以此类推,可以计算出各季度的季节指数,并填入表 11.9 的相应位置。

从表 11.9 可以看出,4 个季度的季节指数之和为 400,无须通过调整系数来调整季节指数。

第四步,计算 2017 年各季度预测值。

①根据已知的 2017 年 1 季度销售量,求 2 季度的预测值。

$$2017\ 年\ 2\ 季度预测值 = \frac{6.8}{34.8} \times 153.3\ 万台 = 29.96\ 万台$$

②根据已知的 2017 年全年销售量,求各季度的预测值。

$$2017\ 年\ 1\ 季度预测值 = \frac{80}{4} \times 34.8\%\ 万台 = 6.96\ 万台$$

$$2017\ 年\ 2\ 季度预测值 = \frac{80}{4} \times 153.3\%\ 万台 = 30.66\ 万台$$

$$2017\ 年\ 3\ 季度预测值 = \frac{80}{4} \times 173.8\%\ 万台 = 34.76\ 万台$$

$$2017\ 年\ 4\ 季度预测值 = \frac{80}{4} \times 38.1\%\ 万台 = 7.62\ 万台$$

11.5.2　有趋势变动的季节指数法

市场现象时间序列的变动,大部分都是季节变动与长期趋势变动交织在一起的。在研究其季节变动的同时,还必须考虑其长期趋势变动,把季节变动和长期趋势变动两种变动规律综合起来进行预测。

对含有两种变动趋势的时间序列求季节指数,最简便的办法是利用移动平均法计算出各期的趋势值,再将各期的实际值与对应期的趋势值相比较,计算出季节比率;接着把各年相同季节的季节比率加以平均,必要时再作一点修正,即求得季节指数。得到季节指数后,再根据趋势值的平均变动情况,求出预测期的趋势值,将其与对应期的季节指数相乘,就能得到所要预测的值。

由于移动跨越期是偶数,移动平均数对应的时间是中点,因此需要对相邻的两个移动平均数再进行一次移动平均,得出趋势值才能正好与同期实际值一一对应。计算出趋势值和平均趋势变动情况后,即可推测在长期变动趋势影响下各期的趋势值。之后,再与相应的季节指数相乘,便得到了该期的预测值。

复习思考题

11.1　什么是时间序列预测法?时间序列预测法有哪些特点?

11.2　时间序列预测法主要有哪些类型?每种类型分别有什么特点?

11.3　某汽车 4S 店今年 1—11 月份的销售总额(单位:万元)见下表:

月　份	1	2	3	4	5	6	7	8	9	10	11
销售额	200	135	195	198	310	175	155	130	220	277	235

要求:①分别取 $n = 3$ 和 $n = 5$,试用简单移动平均法预测 12 月的销售额,并比较二者的优劣;②取 $n = 3$,$\omega_t = 3$,$\omega_{t-1} = 2$,$\omega_{t-2} = 1$,用加权移动平均法预测 12 月的销售量。

11.4　某汽车生产企业某年 1—12 月份的盈利情况(单位:万元),见下表:

月　份	1	2	3	4	5	6	7	8	9	10	11	12
盈　利	50	52	51	50	57	64	68	67	69	75	75	80

要求:①平滑系数分别取 0.3 和 0.5,求该企业每月盈利的指数平滑值,并预测下月的盈利额;②用二次指数平滑法预测今后 3 个月的盈利情况。

11.5　某汽车进出口贸易企业 2003—2016 年进出口贸易总额(单位:万元),见下表。试用趋势外推法预测 2017 年的进出口贸易总额。

年　份	2007	2008	2009	2010	2011	2012	2013	2014	2015	2016
贸易总额	293	381	440	416	436	535	696	738	827	1 027

11.6　某公司 2012—2016 年各季度的销售额(单位:万元),见下表。已知 2017 年第 2 季度的销售额为 223 万元,试用季节指数法预测第 3、第 4 季度的销售额。

年　份	1 季度	2 季度	3 季度	4 季度
2012	138	187	275	175
2013	143	198	265	184
2014	131	194	248	170
2015	157	200	283	194
2016	150	214	276	185

第12章
回归分析预测法

12.1 概　述

12.1.1 回归分析预测法的内涵

(1)因果关系

在社会经济现象中,许多事物的发展变化都是相互联系、相互依存、相互制约的,预测对象的变化往往是由于影响因素变化引起的。举个简单的例子,汽车的销售量与消费者的平均收入、汽车的价格、汽油的价格等都有一定的关系。

当一个经济变量发生变化后,会带来另一经济变量发生相应的变化,两种经济变量之间的这种相互影响、相互依存的关系,称为因果关系。

对于预测对象与影响因素之间的关系,如果能找到它们之间的变化规律,并把这种规律用数学表达式具体表现出来,加以模型化,就会给预测带来极大的方便。经济现象之间的因果关系,有的可以运用确定性的函数关系来表达,有的却不能建立确定性的函数关系,只能利用统计方法找出它们之间的回归关系。而且,在市场预测中,非确定性的因果关系是最大量的。

(2)回归分析预测法

所谓回归分析预测法,是指在分析汽车市场现象的自变量和因变量之间相关关系的基础上,利用数理统计方法建立变量之间的回归关系函数表达式(称回归方程式),将回归方程作为预测模型,进行预测的分析方法。

回归分析中,当研究的因果关系只涉及一个因变量和一个自变量时,称为一元回归分析;当研究的因果关系涉及一个因变量和两个或两个以上自变量时,称为多元回归分析。此外,依据描述自变量与因变量之间因果关系的函数表达式是线性的还是非线性的,回归分析可分为线性回归分析和非线性回归分析。通常线性回归分析法是最基本的分析方法,遇到非线性回归问题可以借助数学手段转化为线性回归问题处理。

与时间序列法相比较,回归分析法有一定的优势。时间序列法是以一个经济变量的时间序列的变化规律作为研究对象,它把其他各种因素对一个经济变量的作用和影响都综合在"时间"这一因素中。因此,它无法反映经济变量变化的原因及其他有关经济变量对所研究变量的作用。而回归分析法可以说明各经济变量之间的因果关系,获得关于预测对象发展变化原因方面的信息。

运用回归分析进行定量预测,需满足以下两个条件:①预测对象与影响因素之间必须存在因果关系,且数据不能太少(以多于 20 个为好);②过去和现在数据的规律性,能够适用于未来。

12.1.2　回归分析预测法的基本步骤

(1)根据预测目标,确定自变量和因变量

明确预测的具体目标,也就确定了因变量。如预测具体目标是下一年度的销售量,那么销售量 Y 就是因变量。通过市场调查和查阅资料,寻找与预测目标的相关影响因素,即自变量,并从中选出主要的影响因素。

(2)建立回归预测模型

依据自变量和因变量的历史统计资料进行计算,在此基础上建立回归分析方程,即回归分析预测模型。

(3)进行相关分析

回归分析是对具有因果关系的影响因素(自变量)和预测对象(因变量)所进行的数理统计分析处理。只有当自变量与因变量确实存在某种关系时,建立的回归方程才有意义。因此,作为自变量的影响因素与作为因变量的预测对象是否有关,相关程度如何,以及判断这种相关程度的把握性多大,就成为进行回归分析必须要解决的问题。进行相关分析,一般要求出相关关系,以相关系数的大小来判断自变量和因变量的相关程度。

(4)检验回归预测模型,计算预测误差

回归预测模型是否可用于实际预测,取决于对回归预测模型的检验和对预测误差的计算。回归方程只有通过各种检验,且预测误差较小,才能将回归方程作为预测模型进行预测。

(5)计算并确定预测值

利用回归预测模型计算预测值,并对预测值进行综合分析,确定最后的预测值。

12.2　一元线性回归分析法

一元线性回归分析法是指两个具有线性关系的变量,配合线性回归模型,根据自变量的变动来预测因变量平均发展趋势的定量预测方法。

很多社会经济现象之间都存在相关关系。因此,一元线性回归预测有很广泛地应用。进行一元线性回归预测时,必须选用合适的统计方法估计模型参数,并对模型及其参数进行统计检验。

12.2.1　预测模型的建立

设 X 为自变量,Y 为因变量,X 与 Y 之间存在着线性相关关系,X 与 Y 的 n 对观察值为

(X_1,Y_1)，(X_2,Y_2)，$\cdots$，(X_n,Y_n)，可以建立一元线性回归方程：

$$\hat{Y} = a + bX \tag{12.1}$$

式中　$\hat{Y}$——因变量 Y 的估计值；

　　　X——自变量，代表对因变量的主要影响因素；

　　　a 和 b——回归系数。

在用一元线性回归模型进行预测时，首先必须对模型回归系数 a 和 b 进行估计。一般说来，估计的方法有多种，其中使用最广泛的是最小二乘法。

如果设表示估计值与实际值之间的离差为 e_i，则

$$e_i = Y_i - \hat{Y}_i = Y_i - (a + bX_i)$$

为避免相互抵消的情况，通常用离差平方和 Q 来表示估计值与实际值的离差程度。

$$Q(a,b) = \sum_{i=1}^{n}(Y_i - \hat{Y}_i)^2 = \sum_{i=1}^{n}(Y_i - a - bX_i)^2$$

根据最小二乘法的原理，为使离差平方和最小，a，b 必须满足方程组：

$$\begin{cases} \dfrac{\partial Q}{\partial a} = 0 \\[2mm] \dfrac{\partial Q}{\partial b} = 0 \end{cases}$$

整理，得：

$$\begin{cases} \displaystyle\sum_{i=1}^{n} Y_i = na + b\sum_{i=1}^{n} X_i \\[4mm] \displaystyle\sum_{i=1}^{n} X_i Y_i = a\sum_{i=1}^{n} X_i + b\sum_{i=1}^{n} X_i^2 \end{cases}$$

解这个线性方程组，得：

$$\begin{cases} a = \overline{Y} - b\,\overline{X} \\[2mm] b = \dfrac{n\sum XY - \sum X \sum Y}{n\sum X^2 - (\sum X)^2} \end{cases} \tag{12.2}$$

式中　$\overline{X} = \dfrac{1}{n}\displaystyle\sum_{i=1}^{n} X_i$；

　　　$\overline{Y} = \dfrac{1}{n}\displaystyle\sum_{i=1}^{n} Y_i$；

　　　X 和 Y——已有的历史数据。

利用公式求出回归系数 a 和 b 的值后，即可得到回归方程：

$$\hat{Y} = a + bX$$

12.2.2　预测模型的检验

在进行一元线性回归分析时，假定影响因素 X 和预测目标 Y 呈线性关系，即认为两者是线性相关的。在此基础之上，用样本观察值拟合出一元线性回归方程 $\hat{Y} = a + bX$。

当获得样本观察值(X_i, Y_i),在不对 X 和 Y 的关系进行判断的情况下,也可以求出参数 a 和 b,并得到回归方程。但是,如果变量之间不是线性关系,拟合出的方程就是一个错误的方程。这就需要对回归方程拟合"优良性"进行检验,以判定回归方程对实际数据拟合的程度,以及回归方程是否符合实际,能否适用于预测。

常用的检验方法有以下几种:

（1）**经济意义检验**

在经济意义检验中,需要检验模型是否符合经济意义,检验求得的参数估计值的符号与大小是否与根据人们的经验和经济理论所拟订的期望值相符合。

（2）**标准误差检验**

标准误差分析是以标准误差的大小,表明回归线性方程对因变量观察值拟合的精确程度。其计算公式为:

$$SE = \sqrt{\frac{\sum (Y - \hat{Y})^2}{n - 2}} \tag{12.3}$$

式中　n——样本中数据的个数;

2——回归参数的个数。

SE 越大,回归线性方程对因变量观察值的拟合程度越差。反之,SE 越小,说明回归线性方程越能有效地拟合因变量的观察值。但由于 SE 的大小与数据本身取值的大小和计算单位有关,在实际中常应用相对回归标准差 $SE/\overline{Y}$ 来判断模型拟合的精确性。一般要求 $SE/\overline{Y} < 15$,就可以认为该回归方程具有较好的精度。

（3）**拟合优度检验**

拟合优度检验是从整体上衡量模型对实际数据的拟合程度,拟合程度的优劣可以通过以下两个指标来判断。

1）可决系数

可决系数是衡量自变量与因变量关系密切程度的指标,表示自变量解释了因变量变动的百分比,其计算公式为:

$$R^2 = \left[\frac{\sum (X - \overline{X})(Y - \overline{Y})}{\sqrt{\sum (X - \overline{X})^2 \sum (Y - \overline{Y})^2}} \right]^2$$

$$= 1 - \frac{\sum (Y - \hat{Y})^2}{\sum (Y - \overline{Y})^2} \tag{12.4}$$

可见,可决系数取值于 0 与 1 之间。当 R^2 值越接近于 1 时,表明模型的拟合优度越高;当 R^2 值越接近于 0 时,表明模型的拟合优度越差。

2）相关系数

相关系数也是衡量两个变量之间相关程度的一个指标,其计算公式为:

$$r = \frac{\sum (X - \overline{X})(Y - \overline{Y})}{\sqrt{\sum (X - \overline{X})^2 \sum (Y - \overline{Y})^2}} \tag{12.5}$$

相关系数越接近 $+1$ 或 -1,说明所选的两个变量之间的相关程度越高,则模型和实际数据的拟合程度就越好。一般来说,相关系数的绝对值取值在 0.8 以上时,可以认为模型和实际数据的拟合效果良好。

从公式中可以看出,可决系数只是相关系数的平方,但两种度量拟合优度的方法提供了相互补充的依据。相关系数与可决系数不同,它可正、可负,尽管相关系数的意义不如可决系数那样明显,但也有重要的参考价值。

(4)回归系数显著性检验

回归系数显著性检验主要是检验回归系数是否显著为 0,一般通过 t 检验来进行的。

t 检验的步骤如下:

1)提出检验假设

原假设 $H_0 : b = 0$

备择假设 $H_1 : b \neq 0$

检验假设含义为假设回归系数 b 显著为 0。

2)给出检验统计量

$$t_b = \frac{b}{S_b} \tag{12.6}$$

式中　　t_b——参数 b 的 t 检验值;

$$S_b = \frac{SE}{\sqrt{\sum (X - \overline{X})^2}}$$——回归系数 b 的标准差。

3)确定检验的临界值 t_α

由数理统计可知,统计量 t_b 服从 $n - 2$ 个自由度的 t 分布。对于给定的显著性水平 α,可以通过查 t 分布表,查得显著性水平为 α,自由度为 $n - 2$ 的临界值 t_α。

4)通过检验规则对 t_b 与 t_α 进行比较,作出判断

①若 $\mid t_b \mid > t_\alpha$,则否定提出的假设 H_0。即模型参数 b 显著不为 0,两变量之间确实存在线性关系。

②若 $\mid t_b \mid < t_\alpha$,则接受提出的假设 H_0。即模型参数 b 显著为 0,两变量之间不存在线性关系。

(5)回归模型的显著性检验

回归模型的显著性检验是利用 F 统计量来检验的,称之为 F 检验。F 检验针对全部回归系数进行,其目的是检验回归方程在整体上是否显著成立,步骤如下:

1)提出检验假设

原假设 H_0:回归方程不显著

备择假设 H_1:回归方程显著

2)给出检验统计量

回归方程的 F 检验值:

$$F = \frac{\sum (\hat{Y} - \overline{Y})^2}{\sum \dfrac{(Y - \hat{Y})^2}{n - 2}} \tag{12.7}$$

3）确定检验的临界值 F_α

由数理统计可知,统计量 F 服从 $n_1 = 1, n_2 = n - 2$ 的 F 分布。对于给定的显著性水平 α,可以通过查 F 分布表,查得显著性水平为 α,自由度为 $(1, n-2)$ 的临界值 F_α。

4）通过检验规则对 t_b 与 t_α 进行比较,作出判断

①若 $|F| > F_\alpha$,则否定提出的假设 H_0。即回归方程在整体上显著成立,两变量之间确实存在线性关系。

②若 $|F| < F_\alpha$,则接受提出的假设 H_0。即回归方程在整体上不显著成立,两变量之间不存在线性关系。

12.2.3　模型预测

回归模型通过各种检验后就可以进行预测了。利用回归模型进行预测的方法主要有点预测法和置信区间预测法两种。

（1）**点预测法**

对于自变量 X 的每一个给定值 X_i,代入回归模型,就可以求得一个对应的回归预测值 $\hat{Y}_i$,$\hat{Y}_i$ 称为模型的点估计值。

（2）**置信区间预测法**

在实际预测活动中,所计算出来的预测值是一个估计值,它不可能正好等于实际值,这样预测值与实际值之间总会存在误差。为此,除了计算出预测值外,还需要确定预测值的可能范围,这个范围被称为预测值置信区间。

置信区间的一般表达式为:

$$(\hat{Y}_i - t_{\frac{\alpha}{2}}SE, \hat{Y}_i + t_{\frac{\alpha}{2}}SE)$$

式中　$t_{\frac{\alpha}{2}}$——$\frac{\alpha}{2}$ 显著水平,服从 $n - 2$ 的 t 分布。

利用预测值 $\hat{Y}_i$ 和标准误差 SE,根据不同的置信度,对置信区间有不同结论。

① $t = 1$ 时,置信度为 68.27%,预测值的置信区间为 $(\hat{Y}_i - SE, \hat{Y}_i + SE)$,预测值在此区间的可能性为 68.27%。

② $t = 2$ 时,置信度为 95.45%,预测值的置信区间为 $(\hat{Y}_i - 2SE, \hat{Y}_i + 2SE)$,预测值在此区间的可能性为 95.45%。

③ $t = 3$ 时,置信度为 99.73%,预测值的置信区间为 $(\hat{Y}_i - 3SE, \hat{Y}_i + 3SE)$,预测值在此区间的可能性为 99.73%。

例 12.1　某市居民 2008—2016 年消费购买能力和居民货币收入统计数据,见表 12.1 第 2 列和第 3 列(单位:亿元)。根据所示统计数据,要求:

①建立一元线性回归模型;

②对回归模型进行显著性检验($\alpha = 0.05$);

③如果居民货币收入 2017 年为 56.88 亿元,试预测该市居民 2017 年的消费购买力。

表 12.1　某市居民 2008—2016 年消费购买能力和居民货币收入统计数据

年　份	居民消费购买力 Y_i/亿元	居民货币收入 X_i/亿元	X_i^2	Y_i^2	X_iY_i
2008	8.5	11.6	134.56	72.25	98.6
2009	11.1	14.1	198.81	123.21	156.51
2010	13.6	17.1	292.41	184.96	232.56
2011	15.8	19.6	384.16	249.64	309.68
2012	17.6	22.1	488.41	309.76	388.96
2013	20.5	25.6	655.36	420.25	524.8
2014	27.8	33.6	1 128.96	772.84	934.08
2015	33.5	40.5	1 640.25	1 122.25	1 356.75
2016	39.2	47.8	2 284.84	1 536.64	1 873.76
合计	187.6	232	7 207.76	4 791.8	5 875.7
	$\overline{Y}_i = 20.84$	$\overline{X}_i = 25.78$	—	—	—

解　1）建立一元线性回归模型

$$\hat{Y} = a + bX$$

将表 12.1 中的数据资料 $\sum_{i=1}^{n} X_i = 232$，$\sum_{i=1}^{n} Y_i = 187.6$，$\sum_{i=1}^{n} X_i^2 = 7\ 207.76$，$\sum_{i=1}^{n} Y_i^2 = 4\ 791.8$，$\sum_{i=1}^{n} X_iY_i = 5\ 875.7$，$\overline{X}_i = 25.78$，$\overline{Y}_i = 20.84$ 代入公式 12.2，可得

$$b = \frac{n \sum XY - \sum X \sum Y}{n \sum X^2 - (\sum X)^2} = \frac{9 \times 5\ 875.7 - 232 \times 187.6}{9 \times 7\ 207.76 - (232)^2} = 0.847\ 3$$

$$a = \overline{Y} - b\overline{X} = 20.84 - 0.847\ 3 \times 25.78 = -1.003\ 4$$

从而可得一元线性回归方程为

$$\hat{Y} = -1.003\ 4 + 0.847\ 3X$$

模型表明，该市居民货币收入每增加 1 元的收入，平均就可以增加 0.847 3 元的消费购买能力，这也是回归系数的经济意义。

2）对回归模型进行显著性检验

①标准误差项：$SE = \sqrt{\dfrac{\sum (Y - \hat{Y})^2}{n - 2}} \approx 0.258\ 4$

由于 $SE/\overline{Y} = 0.012\ 4 < 15\%$，说明该模型的拟合程度良好。

②相关系数：$r = \dfrac{\sum (X - \overline{X})(Y - \overline{Y})}{\sqrt{\sum (X - \overline{X})^2 \sum (Y - \overline{Y})^2}} = 0.999\ 7$

拟合优度检验也说明模型的拟合优度良好。

③t 检验：$t_b = \dfrac{b}{S_b} = 114.874\ 3$

给定显著性水平 $\alpha = 0.05$，查自由度为 $n - 2 = 7$ 的 t 分布临界值，得 $t_\alpha = 1.894\ 6$。因为 $\mid t_b \mid = 114.874\ 3 > 1.894\ 6 = t_\alpha$，则参数的 t 检验通过。

④ F 检验：$F = \dfrac{\sum (\hat{Y} - \bar{Y})^2}{\dfrac{\sum (Y - \hat{Y})^2}{n - 2}} = 13\ 196.217$

给定显著性水平 $\alpha = 0.05$，查自由度为 $n_1 = 1, n_2 = 7$ 的 F 分布临界值，得 $F_\alpha = 5.59$。因为 $F(1,7) = 13\ 196.217 > 5.59 = F_\alpha$，则参数的 F 检验通过，回归方程的线性回归效果显著。

3）预测

当显著性水平 $\alpha = 0.05$，自由度 $= n - 2 = 7$ 时，查 t 分布表得：

$$t_{\frac{\alpha}{2}}(7) = 2.364\ 6$$

当 $X_0 = 56.88$ 亿元时，代入回归模型得 Y 的点估计值为：

$$\hat{Y}_0 = (-1.003\ 4 + 0.847\ 3 \times 56.88) \text{亿元} = 47.19 \text{亿元}$$

预测区间为：

$$(\hat{Y}_0 - t_{\frac{\alpha}{2}}SE, \hat{Y}_0 + t_{\frac{\alpha}{2}}SE) = [(47.19 - 2.364\ 6 \times 0.258\ 4, 47.19 + 2.364\ 6 \times 0.258\ 4)] \text{亿元}$$
$$= (46.58, 47.8) \text{亿元}$$

当 2017 年居民货币收入为 56.88 亿元时，在 $\alpha = 0.05$ 的显著性水平上，该市居民 2017 年的消费购买力点估计值为 47.19 亿元，置信区间为 (46.58, 47.8) 亿元。

12.3 多元线性回归分析法

一元线性回归分析法研究的是某一因变量和一个自变量之间的关系问题。但由于客观世界不同现象之间的联系十分复杂，许多现象的变动都涉及多个变量之间的数量关系。这种研究某一个因变量和多个自变量之间的相互关系的理论和方法就是多元线性回归分析法。

12.3.1 预测模型的建立

多元线性回归预测模型为：

$$\hat{Y} = b_0 + b_1X_1 + b_2X_2 + \cdots + b_kX_k \tag{12.8}$$

式中　$\hat{Y}$——因变量 Y 的估计值；

$X_1, X_2, \cdots, X_k$——模型的自变量；

$b_0, b_1, b_2, \cdots, b_k$——模型的回归系数。

同一元线性回归模型一样，模型的回归系数估计也采用最小二乘法，使得

$$Q(b_0, b_1, b_2, \cdots, b_k) = \sum_{i=1}^{n} (Y_i - \hat{Y}_i)^2$$
$$= \sum_{i=1}^{n} (Y_i - b_0 - b_1X_{1i} - b_2X_{2i} - \cdots - b_kX_{ki})^2$$

达到最小值。根据极值理论，求 $Q(b_0, b_1, b_2, \cdots, b_k)$ 最小值，$b_0, b_1, b_2, \cdots, b_k$ 应满足的必要条件：

$$\frac{\partial Q}{\partial b_0} = 0, \frac{\partial Q}{\partial b_1} = 0, \frac{\partial Q}{\partial b_2} = 0, \cdots, \frac{\partial Q}{\partial b_k} = 0$$

整理得到如下正规方程组：

$$\begin{cases} \sum_{i=1}^{n} Y_i = nb_0 + b_1 \sum_{i=1}^{n} X_{1i} + b_2 \sum_{i=1}^{n} X_{2i} + \cdots + b_k \sum_{i=1}^{n} X_{ki} \\ \sum_{i=1}^{n} X_{1i} Y_i = b_0 \sum_{i=1}^{n} X_{1i} + b_1 \sum_{i=1}^{n} X_{1i}^2 + \cdots + b_k \sum_{i=1}^{n} X_{1i} X_{ki} \\ \sum_{i=1}^{n} X_{2i} Y_i = b_0 \sum_{i=1}^{n} X_{2i} + b_1 \sum_{i=1}^{n} X_{2i}^2 + \cdots + b_k \sum_{i=1}^{n} X_{2i} X_{ki} \\ \vdots \\ \sum_{i=1}^{n} X_{ki} Y_i = b_0 \sum_{i=1}^{n} X_{ki} + b_1 \sum_{i=1}^{n} X_{ki} X_{1i} + \cdots + b_k \sum_{i=1}^{n} X_{ki}^2 \end{cases} \quad (12.9)$$

求解方程组可得到 $b_0, b_1, b_2, \cdots, b_k$ 的解。在多个变量的情况下，求解方程组是比较复杂的，需要利用计算机进行处理。

12.3.2 预测模型的检验

根据观察资料计算出多元回归方程式的待定参数，建立预测模型后，同样要借用数理统计方法进行检验，从总体上确认有可信度后，才能运用所建立的预测模型进行预测。常用的检验方法有 R 检验、t 检验和 F 检验。

(1) R 检验

R 检验是通过复相关系数检验一组自变量 $X_1, X_2, \cdots, X_k$ 与因变量 $\hat{Y}$ 之间的线性相关程度的方法，又称复相关系数检验。

R 称为复相关系数，其计算公式为：

$$R = \sqrt{1 - \frac{\sum (Y - \hat{Y})^2}{\sum (Y - \bar{Y})^2}} \quad (12.10)$$

(2) t 检验

用 t 检验来判断回归系数的显著性问题，是通过 t 统计量对所求回归模型的每一个系数逐一进行检验。假设 $H_0 : b_i = 0 (i = 1, 2, \cdots, k)$，判断假设是否成立的方法、步骤与一元线性回归分析法的 t 检验一样。

(3) F 检验

用 F 检验来判别整体模型的显著性问题，是通过 F 统计量对所求回归模型整体进行检验。

假设 $H_0 : b_0 = b_1 = b_2 = \cdots = b_k = 0$，判断假设是否成立。

对给定的显著水平查 F 分布表，得临界值 $F_\alpha(k, n-k-1)$。

F 检验值的计算公式为：

$$F = \frac{\sum \frac{(\hat{Y}_i - \bar{Y})^2}{k}}{\sum \frac{(Y_i - \hat{Y}_i)^2}{n - k - 1}} \quad (12.11)$$

若 $F > F_\alpha(k, n-k-1)$，认为假设不成立，自变量 $X_1, X_2, \cdots, X_k$ 与因变量 $\hat{Y}$ 之间的回归效果显著，从总体上讲，多元回归预测模型有效。反之，则不显著。需要重新选择自变量，建立回归预测模型。

12.3.3 模型预测

多元回归分析法用于分析预测时较复杂，如遇到 3 个或 3 个以上变量，在计算时还需要使用矩阵。下面以二元线性回归预测法为例，演示整个预测步骤。

例 12.2 某汽车生产企业，其资金、劳动（指劳动者人数）对企业产出（单位：亿元）的影响等有关资料，见表 12.2。根据所示统计数据，要求：

① 建立企业产出与资金、劳动的二元线性回归模型；

② 对回归模型进行显著性检验（$\alpha = 0.05$）；

③ 若企业下一年度打算投入资金 45 单位，劳动 55 单位，试预测该企业下一年度的产出。

表 12.2 资金、劳动（指劳动者人数）对企业产出的影响

	1	2	3	4	5	6	7	8	9	10
资 金	12	13	14	16	18	21	24	28	34	42
劳 动	40	42	43	45	47	48	50	52	54	54
企业产出	17	18	20	21	25	28	30	22	38	40

解 1）建立二元线性回归模型

设 Y 为企业产出，X_1 为资金，X_2 为劳动，根据公式 12.8，建立二元线性回归模型：

$$\hat{Y} = b_0 + b_1 X_1 + b_2 X_2$$

根据表 12.2 中的相关原始数据，计算得到的相关数据，见表 12.3。

表 12.3 回归分析相关数据

序 号	X_1	X_2	Y	X_1^2	X_2^2	$X_1 Y$	$X_2 Y$	$X_1 X_2$
1	12	40	17	144	1 600	204	680	480
2	13	42	18	169	1 764	234	756	546
3	14	43	20	196	1 849	280	860	602
4	16	45	21	256	2 025	336	945	720
5	18	47	25	324	2 209	450	1 175	846
6	21	48	28	441	2 304	588	1 344	1 008
7	24	50	30	576	2 500	720	1 500	1 200
8	28	52	22	784	2 704	616	1 144	1 456
9	34	54	38	1 156	2 916	1 292	2 052	1 836
10	42	54	40	1 764	2 916	1 680	2 160	2 268
合计	222	475	259	5 810	22 787	6 400	12 616	10 962
—	$\overline{X}_1 = 22.2$	$\overline{X}_2 = 47.5$	$\overline{Y} = 25.9$	—	—	—	—	—

将表 12.3 的数据代入回归系数的计算公式 12.9：

$$\begin{cases} \sum_{i=1}^{n} Y_i = nb_0 + b_1 \sum_{i=1}^{n} X_{1i} + b_2 \sum_{i=1}^{n} X_{2i} \\ \sum_{i=1}^{n} X_{1i} Y_i = b_0 \sum_{i=1}^{n} X_{1i} + b_1 \sum_{i=1}^{n} X_{1i}^2 + b_2 \sum_{i=1}^{n} X_{1i} X_{2i} \\ \sum_{i=1}^{n} X_{2i} Y_i = b_0 \sum_{i=1}^{n} X_{2i} + b_1 \sum_{i=1}^{n} X_{1i} X_{2i} + b_2 \sum_{i=1}^{n} X_{2i}^2 \end{cases}$$

计算可得：

$$b_1 = 0.634\ 2$$
$$b_2 = 0.218\ 4$$
$$b_0 = \bar{Y} - b_1 \bar{X}_1 - b_2 \bar{X}_2 = 1.446\ 8$$

因此所求回归模型为：

$$\hat{Y} = 1.446\ 8 + 0.634\ 2X_1 + 0.218\ 4X_2$$

2）对回归模型进行显著性检验

①R 检验

$$R = \sqrt{1 - \frac{\sum (Y - \hat{Y})^2}{\sum (Y - \bar{Y})^2}} = 0.908\ 2$$

表明模型对样本数据拟合程度很高。

②t 检验

$$SE = \sqrt{\frac{\sum (Y - \hat{Y})^2}{n - 3}} = 3.818\ 4$$

$$S_{b1} = \sqrt{SE^2 \times \frac{\sum X_2^2}{\sum X_1^2 \sum X_2^2 - (\sum X_1 X_2)^2}} = 0.164\ 8$$

$$S_{b2} = \sqrt{SE^2 \times \frac{\sum X_1^2}{\sum X_1^2 \sum X_2^2 - (\sum X_1 X_2)^2}} = 0.083\ 2$$

$$t_{b1} = \frac{b_1}{S_{b1}} = \frac{0.634\ 2}{0.164\ 8} = 3.848\ 3$$

$$t_{b2} = \frac{b_2}{S_{b2}} = \frac{0.218\ 4}{0.083} = 2.625$$

给定显著性水平 $\alpha = 0.05$，查自由度为 $n - 3 = 7$ 的 t 分布临界值 $t_{\frac{\alpha}{2}}(7) = 2.364\ 6$。因为 $|t_{b1}| = 3.848\ 3 > 2.364\ 6 = t_{\frac{\alpha}{2}}(7)$，$|t_{b2}| = 2.625 > 2.364\ 6 = t_{\frac{\alpha}{2}}(7)$，则参数的 t 检验通过。

③F 检验

$$F = \frac{\sum \dfrac{(\hat{Y}_i - \bar{Y})^2}{k}}{\sum \dfrac{(Y_i - \hat{Y}_i)^2}{n - k - 1}} = 16.488\ 4$$

给定显著性水平 $\alpha = 0.05$，查自由度为 $n_1 = 2, n_2 = 7$ 的 F 分布临界值 $F_\alpha(2,7) = 4.74$。因为 $F = 16.4884 > 4.74 = F_\alpha(2,7)$，则参数的 F 检验通过。

3）预测

当显著性水平 $\alpha = 0.05$，自由度 $= n - 3 = 7$ 时，查 t 分布表得

$$t_{\frac{\alpha}{2}}(7) = 2.3646$$

若企业下一年度打算投入资金 45 单位，劳动 55 单位，即 $X_{10} = 45, X_{20} = 55$ 时，代入回归模型得 Y 的点估计值为：

$$\hat{Y}_0 = (1.4468 + 0.6342 \times 45 + 0.2184 \times 55) 亿元 = 42 亿元$$

预测区间为：

$$(\hat{Y}_0 - t_{\frac{\alpha}{2}}SE, \hat{Y}_0 + t_{\frac{\alpha}{2}}SE) = (42 - 2.3646 \times 3.8184, 47.19 + 2.3646 \times 3.8184)$$
$$= (32.97, 51.03)$$

即若企业下一年度打算投入资金 45 单位，劳动 55 单位，则该企业下一年度的产出预计为 42 亿元，企业产出的置信区间为(32.97, 51.03)。

12.4　非线性回归预测模型

在社会现实经济生活中，很多现象之间的关系并不是线性关系，对这种类型现象的分析预测一般要应用非线性回归预测。通过变量代换，可以将很多的非线性回归转化为线性回归。因而，可以用线性回归方法解决很多非线性回归预测的问题。

12.4.1　非线性回归预测的基本方法

现在以一个双曲线回归的问题，说明把非线性问题转化为线性方程进行预测的过程。

例 12.3　某汽车销售企业近几年的销售额与商品流通费率的资料，见表 12.4。若 2017 年销售额达到 9 亿元，在 $\alpha = 0.05$ 的显著性水平上，试利用双曲线模型预测流通费率达到什么水平。

表 12.4　某汽车销售企业近几年的销售额与商品流通费率的资料

年　份	销售额 X/亿元	流通费率 Y/%	倒数 $X_1 = \dfrac{1}{X}$	$X_1 Y$	X_1^2
2010	2.9	2.1	0.3448	0.7241	0.1189
2011	3.4	1.8	0.2941	0.5294	0.0865
2012	4.3	1.5	0.2326	0.3488	0.0541
2013	5.5	1.4	0.1818	0.2545	0.0331
2014	6.4	1.3	0.1563	0.2031	0.0244
2015	6.9	1.3	0.1449	0.1884	0.0210
2016	7.8	1.2	0.1282	0.1538	0.0164
合计	37.2	10.6	1.4827	2.4023	0.3544
—	—	$\overline{Y} = 1.5143$	$\overline{X_1} = 0.2118$	—	—

解 1）先将 X 值进行代换

用直接换元法计算,见表 12.4。

2）建立双曲线模型

$$\hat{Y} = a + b\left(\frac{1}{X}\right)$$

令 $X_1 = \frac{1}{X}$,得:

$$\hat{Y} = a + bX_1$$

将原始资料代入公式 12.2,得:

$$\begin{cases} a = \overline{Y} - b\,\overline{X}_1 = 1.513\,4 - 0.211\,8b \\ b = \dfrac{n \sum X_1 Y - \sum X_1 \sum Y}{n \sum X_1^2 - \left(\sum X_1\right)^2} = \dfrac{7 \times 2.402\,3 - 1.482\,7 \times 10.6}{7 \times 0.354\,4 - \left(1.482\,7\right)^2} \end{cases}$$

解此方程组,得:

$$a = 0.688\,8, b = 3.893\,3$$

所以,回归预测模型为:

$$\hat{Y} = 0.688\,8 + 3.893\,3 \times \frac{1}{X}$$

3）模型检验

主要选取残差平方和、相关系数 r、t 检验值 t_b,F 检验值 F,各项检验结果如下:

①标准误差项:$SE = \sqrt{\dfrac{\sum \left(Y - \hat{Y}\right)^2}{n - 2}} \approx 0.058\,5$

由于 $SE / \overline{Y} = 0.038\,6 < 15\%$,说明该模型的拟合程度良好。

②相关系数:$r = \dfrac{\sum \left(X - \overline{X}\right)\left(Y - \overline{Y}\right)}{\sqrt{\sum \left(X - \overline{X}\right)^2 \sum \left(Y - \overline{Y}\right)^2}} = 0.982$

拟合优度检验也说明模型的拟合优度良好。

③t 检验:$t_b = \dfrac{b}{S_b} = 29.837\,4$

给定显著性水平 $\alpha = 0.05$,查自由度为 $n - 2 = 5$ 的 t 分布临界值,得 $t_\alpha = 2.015$。
因为 $\left| t_b \right| = 29.837\,4 > 2.015 = t_\alpha$,则参数的 t 检验通过。

④F 检验:$F = \dfrac{\sum \left(\hat{Y} - \overline{Y}\right)^2}{\dfrac{\sum \left(Y - \hat{Y}\right)^2}{n - 2}} = 178.703$

给定显著性水平 $\alpha = 0.05$,查自由度为 $n_1 = 1$,$n_2 = 5$ 的 F 分布临界值,得 $F_\alpha = 6.61$。因为
$F(1,5) = 178.703 > 6.61 = F_\alpha$,则参数的 F 检验通过,回归方程的线性回归效果显著。

4）预测

当显著性水平 $\alpha = 0.05$,自由度 $= n - 2 = 5$ 时,查 t 分布表得:

$$t_{\frac{\alpha}{2}}(5) = 2.570\,6$$

当 $X_0 = 9$ 亿元时,代入回归模型得 Y 的点估计值为:

$$\hat{Y}_0 = 0.688\ 8 + (3.893\ 3)/9 = 1.12\%$$

预测区间为:

$$(\hat{Y}_0 - t_{\frac{\alpha}{2}}SE, \hat{Y}_0 + t_{\frac{\alpha}{2}}SE) = (1.12 - 2.570\ 6 \times 0.058\ 5, 1.12 + 2.570\ 6 \times 0.058\ 5)$$
$$= (0.97\%, 1.27\%)$$

当 2017 年销售额达到 9 亿元时,在 $\alpha = 0.05$ 的显著性水平上,流通费率的置信区间为 $(0.97\%, 1.27\%)$。

12.4.2　若干非线性回归模型变换技术

对数模型、三角函数模型、指数模型、幂函数模型经过代换,算法与双曲线模型预测方法相同。这里不作一一介绍,仅给出它们的变换方式,见表 12.5。

表 12.5　常见非线性回归模型的变换方式

原模型	模型代换	代换后模型	参数估计法
双曲线模型 $Y = a + \dfrac{b}{X}$	$X_1 = \dfrac{1}{X}$	$Y = a + bX_1$	一元线性回归最小二乘法
二次曲线模型 $Y = a + bX + X^2$	$X_1 = X^2$	$Y = a + bX + cX_1$	多元线性回归最小二乘法
对数模型 $Y = a + b\lg X$	$X_1 = \lg X$	$Y = a + bX_1$	一元线性回归最小二乘法
三角函数模型 $Y = a + b\sin X$ 或 $Y = a + b\cos X$	$X_1 = \sin X$ 或 $X_1 = \cos X$	$Y = a + bX_1$	一元线性回归最小二乘法
指数模型 $Y = ab^X$	$Y_1 = \lg Y, a_1 = \lg a, b_1 = \lg b$	$Y_1 = a_1 + b_1 X$	一元线性回归最小二乘法
幂函数模型 $Y = aX^b$	$Y_1 = \lg Y, a_1 = \lg a, X_1 = \lg X$	$Y_1 = a_1 + bX_1$	一元线性回归最小二乘法

复习思考题

12.1　什么是回归分析预测法? 与时间序列预测法相比,回归分析预测法有什么特点?

12.2　根据不同的分类标准,回顾分析预测法可以分成哪些类型?

12.3　回归分析预测法的基本步骤主要有哪些?

12.4　非线性方程转化为线性方程的变换方式主要有哪些?

12.5　下表是某汽车生产企业 2006—2016 年职工工资总额与年销售额(单位:百万元)之间的关系情况。已知 2017 年职工工资总额预计比 2016 年增加 30%,试用回归分析法预测 2017 年的销售总额。

编 号	年 份	职工工资总额	年销售总额
1	2006	61	195
2	2007	75	225
3	2008	94	249
4	2009	107	252
5	2010	146	291
6	2011	174	345
7	2012	211	411
8	2013	244	462
9	2014	298	531
10	2015	349	615
11	2016	380	669

12.6 结合实践题:各课题组对本组已经整理好的材料选取合适的定量预测方法进行预测。

参考文献

［1］陈启杰. 市场调研与预测［M］. 上海：上海财经大学出版社,1999.

［2］韩德昌,郭大水. 市场调查与市场预测［M］. 天津：天津大学出版社,1996.

［3］徐阳. 市场调查与市场预测［M］. 北京：高等教育出版社,2001.

［4］马连福. 现代市场调查与预测［M］. 北京：首都经济贸易大学出版社,2002.

［5］张明立. 市场调查与预测［M］. 哈尔滨：哈尔滨工业大学出版社,2003.

［6］刘同福. 汽车营销策划实用手册［M］. 广州：南方日报出版社,2004.

［7］徐井岗. 市场调研与预测［M］. 北京：科学出版社,2004.

［8］杜本峰. 市场调查与预测［M］. 北京：机械工业出版社,2006.

［9］王峰. 市场调研［M］. 上海：上海财经大学出版社,2006.

［10］胡祖光. 市场调研与预测［M］. 北京：中国发展出版社,2006.

［11］徐向阳. 汽车市场调查与预测［M］. 北京：机械工业出版社,2007.